AUTOBIOGRAPHIE

Darlene Deibler Rose

GOTTES HAND IM DSCHUNGEL DES ZWEITEN WELTKRIEGES

CLV
Christliche
Literatur-Verbreitung e.V.
Postfach 110135 · 33661 Bielefeld

ISBN 3-89397-346-X

Übersetzung: Eva Weyandt, Forsbach
Satz: rk-design, Bergisch Gladbach
Titelgestaltung: Dieter Otten, Gummersbach
Druck: Druckhaus Gummersbach
Made in F.R.G.

Widmung

Eine alte römische Münze zeigt auf der einen Seite einen Ochsen, auf der anderen einen Sklaven. Der Ochse steht vor einem Altar und einem Pflug. Darunter steht geschrieben: *"Bereit zu beidem"*.

Für alle jene Diener Gottes, die in japanischen Kriegsgefangenenlagern oder dem dichten Dschungel Borneos das höchste Opfer auf dem *Altar des Martyriums* gebracht haben:

Rev. C. Russell Deibler, Rev. Andrew Sande
Dr. Robert A. Jaffray, Mrs. Helen Sande
Rev. W. Ernest Presswood, David Jerome Sande
Rev. John Willfinger, Rev. Fred C. Jackson

Und für all jene, die ihre Hand an den *Pflug des Dienstes* für den Herrn gelegt, niemals zurückgeschaut und Gefangenschaft, Entbehrung, Trennung und Verlust von geliebten Menschen, Hunger, Schläge und Vergewaltigung überlebt haben. Sie haben am eigenen Leibe erfahren, was es heißt, dem Herrn zu folgen, wo immer er sie hinführt, bis er sie heim zu sich in die Ewigkeit gerufen hat:

Mrs. Robert A. Jaffray, Miss Philoma R. Seely
Miss Margaret M. Jaffray, Mrs. Mary A. Dixon
Miss Lilian F. Marsh, Miss Grace M. Dittmar
Miss Margaret E. Kemp

Diesen, meinen geliebten Missionarskollegen, die mich geliebt und angeleitet haben, mich, die jüngste von ihnen, widme ich dieses Buch. Aus der Vergangenheit und von jenem fernen Ufer her, höre ich sie rufen: "Lauf, Darlene, lauf! Halte durch und lauf das Rennen, das vor dir liegt. *Es lohnt sich!"*

Und darum laufe ich!

Würdigung

Vor mehr als zehn Jahren habe ich begonnen, meine Erlebnisse während des Zweiten Weltkrieges für meine Söhne Bruce und Brian aufzuschreiben. Ich wollte sie wissen lassen, daß der Gott ihrer Mutter immer noch lebt und sein Arm nichts von seiner Macht verloren hat! Ich schulde ihnen und ihrem Vater Jerry großen Dank. Sie haben mich unterstützt und immer wieder ermutigt, die Geschichte zu Ende zu schreiben.

Bei all jenen, die mir während der Arbeit an dem Manuskript ihr Heim zur Verfügung gestellt haben, möchte ich mich ganz besonders bedanken: den Kho Hong Gans aus Sydney, Australien; Dr. und Mrs. Robert S. Brown aus Omaha, Nebraska; Cornelius und Claire Pals aus Golden Valley, Minneapolis; Betty Knudsen und Ann Dennert aus Boone, Iowa; Mrs. Ruth Graham, Montreat, N.C.; Art und Jackie Holsworth aus San Leandro, Kalifornien.

Dank auch an die, die mein Manuskript gelesen und mir hilfreiche Änderungsvorschläge gemacht haben: May Brown und Elisabeth Churchill aus Omaha, Nebraska; Nina Hoffman, Betty Knudsen, Ann Dennert und Annamae Reed aus Boone, Iowa; Elsie David Allen, einer Mitgefangenen, die nun in Sydney, Australien wohnt und Molly Farlow aus Pasadena, Kalifornien.

Beim Schreiben des Manuskriptes waren mir Faith Sinclair aus The Entrance, NSW Australien, Ruth Cozette aus Omaha, Nebraska und Betty Goodwin aus St. Petersburg, Fla., eine große Hilfe.

Schließlich möchte ich Karen Mains meinen tiefen Dank aussprechen. Sie hat die Tonbänder, die ich besprochen habe, abgeschrieben und mich immer wieder ermutigt, meine Geschichte aufzuschreiben; Dank auch an Ruth "Bunny" Graham Dienert, die mein Manuskript bei Harper & Row vorgestellt und mich unterstützt hat, und vor allem an Roy M. Carlisle und Rebecca Laird, meine Verleger bei Harper & Row, deren Freundlichkeit und Hilfe dieses Buch erst möglich gemacht haben.

Vorwort

Erst zwei Wochen nach Kriegsende kam der Friede auch in das japanische Internierungslager von Kampili. Am 19. September 1945, siebzehn Tage nach der Unterzeichnung der Waffenstillstandsvereinbarungen an Bord des Schlachtschiffes USS Missouri in der Bucht von Tokio, kletterte ich vorsichtig in das schaukelnde Ruderboot, das mich von Celebes, der Insel, wo ich gefangengehalten worden war, zu einem Wasserflugzeug im Hafen bringen sollte. Ich hatte Mühe, meinen ausgezehrten Körper im Gleichgewicht zu halten, damals wog ich nicht mehr als achtzig Pfund.

Acht Jahre zuvor, an unserem ersten Hochzeitstag, war ich mit meinem Mann zu den Inseln gekommen, um eine Missionsarbeit im Innern Neuguineas aufzubauen. Nun, da ich von der Küste fortruderte, konnte ich an nichts anderes denken als an zwei einsame Holzkreuze, die halbversteckt auf einem fernen Hügel standen. Das eine stand auf dem Grab von Reverend C. Russell Deibler, meinem Mann; das andere auf dem von Dr. Robert Alexander Jaffray, meinem geistlichen Mentor, der mehr als vierzig Jahre seines Lebens der Missionsarbeit in China, Indochina und Indonesien gewidmet hatte.

Und nun trat ich allein die Rückreise in mein Heimatland an. Wie trostlos erschien mir die Küste, trotz der saftig grünen Blätter und dem glitzernden Blau des Wassers. Ich wandte das Gesicht ab. Ich spürte, wie Bitterkeit in mir hochstieg. Mit erst achtundzwanzig Jahren war ich schon seit mehr als zwei Jahren Witwe. Und nun kehrte ich mittellos in die Vereinigten Staaten zurück. Meine Erinnerungen an die Zeit, die ich mit meinem Mann zusammen erlebt hatte, wurden überschattet von meinen Erlebnissen während der Zeit der Internierung. Ich trug geliehene, schlecht sitzende Kleidung. Ein riesiges Geschwür fraß sich in das Fleisch eines meiner Beine, und meine sonst so zarte und helle Haut war vernarbt und sonnenverbrannt von den vielen Stunden, die ich in der mörderischen tropischen Hitze hatte arbeiten müssen. Die Krankheiten, die ich während meiner Gefangenschaft durchgemacht hatte, Beriberi, Malaria und Ruhr, hatten an meinem Körper gezehrt und ihn sehr geschwächt.

Fast vier Jahre lang war ich zusammen mit anderen Missionarinnen und 1 600 Frauen und Kindern interniert gewesen und hatte Zwangsarbeit leisten müssen. Wir zählten die Stunden der Trennung und Entbehrung und gedachten der Todestage von geliebten Menschen, die nacheinander an Krankheit, Hunger und durch die fürchterlichen Bombenangriffe gestorben waren.

Für die vielen hundert Gefangenen, die in Kampili zusammengepfercht waren, existierte keine andere Welt mehr außerhalb der Stacheldrahtzäune. Wir waren vollkommen isoliert; und von den verheerenden Ereignissen, die über den Rest der Welt hinweggingen, erfuhren wir nur aus dem Mund unserer japanischen Wärter.

Nicht ein Brief von zu Hause erreichte uns. Kein einziges Rote-Kreuz-Paket und kein mutmachendes Flugblatt wurde von den Alliierten abgeworfen oder ins Lager geschmuggelt, aus dem wir erfahren hätten, daß jemand für unsere Freilassung kämpfte.

Nun, da ich vor einem neuen Leben stand, empfand ich eine Furcht, wie ich sie nie gekannt hatte. Würde ich ein Leben außerhalb der eingegrenzten und doch so vertrauten Herrschaft des Leidens überhaupt meistern können? Würde ich jemals die immer wiederkehrenden schrecklichen Alpträume verlieren, in denen ich versuchte, in brennenden Gebäuden festsitzende Menschen zu retten? Würde ich jemals wieder meine Augen schließen können, ohne den jungen Armenier vor mir auf dem Bambusbett liegen zu sehen, dessen Bein von einer Bombe so grausam abgerissen worden war und dessen Blut auf den Boden im Büro des Kommandanten tropfte? Würde ich jemals das stumme Flehen in den Augen jener einst so hübschen blonden Frau vergessen können - die bei einer Bombenexplosion ums Leben gekommen war?

Wann würde allein die Erwähnung der Kempeitai mich nicht mehr vor Furcht erstarren lassen? Oder wann würde ich beim Dröhnen eines Flugzeugs nicht mehr den Drang verspüren, mich vor den Bomben, die es ganz sicher mit sich führte, verstecken zu müssen?

Würde jemals der Zeitpunkt wiederkommen, wo ich das freudige Wiedersehen anderer mit ansehen konnte, ohne voll Bitterkeit an den Tod meines Mannes denken zu müssen?

Auf einmal wurde ich fortgerissen von einer Welle der Bitterkeit. "Lieber Herr, ich werde niemals mehr zu diesen Inseln zurückkehren. Hier ist mir alles genommen worden, was mir lieb und wert war." Das Ruderboot erreichte das Flugzeug, das zuerst in Borneo, dann in Palawan und schließlich in Manila landen sollte. "Gibt es überhaupt Heilung für eine solche Wunde?" Ich konnte nur zu Gott schreien und hoffen. Er würde mich heilen müssen, wenn ich weiterleben sollte.

Als ich nach der Strickleiter des Flugzeugs faßte, hörte ich Rufen vom Strand her. *Selamat djalan!* "Eine friedliche Reise!" ertönten die

Stimmen der Indonesier. Menschen, die den Herrn auf unserer Missionsstation kennengelernt, mit uns das unbeschreibliche Leiden des Gefangenenlagers geteilt hatten, standen in einer Gruppe zusammen und winkten. Wir waren so unvermittelt von unserer Abreise unterrichtet worden, daß ich mich nicht einmal von ihnen hatte verabschieden können.

Sie stimmten einen Segensgruß an: "Gott mit euch, bis wir uns wiedersehen ..." Ihr Lied entfesselte die Fluten der Bitterkeit, und als mir die Tränen aus den Augen strömten, begann der Schmerz zu schwinden. Die Heilung hatte bereits eingesetzt. Ich wußte, daß ich eines Tages - nur Gott wußte, wann - wieder zu diesem Volk und dieser Insel zurückkommen würde, die mir zur Heimat geworden war.

Während das Flugzeug mich von der von Bomben zerstörten Insel, den überfluteten Reisfeldern und dem Gebirge, wo ich so lange gefangengehalten worden war, fortbrachte, übergab ich die acht langen Jahre meines Lebens in die treuen und weisen Hände meines gnädigen Gottes, der allein mir helfen konnte, die Geheimnisse tiefen Schmerzes und großen Leidens zu verstehen.

Alle Namen, außer denen von Darlene Deiblers Familie und ihren Missionarskollegen, wurden geändert.

Kapitel 1

Nachdem wir sechs Monate lang in Holland die holländische Sprache gelernt hatten, gingen mein Mann Russell Deibler, ein Missionar mit langen Jahren Missionserfahrung, und ich, seine junge Braut, an Bord der RMS *Volendam*, die uns zu den ostindischen Inseln bringen sollte.

Auf den ersten Blick zeigten sich die Inseln mir als ein Garten Eden mit heißem Klima und hoher Luftfeuchtigkeit. Die mehr als 13.500 Inseln, die sich vom Südchinesischen Meer bis zum Indischen Ozean hin erstreckten, wurden zweimal im Jahr von starken Monsunregenfällen heimgesucht, die die meisten größeren Inseln in ein Meer von Schlamm verwandelten. Verschieden geartete Sümpfe und undurchdringliche Dschungel waren überall zu finden. Auf vielen Inseln gab es noch aktive Vulkane, die hin und wieder Flammen und glühende Lava ausspien. An den Inseln entlang zogen sich Korallenriffs, stille Lagunen, weiße Sandstrände, auf denen sich Kokospalmen und Hibiskuspflanzen sachte im Wind wiegten. "Wie herrlich", jubelte ich, "ein Inselparadies."

Am 18. August 1938, an unserem ersten Hochzeitstag, landeten wir in Batavia auf Java. Die Düfte meines neuen Heimatlandes waren fremdartig und doch verlockend, so ganz anders als alles, was ich vorher gekannt hatte. Jede Insel war einzigartig und ganz anders als ihre Nachbarinsel. Auf einigen gab es schwefelhaltige Mangrovensümpfe, die einen modrigen Geruch verbreiteten. Andere stanken nach Kopra, dem getrockneten Mark der Kokosnuß. Auf den Gewürzinseln konnte ich auch den Duft von Zimt, Muskatnuß und Nelken ausmachen. Und überall mischte sich der Geruch von Meersalz mit dem schweren Duft des in der Nacht blühenden Jasmin.

Über die Märkte zu schlendern - ein buntes Treiben von provisorischen Ständen, auf denen sich bunte Früchte und Gemüsesorten, von Eingeborenen gewebte Stoffe, Tontöpfe, wunderschöne Sarongs und Nippessachen aus Gold und Silber türmten - war viel interessanter als das Einkaufen in einem amerikanischen Supermarkt. Die Kaufleute schlugen zwei Holzstückchen aufeinander und priesen mit monotoner Stimme ihre Waren an. Es gab keinen Marktpreis. Als ich das erste Mal einen Preis hörte, der doppelt so hoch war wie der Wert der Ware, ging ich davon ... *Boleh tawar! Boleh tawar!* riefen die Kaufleute immer wieder und luden mich ein zu handeln. Das tat ich dann auch!

Das Leben dort war sehr interessant und fesselnd. Ich fühlte mich sofort zu den Leuten und dem Ort hingezogen. Unablässig quälte ich Russell mit tausend Fragen.

In dem offenen Stadtkanal badeten Männer, Frauen und Kinder, fröhlich miteinander plaudernd, dort wuschen sie ihre Kleider oder ihr Gemüse, spritzten sich gegenseitig naß oder verrichteten ihre Notdurft - alles in unmittelbarer Nähe.

Mit dem Zug fuhren wir nach Surabaja weiter. Wir kamen vorüber an vielen terrassenförmig angelegten Reisfeldern und Teeplantagen.

Drei Tage später setzten Russell und ich unsere Reise mit einem Dampfschiff nach Celebes fort, wo sich die Missionsstation befand.

Makassar, die Haupt- und Hafenstadt von Celebes, war eine wundervolle tropische Stadt. Weiße Sandstrände erstreckten sich rechts der Reisfelder. Eine große, sehr alte Festung mit einer altmodischen Kanone wachte über dem Hafen. Ozeanriesen gingen vor Anker und entluden ihre importierten Waren im Austausch gegen eine Ladung Kopra, Kaffee, Reis, Korn, Salz oder exotischer Gewürze.

Russell, der Schiffsreisen noch nie besonders gut vertragen konnte, hatte sich so weit erholt, daß er mir, nachdem die Gangway heruntergelassen worden war, an der Reling Gesellschaft leisten konnte. Er lenkte meine Aufmerksamkeit auf eine Gruppe, die sich auf der rechten Seite der Gangway versammelt hatte.

"Die große Dame ist Margaret Kemp aus Endicott, New York", erklärte er. "Sie und die anderen alleinstehenden Damen arbeiten im Büro der Station und unterrichten in der Bibelschule."

Ich erkannte Lilian Marsh, denn sie sah ihrer Schwester Ethel, einer freundlichen Engländerin, die ich in London kennengelernt hatte, verblüffend ähnlich. Ihr Vater war der bekannte britische Prediger und Schriftsteller F.E. Marsh. Beide hatten schon viele Jahre im umkämpften China Dienst getan, bevor Lilian nach Niederländisch-Ostindien versetzt worden war. Während ich die kleine Dame mit dem lockigen, im Nacken zusammengesteckten Haar betrachtete, konnte ich kaum glauben, daß sie den Boxeraufstand in Wuchow mitgemacht hatte, genau wie die neben ihr stehende Philoma Seely.

Philoma, die Russell mir als ein wenig exzentrisch beschrieben hatte, war kleiner als Lilian. Ihr graues Haar glänzte wie Silber in der tropischen Sonne. Philoma war stocktaub, beherrschte seltsamerweise jedoch fließend die chinesische Sprache. Sie führte die Bücher der Missionsstation, unterrichtete in der Bibelschule und tat auch hin und wieder Dienst in der chinesischen Gemeinde.

Am Ende der Reihe der alleinstehenden Damen stand Margaret Jaffray. Sie war die Tochter von Dr. Jaffray, dem Vorsitzenden der Niederländisch-Ostindien-Mission. Ihr dunkles Haar war durchzogen von weißen Strähnen; eine randlose Brille saß auf ihrer dicken Nase, die jedoch dem fröhlichen Funkeln ihrer haselnußbraunen Augen keinen Abbruch tat.

"Willkommen daheim, Fremder!" rief einer aus der Gruppe. Die anderen begannen zu winken.

"Das ist Wesley Brill, der Leiter der Bibelschule, seine Frau Ruby und ihre kleine Tochter Donna", erklärte Russell.

Vollkommen verzagt und voller Furcht schritt ich die Gangway hinab. Die Brills erreichten Russell als erste und hießen ihn herzlich willkommen. Etwas unsicher stand ich abseits, doch die beiden Margarets, Lilian und Philoma kamen auf mich zu. Etwas zögernd schaute ich sie an, fürchtete, daß sie ein so junges Mädchen wie mich nicht so leicht akzeptieren würden; doch sie nahmen mich sehr herzlich auf. Ihre Freundlichkeit tat mir gut. Von diesem Augenblick an empfand ich Respekt und Liebe für sie, die auch während unserer gemeinsamen Arbeit, während des Krieges und des gemeinsamen Leidens nicht schwand.

Die Brills informierten uns darüber, daß Russell und ich in dem am Stadtrand gelegenen Gästehaus der Mission wohnen würden.

Das Gästehaus verfügte über große, luftige, spärlich möblierte Schlafräume, die in ein Gemeinschaftseßzimmer und das Wohnzimmer mündeten. Der Kochbereich, das Badezimmer, die Toilette und die Zimmer für das Personal waren in einem separaten, durch einen Weg mit dem Haupthaus verbundenen Gebäude untergebracht. Die Keramikfliesen waren angenehm kühl unter den Füßen.

Nach dem Mittagessen zogen wir uns alle zurück - es war Zeit für die Mittagsruhe. Erschöpft kroch ich unter mein Moskitonetz. Es gab keinen elektrischen Ventilator, und die Hitze war überaus drückend. Ich schlief ein wenig, wachte jedoch schweißgebadet und unausgeruht wieder auf. Wie angenehm war jetzt ein erfrischendes Bad!

Nach einer belebenden Tasse Tee leerte sich das Haus. Jeder ging seinen Pflichten nach. Russell und Wesley gingen zum Büro der Schiffahrtslinie, um nach unseren Koffern zu fragen. Ich packte das Handgepäck aus, danach setzte ich mich auf unser Bett, schaute zum Fenster hinaus und versuchte, all die vielen neuen und unterschiedlichen Geräusche und Düfte einzuordnen. Wie schön war es doch, hier zu sein, welch ein Vorrecht!

Beim Abendessen informierte mich Mr. Brill darüber, daß mein Sprachlehrer mich am nächsten Morgen um halb neun erwarten würde. Schon bald würde ich mich mit den Eingeborenen unterhalten können. Gott hatte mich in seinen Dienst berufen, und er würde mich auch für die mir zugedachte Aufgabe zurüsten. Die Sprache war ein Werkzeug, das zu gebrauchen ich lernen mußte - und wenn er mir die Kraft dazu gab, dann würde ich sie gut einsetzen können.

Pünktlich um halb neun am nächsten Morgen wurde ich einem Indonesier mittleren Alters vorgestellt. Er nickte mir zu, und ich nickte zurück. Dann verließ Russell den Raum. Ich sprach kein einziges Wort Indonesisch, und er kein einziges Wort Englisch.

Mein Lehrer erhob sich vom Stuhl und verließ den Raum. Doch sofort kam er zurück, verbeugte sich und sagte: *"Selamat pagi, Njonja!"*

Ich starrte ihn schweigend an. "Ja, sicher", dachte ich bei mir. "Was hat er jetzt nur gesagt?"

Als ich nicht antwortete, verließ mein Lehrer abermals das Zimmer, kam wieder zurück und sprach diesmal ganz deutlich: "*Selamat pagi, Njonja.*"

Meine Gedanken überschlugen sich. Das war bestimmt eine Begrüßungsformel! Als er nun zum dritten Mal vor die Tür ging, war ich vorbereitet. Er kam zurück, verbeugte sich und wiederholte den Gruß.

Ich erhob mich von meinem Stuhl, verbeugte mich und erwiderte: "*Selamat pagi, Njonja.*"

Der kleine, korpulente Mann in dem gestärkten Baumwollanzug gestikulierte wild mit den Händen und schüttelte den Kopf. Er zeigte auf sich und sagte immer wieder: "*Tuan, Tuan.*" Dann zeigte er auf mich und sagte: "*Njonja, Njonja.*"

Ich mußte schrecklich lachen, denn ich hatte gerade zu meinem Lehrer gesagt: "Guten Morgen, meine Dame!" Um ihm zu versichern, daß ich verstanden hatte, verbeugte ich mich und sagte: "*Selamat pagi, Tuan,*" worauf er lächelnd erwiderte: *Baik, baik!* "Gut, gut!" Diese erste Lektion hatte ich gelernt, und nie wieder sprach ich einen Mann mit "meine Dame" an.

Jeden Tag lernte ich mit meinem Lehrer die Sprache. Er machte seine Sache ausgezeichnet, forderte aber auch eine Menge von mir. Wenn er sich nachmittags mit einer Verbeugung von mir verabschiedet hatte, schlenderte ich in das Quartier der Dienstboten hinüber. Die Köchin, eine junge Frau, und der Wäschejunge lachten über mein Indonesisch und korrigierten mich. Wenn ich ein Wort falsch aussprach oder sie bat, etwas zu wiederholen, wurden sie immer lauter. Doch schließlich lernte ich, ihnen zu sagen, daß mein Gehör ausgezeichnet sei, daß ich nur Probleme mit der indonesischen Sprache hätte.

Celebes war eine Insel voller Gegensätze. Bis zu viertausend Meter hohe Berge erstreckten sich im Norden und Süden des Landes, und die geheimnisvollen blauen Seen waren viele tausend Meter tief. Dazwischen bedeckte üppige, tropische Vegetation die Landschaft. Auf den Bergen im Landesinnern waren viele Kalksteinhöhlen zu finden.

Ich liebte die Insel und ihre Bewohner. Doch ich wußte auch, daß mein Aufenthalt zeitlich begrenzt war. Schon bald würden wir weiterreisen in das "große unbekannte Land", nach Neuguinea, und ich war sicher, daß die Gebete der Menschen hier auf der Insel Celebes uns dorthin begleiten würden.

An einem Septembermorgen lernte ich einen von diesen Menschen kennen, Dr. Robert A. Jaffray.

"Da, neben Margaret, das ist Mr. Jaffray", erklärte Russell, als das Schiff anlegte.

Ich erkannte ihn sofort. Wie hätte man ihn übersehen können? Er überragte seine Mitreisenden um Haupteslänge und zog seinen Tropenhelm, um uns zuzuwinken. Sein kurzes, weißes Haar war ordentlich gekämmt, und er war glattrasiert. Sein Oberlippenbart war sorgfältig gestutzt. Er stand an der Reling mit der Würde eines Mannes von vornehmer Herkunft.

Margaret - er nannte sie zärtlich Muggins oder Muggie - half ihm von Bord. Sie trug die vielen Päckchen, die er als Geschenke für die Missionare mitgebracht hatte und sah aus wie ein reich geschmückter Weihnachtsbaum.

Dr. Jaffray kam auf mich zu und drückte mir herzlich die Hand. "Das muß Darlene sein. Jetzt kann ich verstehen, warum Russell seinen Urlaub verlängert hat." Seiner Größe und auffallenden Erscheinung nach zu urteilen, hätte ich ihn für einen sehr strengen Mann gehalten, doch sein warmes Lächeln und seine blitzenden Augen zeigten mir sehr schnell, daß ich mich geirrt hatte.

"Ich fürchte, wir haben Ihr Haus immer noch mit Beschlag belegt", entschuldigte ich mich nervös.

"Das macht doch nichts. Mutter besucht noch Freunde in Singapur und Java. Sie wird vermutlich erst nach der Konferenz eintreffen."

Die Konferenz für die Missionare in Niederländisch-Ostindien würde erst im November stattfinden; es blieb viel Zeit, sich von Mr. Jaffrays Begeisterung für Neuguinea anstecken zu lassen. Er trug eine zerknitterte Landkarte der Strecke von Oeta bis zu den Wisselseen bei sich. Sobald sie ausgepackt hatten, begannen wir, Listen mit Ausrüstungsgegenständen und Versorgungsgütern zusammenzustellen und die Kosten zu überschlagen. Wir drei waren begeistert von dem Plan, das Innere Neuguineas für Gott zu gewinnen. Jede Information, die wir bekommen konnten, überprüften wir sehr sorgfältig.

Wir erfuhren, daß am 1. Januar 1937 ein holländischer Pilot mit Namen Mr. Wissel und sein amerikanischer Copilot, Mr. Jack Atkinson, für die Babo Ölgesellschaft einen Erkundungsflug über Neuguinea gemacht hatten. Das neue Jahr war gerade erst angebrochen, und die Wolken hatten sich gelichtet, so daß die Flieger das schneebedeckte Zentralgebirge sehen konnten. Mehr als dreißig Meilen erstreckten sich die Schneefelder, die hier und da von zerklüfteten, schneebedeckten Gipfeln und Gletscherseen unterbrochen wurden. Ehrfürchtig betrachteten sie die unberührte Natur. Als sie über die Nordseite des Gebirgszuges flogen, entdeckten sie unter sich etwas, das aussah wie drei runde Wolken, die sich in die Berge schmiegten.

Sie flogen etwas niedriger und erkannten, daß es sich nicht um eine Wolkenformation, sondern um drei kristallklare Seen handelte, und auf dem größten davon ruderten Männer und Frauen in Kanus. Und das in einem Teil der Welt, der als unbewohnt galt!

Als ich mit Russell zusammen die Luftberichte studierte, erfuhren wir, daß der Oeta, der in den Bandasee an Neuguineas Südküste fließt, im größten der Wisselseen, dem Paniaisee, entspringt. Wenn man dem Oeta zu seiner Quelle folgte, würde man ganz sicher auch noch andere Dörfer und bisher unbekannte Völker entdecken.

Die holländische Regierung, die die Ostindischen Inseln kontrollierte, stellte schon bald Geldmittel und Begleitmannschaften für diese Expedition zur Verfügung. Die Gruppe kämpfte sich am Fluß entlang durch den dichten tropischen Dschungel. Sie bestieg mit dichten Wäldern bewachsene Berge, um am Gipfel feststellen zu müssen, daß ein neuer Gebirgszug sie erwartete, der noch steiler und noch zerklüfteter war als der vorige. Am Ende eines jeden ermüdenden Tages wurde schnell ein Schutzdach errichtet, worunter sie lagerte. Viele der Träger, vorwiegend Eingeborene der Küstenregionen, starben und wurden in flachen Gräbern entlang des nächtlichen Lagerplatzes begraben. Alle litten unter Hunger, da die Nahrungsmittel knapp waren, und unter Kälte in den höheren Regionen. Als etwa einen Monat nach ihrem Aufbruch von der Küste die Überlebenden den letzten Gebirgszug ins Steinzeitalter hinabstiegen, folgte ihnen eine große Horde fast nackter Eingeborener zum Paniaisee.

Einige Polizeibeamte, mehrere Gefangene und ein Offizier wurden in Enarotali zurückgelassen, um die hastig errichteten Regierungszelte auf einem Bergabhang, von dem man auf den See blicken konnte, zu bewohnen. Die einzige Verbindung zwischen diesem primitiven Außenposten und der Außenwelt war ein batteriebetriebenes Radio.

Je mehr wir erfuhren, desto lieber wurden uns die Landkarte und die Geschichte Neuguineas. 1545 hatten die Spanier Anspruch auf die zweitgrößte Insel der Welt erhoben und ihr den Namen Neuguinea gegeben, weil ihre Bewohner den Volksstämmen an Afrikas Westküste ähnelten. Anfang des neunzehnten Jahrhunderts etablierten holländische Händler die ersten europäischen Außenposten auf der Insel, und 1828 annektierten die Niederlande den westlichen Teil der Insel.

Intensiv studierten wir die Karte Neuguineas. Die Insel ähnelte einem riesigen paläozoischen Beutevogel - mit erhobenem Kopf und offenem Schnabel bereit, mit der hereinströmenden Flut die kleineren Molukkeninseln zu verschlingen. Der Brustteil Neuguineas liegt über dem obersten Zipfel von Australien und sein Schwanz im Korallensee. Die ungeheure Küstenlinie, die undurchdringlichen, von Krokodilen und giftigen Schlangen besitzergreifend bewachten Mangrovensümpfe und die Kannibalenstämme hatten schon über die Jahrhunderte hinweg selbst die wagemutigsten Seefahrer davon abgeschreckt, das Land einzunehmen.

Am 21. Juni 1938 folgte eine amerikanische, von dem amerikanischen Museum of Natural History gesponserte Expedition unter der Führung von Richard Archbold dem Flußlauf des Baliem durch ein 250 Meilen östlich der Wisselseen gelegenes Tal. Sie wollte Proben der Flora und Fauna am Fuß des Mount Wilhelma, eines der höchsten Gipfel Neuguineas, sammeln. Dort traf sie auf ein dichtbesiedeltes Gebiet von Steinzeit-Kannibalen.

Wieder und wieder lasen wir die Berichte über die Ergebnisse der Expedition und waren aufs neue beeindruckt von der riesigen Aufgabe, die unzähligen im Gebirge lebenden Volksstämme Neuguineas zu erreichen.

Die Missionskonferenz fand im November in Benteng Tinggi statt, einem Anwesen in den Bergen, etwa sechzig Kilometer von Makassar entfernt gelegen. Benteng Tinggi bedeutet "hohe Festung", und in der Tat war es ein Zufluchtsort vor der sengenden Hitze des Küste. Die Versammlungen wurden in einem riesigen, achteckigen Gebäude abgehalten, an das sich die Unterbringungsmöglichkeiten der Teilnehmer anschlossen. Zum ersten Mal lernte ich die anderen Missionarsfamilien kennen. Wir lachten viel zusammen, und die Konferenz verlief sehr harmonisch.

Einstimmig wurde beschlossen, daß Russell und ich zusammen mit einem anderen Ehepaar, Walter und Viola Post, zu den Wisselseen aufbrechen sollten. Schon vor der Konferenz hatten wir uns eine Arbeitserlaubnis beschafft, doch die Regierung wollte nicht gestatten, daß Frauen die anstrengende Reise ins Landesinnere antraten. Bis sich die Zustände gebessert hatten, sollten Russell und Walter Post allein zu den Wisselseen reisen. Viola und ich würden in Makassar bleiben.

Anfang Dezember bestiegen Walter Post und Russell den Dampfer nach Ambon, dem Sitz der Regierung der Gewürzinseln, wo sie Schlauchboote, Campingausrüstung und Nahrungsmittel für sich und ihre Träger einkauften.

Der Gouverneur war sehr hilfsbereit und arrangierte für sie, daß sie mit einem Schiff der Regierung nach Oeta an Neuguineas Südküste reisen konnten. Sie kamen sicher dort an und entluden ihre Vorräte. Dann kehrte Walter Post nach Ambon zurück. Am Tag nach Weihnachten fuhren Russell und seine zehn eingeborenen Träger mit den Vorräten in einem Regierungsdampfer, ein Kanu im Schlepptau, stromaufwärts bis dorthin, wo die Stromschnellen begannen. Von dort aus würden die Vorräte und das Kanu getragen werden müssen. Sie erreichten das Lager am späten Nachmittag des dritten Tages. Dies erfuhr ich aus einem Brief, den der Regierungsbeamte mir freundlicherweise mitbrachte.

Ich erinnerte mich an das, was ich in dem Bericht der Pioniere gelesen hatte, und unaufhörlich bat ich Gott um Hilfe und Kraft, um Sicherheit, Mut und Geduld für Russell. Zusammen mit den anderen Missionaren betete ich, daß Gott seine Hand über ihn halten möge, damit er die Wisselseen erreiche. Wie sehr er litt und wie notwendig unsere Fürbitte war, sollte ich erst viele Wochen später erfahren.

Während Russells Abwesenheit drängte und ermutigte Margaret Kemp mich, mehr zu tun als ich jemals für möglich gehalten hätte. Die wöchentlichen Lektionen der Sonntagschule für die Jüngeren zu übersetzen und mehrere Lehrer zu überwachen - und das nach nur wenigen Monaten des Sprachstudiums, war ihre Idee. In regelmäßigen Abständen wurde ich für die Predigt in der Gemeinde eingeteilt, und man bat mich auch, im Kindergarten für die Kinder der Lehrer und Studenten auszuhelfen. Das war eine wertvolle Erfahrung für mich.

Auch weiterhin betrieb ich mein Sprachstudium, jetzt mit einem Lehrer der Schule für Regierungsangehörige in Menado. Sein ausgezeichnetes Indonesisch spornte mich an, meine Sprachkenntnisse zu vervollkommnen. Schon nach wenigen Wochen kann jeder sich in Pasar, dem Umgangsmalaiisch, verständlich machen. Doch das richtige Indonesisch ist eine sehr schöne Sprache, es hat keine harten, kehligen Laute. Diese Sprache so gut ausgesprochen zu hören, ist wie einer Sinfonie zu lauschen, die auf Wortinstrumenten gespielt wird - wie wenn man einen Renoir anschaut, ein Meisterwerk von Licht und Schatten.

Zu Beginn des neuen Schuljahres gab man mir ein englisches Kirchengeschichtsbuch und fragte, ob ich die Studenten des zweiten Jahrgangs unterrichten könnte. Gern war ich bereit dazu, doch nachdem ich mich durch die ersten Kapitel gekämpft hatte, kam ich mehr und mehr zu der Überzeugung, daß ich mehr Begeisterung als Vernunft hatte walten lassen. Wie vermittelt man Kirchengeschichte an Studenten, die frisch aus dem Dschungel kamen und nur ihre eigene Küstenlinie und den Ozean kannten und erst seit einem Jahr wußten, daß überhaupt eine Welt außerhalb ihres begrenzten Horizonts existierte? Das war eine anspruchsvolle Aufgabe!

Die meisten Studenten in meinen Klassen waren Dyaks aus Borneo. Da alle Stunden in Indonesisch abgehalten wurden, mußten sie sich ein Arbeitswissen in einer Sprache aneignen, die ihnen vollkommen fremd war. Viele von ihnen hatten noch nie einen Stift in der Hand gehalten. Neben ihren Sprachstunden brachte man ihnen Lesen, Schreiben, Mathematik, Musik und Geschichten aus dem Alten und Neuen Testament bei. Allein schon still in einem Klassenzimmer sitzen zu müssen, war eine schwere Prüfung für sie; sie waren ein freies Volk, das am Rande der Zivilisation gelebt hatte. Nie hatten sie sich einem Zeitplan unterwerfen müssen. Ich liebte und bewunderte sie, wenn sie mit gerunzelter Stirn über ihre Bücher gebeugt im Klassenzimmer saßen und ihnen von der extremen Hitze und der Konzentration Schweißtropfen die Wangen herunterliefen.

Ich fand Erfüllung, Freude und außerordentliche Befriedigung in all meinen Aufgaben. Dies war eines von Gottes wertvollen Geschenken an mich - schon als kleines Kind hatte ich Verantwortung übernehmen müssen. Niemals hatte ich Zeit gehabt, mich zu langweilen! Die Trennung von Russell hätte ich mir auch nie selbst ausgesucht, doch der Herr hatte mir, als ich auf seinen Ruf in die Mission antwortete, versprochen: "Geh ... ich werde immer bei dir sein!" Die Gegenwart Gottes und seines Volkes machte mich ruhig.

Im Februar erhielten wir die Nachricht, daß Russell aus Manokwari ankommen würde. Meine Aufregung steigerte sich ins Unermeßliche. Aber warum aus Manokwari, einem Dorf an der Nordküste Neuguineas? Als das Schiff in den Hafen Makassars einlief, konnte ich es kaum noch erwarten. Ich stand ganz vorn unter den Leuten, die sich versammelt hatten, um die ankommenden Reisenden zu begrüßen. Doch wie erschrak ich, als ich einen ausgezehrten, verfallenen Fremden an der Seite von Walter Post entdeckte.

Die anderen Missionare erkannten den abgemagerten Russell als den Mann, den sie vor seiner Reise gekannt hatten. Doch wo war der Mann, den ich geheiratet hatte, der Mann, der nach Neuguinea aufgebrochen war? In nur achtzehn Tagen im Dschungel und wenigen Monaten spärlicher Ernährung hatte er mehr als sechzig Pfund verloren!

"Darlene?" Als ich seine Stimme hörte, wußte ich, daß es Russell war, doch diese Stimme sollte nicht diesem ausgemergelten Fremden gehören. Schnell schlug ich die Augen nieder; ich wollte nicht, daß er mein Unbehagen bemerkte. Meine Zurückhaltung amüsierte ihn, doch der Schock, den ich empfand bei dem Gedanken, was er erlitten haben mußte, saß sehr tief.

Nur mit Mühe konnte er gehen, und als er zu Hause die Schuhe und Strümpfe auszog, wußte ich auch, warum. Er hatte keine Haut mehr an den Fußsohlen und an den Zehen und litt unter fortgeschrittener Dschungelfäule.

Dr. Jaffray schickte sofort nach einem Arzt. Nachdem er Russells Füße untersucht hatte, wandte er sich an mich und sagte: "Sehen Sie dieses Gewebe, das sich ablöst? Nehmen Sie jeden Morgen eine Pinzette und reißen Sie es ab, bis sie an das rohe Fleisch stoßen. Wenden Sie die Salbe, die ich Ihnen gebe, erst an, wenn sie das verfaulte Gewebe entfernt haben. Das wird sehr schmerzhaft sein, doch es gibt keinen anderen Weg, den Pilz zu entfernen, der die Ursache für Mr. Deiblers Zustand ist."

Jeden Morgen saß ich auf dem Bett und verband Russells Füße. In meine unerfreuliche Aufgabe mischte sich noch das Gefühl der Fremdheit, die ich diesem abgemagerten Mann gegenüber empfand. Russell lachte immer, wenn ich scheu zu ihm hochsah, während ich seine Füße versorgte. Es amüsierte ihn, daß mein überschäumendes Temperament gezügelt worden war.

Dr. Jaffray, seine Tochter Margaret und ich hörten stundenlang Russells Berichten über seine Erlebnisse bei dem Marsch zu den Wisselseen zu. Ich begann mich darüber zu wundern, daß er dieses Abenteuer überhaupt überlebt hatte.

Während der ersten drei Tage hatten sich die Träger flußaufwärts gekämpft, und Russell erzählte, er habe sich bei allen seinen Reisen auf Borneos tückischen Flüssen niemals so unbehaglich gefühlt wie mit diesen unfähigen Ruderern, die einmal mitten auf dem Fluß das Boot fast zum Kentern gebracht hätten. Russell hatte kein gutes Gefühl gehabt, als man ihm seine Träger vorstellte, und nun wußte er, daß er seiner Intuition hätte trauen sollen. Wie viele der Küstenbewohner Neuguineas bewegten sie sich lethargisch und langsam. Russell führte das zurück auf die Auswirkungen des Dschungellebens. Die Küstenbewohner waren geschwächt vom Denguefieber und immer wiederkehrenden Malariaanfällen. Sie kannten noch kein Chinin, das ihnen Linderung hätte schaffen können.

In Orawaja erwarteten sie, ein stabiles Basislager vorzufinden. Sie trafen jedoch nur eine Bambuskonstruktion mit einem Grasdach an, das kaum Schutz bot vor dem Regen. Durch Krankheit schmolzen seine Träger auf sieben zusammen. Die drei Kranken kehrten mit dem Kanu nach Oeta zurück. Nachdem sie sich hastig eine Mahlzeit bereitet hatten, teilten Russell und die übrigen Männer die Vorräte unter sich auf, packten ihre Rucksäcke, weil sie früh am nächsten Morgen aufbrechen wollten. Die Träger streckten sich auf dem Boden aus und waren bald eingeschlafen. Russell holte seine Bibel und sein Tagebuch aus seinem Rucksack. Er zündete eine Kerze an, las in der Bibel und schrieb die Ereignisse der vergangen drei Tage nieder.

Der Weg war so gefährlich wie er beschrieben worden war. Den ganzen Tag bahnten sich die Träger den Weg durch das dichte Dschungelunterholz. Jeder Tag führte sie tiefer ins Zentralgebirge hinein, jeder Gebirgszug war höher als der vorhergehende. Sie überquerten vorsichtig schmale, über tiefe Schluchten ragende Felsvorsprünge, die der Oeta in den Felsen gegraben hatte. Der Fluß tobte drohend unter ihnen hinweg, diente ihnen jedoch als Orientierung, um den Weg zu seiner Quelle, den Wisselseen, zu finden.

Die mit dichtem Dschungel bewachsenen Berge gaben nur ungern den Weg frei zu den Gebirgszügen, die mit zum Teil unter Moos versteckten Tonscherben bedeckt waren. Diese gezackten Scherben schnitten sich durch die Ledersohlen von Russells Stiefeln.

Am Neujahrstag erwachte Russel mit dem Gefühl, körperlich vollkommen erschöpft zu sein. Außerdem war er besorgt. Er hatte nur noch wenige Träger, zu wenige. Würden die Vorräte ausreichen? Er brauchte Ermutigung für den Marsch hinein in die unbekannte Wildnis und öffnete seine Bibel an einer Stelle, wo es hieß: "Habe ich dir nicht geboten: Sei stark und mutig? Erschrick nicht und fürchte dich nicht! Denn mit dir ist der Herr, dein Gott, wo immer du gehst" (Josua 1,9). In seiner unnachahmlichen Weise hatte Gott Russell mit diesem Zuspruch gestärkt für die schrecklichen Tage, die noch vor ihm lagen.

Die vorausgehenden Träger mußten sehr sorgfältig darauf achten, die Steine und Felsbrocken, die ihnen im Weg lagen, nicht in Bewegung zu bringen, denn auf diese Weise konnte leicht ein Erdrutsch entstehen. Beim Hochklettern der fast senkrechten Berge mußten die Männer zuerst überprüfen, ob die Steine auch festsaßen, damit sich nicht ein Stein lockerte und die Nachkommenden verletzte.

Und dann immer der Monsunregen! Spät am Nachmittag schlugen sie ihr Lager auf. Obwohl Russell bereits sehr erschöpft war, ging er zurück, um den Trägern zu helfen. Sie nahmen die notwendigen Reparaturen an den Biwaks vor, doch es regnete trotzdem durch. Die Biwaks bestanden aus vier Pfählen, die in die Erde geschlagen und mit Rattan zusammengebunden wurden, mit einem Dach aus Gras oder Rinde. Die Kleidung der Männer war immer naß. Sie kauerten sich vors Feuer, um warm zu werden, aßen apathisch ihren Reis, getrocknete Erbsen und gesalzenen Fisch.

Russell nahm sein Tagebuch auf und las uns vor: "Dies war ein schrecklicher Tag; ich zwang mich, etwas zu essen und Wasser abzukochen, um etwas zu trinken, doch ich habe keinen Hunger. Den ganzen Tag bin ich am Ende der Reihe geblieben und habe versucht, die Träger im Auge zu behalten. Aus ihren flüchtigen Blicken in meine Richtung und ihren geflüsterten Unterhaltungen schließe ich, daß sie planen zu verschwinden. Nachdem wir an diesem Abend unser Lager aufgeschlagen hatten, habe ich gebetet und mit ihnen gesprochen, ihnen gesagt, daß wir nur durchkommen können, wenn wir zusammenbleiben und daß wir auf Gott vertrauen und weitergehen müssen ..."

Die Nacht verbrachte er im Gebet. Er bat Gott, er möge die Träger davon abhalten, davonzulaufen. In den frühen Morgenstunden fiel er in einen unruhigen Schlaf. Das Geräusch der im Lager hin- und hergehenden Träger weckte ihn auf. Wunder über Wunder, sie waren alle noch da.

Er konnte die Männer verstehen. Sechs Träger waren bei einer früheren Expedition auf dieser Route schon gestorben. Jeden Abend half Russell ihnen, die unter ihrer Last taumelten, das Lager aufzuschlagen. Er fühlte sich körperlich ausgelaugt durch den ständig steigenden Druck auf seine schnell schwindenden Kräfte. Dies war keine Expedition mit einer großen Mannschaft, genügend Trägern und Vorräten; er war allein, erschöpft in einem unfreundlichen Dschungel, zusammen mit sieben ebenfalls erschöpften Trägern. Jetzt aufzugeben, wo sie ein Drittel des Weges bereits hinter sich hatten, wäre ihr sicherer Tod gewesen. Obwohl er seine Gruppe überreden konnte, ihn auch weiter zu begleiten, indem er ihnen versprach, einen Teil ihrer Vorräte zurückzulassen, wußte Russell, daß es gut möglich war, eines Morgens aufzuwachen und festzustellen, daß seine Männer ihn während der Nacht im Stich gelassen und seine Vorräte mitgenommen hatten. Seine einzige Zuflucht war das Gebet. So verbrachte er nach dem anstrengenden Tag die Nacht im Gebet um göttlichen Schutz. Er ermutigte sich immer wieder selbst mit dem Zuspruch vom Neujahrstag, wo es hieß: "Habe ich dir nicht geboten: Sei stark und mutig? ... Denn mit dir ist der Herr, dein Gott" - und machte weiter.

Eine Woche später stellte Russell fest, daß es unumgänglich war, die zurückgelassenen Vorräte zu holen. Er und einige der stärkeren Männer gingen zurück. Nach dieser Pause waren die Träger wieder in besserer Gemütsverfassung.

Als die Männer höher und höher stiegen, waren die Tage zwar warm, nachts jedoch war es sehr kalt. Russell und die Männer kauerten sich in Decken gehüllt um das Feuer und hofften, durch die körperliche Nähe noch zusätzliche Wärme zu bekommen. Die Eingeborenen waren Küstenbewohner und die Kälte der Höhenlage nicht gewöhnt. Sie litten sehr, einige weinten, weil sie glaubten, daß der Tod auf sie lauere. Es gab keinen Schutz vor den kalten Winden, die alles durchdrangen. Sie begannen den Sonnenuntergang zu fürchten.

Dann kam dieser letzte schreckliche Tag, der achtzehnte Tag, ein Tag, an dem die Expedition bald in einer Katastrophe geendet hätte, die nur durch die Gnade und Güte Gottes abgewendet wurde!

Sie bestiegen den vierzehnten Gebirgszug und kamen ins Land der Kapauku. Das Gebiet war relativ eben, und ein Pfad wand sich durch Gärten, in denen süße Kartoffeln angebaut wurden. Manchmal steckten die Männer bis zu den Hüften im Schlamm.

Gegen drei Uhr am Nachmittag führte der Pfad sie zum Flußufer, wo sie Kanus fanden, die offensichtlich von Regierungsparteien benutzt worden waren. Sie waren noch nicht weit gekommen, als sie erkannten, daß es Selbstmord war, auf dem Fluß weiterzufahren. Ein Sturm auf dem Paniaisee verursachte hohen Wellengang und gefährliche Stromschnellen an der Stelle, wo der See ins schmale Flußbett des Oeta drängte. Sechs Stunden lang warteten sie in den Kanus, daß der Sturm sich beruhigte. Gegen neun Uhr zitterten sie alle vor Kälte, und Russell hatte das Gefühl, daß er nicht mehr länger warten konnte. Sie ruderten gegen die Wellen an, und die körperliche Anstrengung half ihnen, die Kälte zu ertragen. Dankbaren Herzens jubelten sie, als der Fluß sich endlich in den See öffnete. Sie mußten den See noch überqueren, um Enarotali, den Regierungsposten, zu erreichen.

An der fernen Küste waren schwache Lichter zu erkennen. Gerade als sie anfingen, sich zu entspannen, stieß Russells Kanu gegen einen aus dem Wasser ragenden Felsen und kenterte. Alle Männer und Teile der Ausrüstung fielen in den aufgewühlten, eiskalten See. Die durchdringenden Hilferufe der Träger weckten das Regierungspersonal auf. Russell und die Träger kämpften gegen die Strömung an, und es gelang ihnen, das zweite Kanu zu erreichen. Verzweifelt schöpften sie das Wasser aus dem Kanu, denn nun war es hoffnungslos überladen. Fackeln tauchten am Ufer auf, und hilfreiche Hände zogen das Kanu ans Ufer. Zwar waren sie vollkommen durchnäßt, doch alle Männer und das meiste Gepäck waren gerettet worden.

Am 13. Januar 1939 um Mitternacht setzte Russell, ein einsamer Missionarspionier, seinen Fuß auf das Land, wie damals Josua in der Bibel, um den primitiven Stämmen im Innern Neuguineas das Evangelium von Jesus Christus zu verkünden.

Bei Tagesanbruch schaute Russell aus der provisorischen Hütte des Regierungsvorpostens. Er hatte sich noch nicht richtig erholt, doch er konnte es kaum erwarten, die Eingeborenen kennenzulernen. Dutzende brauner, sehr kleiner Menschen mit vollen Lippen und breiten Nasen drängten sich im Lager. Sie waren neugierig und wollten die Neuankömmlinge sehen. Ein ganz mutiger Mann bot Russell seinen gekrümmten Zeigefinger. Russell trat zurück und beobachtete, wie einer der Vorposten vortrat und den Finger des Eingeborenen mit seinem ebenfalls gekrümmten Zeigefinger ergriff. Beide Männer zogen ihre Hand nun fort, wobei sie einen scharfen Knall verursachten. Diese Zeremonie wurde mehrmals wiederholt - je mehr und je lauter die Knälle, desto tiefer die Freundschaftsbande.

Mutig trat nun auch Russell mit seinem neugelernten Gruß vor und mischte sich unter das Volk. Ihr drahtiges Haar war mit einer Kruste aus Schmutz und Asche überzogen, und ihre kleinen Körper waren mit einer Mischung aus Schlamm und Schweinefett eingerieben, die die Poren verschloß und so die Kleidung ersetzte. Das einzige "Kleidungsstück", das die Männer an ihrem Körper trugen, war ein Flaschenkürbis, der mit einer Schnur um die Lenden gebunden wurde und von einer anderen Schnur um den Hodensack festgehalten wurde. Die kleinen Mädchen trugen Grasröcke, die Frauen kurze Röcke aus Bändern oder Seil. Von den Köpfen der Frauen und Mädchen hingen Netze, in denen sie bei Tag alles trugen, was nötig war, und die sie nachts sozusagen als steinzeitalterliche Thermounterwäsche um ihre kleinen Körper wickelten.

Schon im Kindesalter wurde bei Jungen und Mädchen die Nasenwand durchstochen. Man steckte einen Strohhalm hinein, bis die Wunde heilte, danach ersetzte ein kleines Schilfrohr den Strohhalm. Von Zeit zu Zeit wurde das Schilfrohr gegen ein etwas größeres ausgetauscht, bis das Loch groß genug war, daß die Männer den Hauer eines Wildschweins oder ein Bambusstück und die Frauen einen an beiden Enden angespitzten Stock hineinstecken konnten. Auch die Ohrläppchen waren durchstochen, nicht für Ohrringe, sondern für einen Federkiel. Manchmal dienten die Löcher auch als Aufbewahrungsort für selbstgedrehte Zigaretten oder Bambuspfeifen. Da sie keine Hosen und Hemden trugen, mußten sie einen anderen Weg finden, um nützliche Dinge aufzubewahren!

Ketten aus Schneckengehäusen oder den Zähnen von Hunden und Ratten wurden von beiden Geschlechtern getragen. Haarschmuck aus Federn zierten die kahl werdenden Köpfe der älteren Männer.

Die Hütten der Kapauku bestanden aus handgefertigten Holzlatten, die an einem Ende spitz zuliefen. Die Bäume wurden mit Steinäxten gefällt, die Stämme mit einem steinernen Krummbeil bearbeitet. Das Dach bestand aus Baumrinde, der Boden war die blanke Erde. Drei Steine bildeten die Feuerstelle. Die Familie schlief dichtgedrängt um das Feuer herum, zusammen mit den Schweinen, vor allem den Ferkeln. Starb eine Muttersau, wurden die Ferkel von den Frauen gesäugt.

Die Frauen bauten mehr als dreißig verschiedene Sorten süßer Kartoffeln in dem Gebiet um den See herum an. Da sie kein Kochgeschirr besaßen, wurden die Kartoffeln manchmal draußen an der Feuerstelle mit heißen Steinen gedämpft, doch vorwiegend röstete man sie in der heißen Asche unter der Kohle auf der Feuerstelle im Innern der Hütte.

Schweine, Ratten, Langusten, Kaulquappen, Vögel, Raupen, Bienen- und Wespenlarven, Grashüpfer, Stinkwanzen und andere Insekten lieferten ihrem Speiseplan eine interessante Mischung zusätzlicher Proteine.

Muschelgeld diente den Kapaukus als Zahlungsmittel. Russell stellte fest, daß man ein fettes Schwein für denselben Betrag bekommen konnte wie eine junge, kräftige Frau - mit einer Schnur von vierzig bis sechzig *yo* (die alten, dünnen Kaurimuscheln). Es war ein schwerer Schlag für meine weibliche Eitelkeit zu erfahren, daß ich bei diesem Stamm nicht wertvoller sein sollte als ein schmutziges fettes Schwein!

Russell widmete seine Zeit sowohl den Kapaukus, verbrachte aber auch viele Stunden mit dem freundlichen und sehr erfahrenen Regierungspersonal. Auf diese Weise konnte er eine Liste mit Dingen zusammenstellen, die nötig waren, um eine Missionsstation hier an diesem Ort einzurichten.

Russell stand vor dem vollkommenen körperlichen Zusammenbruch. Er wußte nicht, wie er den gefährlichen und anstrengenden Rückmarsch zur Küste schaffen sollte. Während seines Aufenthalts bei den Außenposten wurde ein Mann ernstlich krank. Der Gouverneur ließ ein Wasserflugzeug kommen, um den Mann fortbringen zu lassen. Der Offizier bat um die Erlaubnis, daß entgegen den Gepflogenheiten Russell ihn begleiten dürfe. "Sehen Sie nur seine Füße an! Er wird es niemals bis Oeta schaffen!" Drei Stunden später landeten sie in Manokwari. Von dort buchte er eine Passage nach Ambon, wo Mr. Post zu ihm stieß. Zusammen fuhren sie nach Makassar weiter. Dieser Flug bewahrte Russell vor dem mörderischen Marsch zurück nach Oeta und sparte einen Monat Zeit.

Am Morgen, nachdem Russell uns die letzte Episode seiner Geschichte erzählt hatte, kam Dr. Jaffray in unser Schlafzimmer und sah, wie ich das abgefaulte Gewebe von Russells Füßen riß. Das Blut und der Eiter liefen mir die Arme hinunter. Eine Welle von Übelkeit ergriff ihn, und er drehte sich um und verließ wortlos das Zimmer. Er schloß sich in seinem Schlafzimmer ein, und als ich ihn mittags zum Essen rief, sagte er, er wolle nichts essen. Gegen vier Uhr an diesem Nachmittag kam er heraus und legte ein Manuskript vor mich hin.

Ich nahm es auf und las das Vorwort für unsere Feldzeitschrift, *Der Pionier:*

"An diesem Morgen schaute ich auf die blutenden Füße eines Missionars, sah seine Frau, die ihn versorgte, sah das Blut und den

Eiter herausströmen, und ich dachte bei mir: "Was für ein schrecklicher Anblick!" Doch als ich das Zimmer verließ, sagte der Herr immer wieder zu mir: "In meinen Augen sind es wunderschöne Füße!"

Dann erinnerte ich mich an das Wort: "Wie lieblich sind auf den Bergen die Füße dessen, der 'frohe' Botschaft bringt, der Frieden verkündet" - Frieden und Gutes Männern und Frauen wie jenen in Neuguinea, die in Dunkelheit und im Schatten des Todes sitzen. Eines Tages wird alles vorüber sein. Eines Tages werden die müden, blutenden Füße der Missionare zum letzten Mal diese mit Tonscherben übersäten Berge überqueren. Eines Tages werden sie zum letzten Mal in eines jener neu entdeckten Täler hinabsteigen und die frohe Botschaft der Erlösung durch Jesus Christus, unseren Herrn, verkündigen. Eines Tages wird sich dieser letzte zu Jesus bekehren. Dann werden sich die Wolken teilen, und unser Heiland wird erscheinen."

Ehrfürchtig legte ich das Manuskript auf den Tisch und hob meine tränennassen Augen gen Osten. Ich wußte, bald würde auch ich mich in die lange Reihe unerschrockener Missionare einreihen, die ins Unbekannte aufgebrochen waren, um Gottes frohe Botschaft zu verkünden.

Von jenem Tag an mußte ich immer, wenn ich Russells Füße verband, an diese Bibelstelle denken. Ich stellte mir vor, wie unser Herr auf seine Füße blickte und sagte: "In meinen Augen sind das wunderschöne Füße!" Diese Erfahrung steigerte meine Sehnsucht, ihn beim nächsten Mal zu den Wisselseen zu begleiten. Ich war ungeduldig. Dr. Jaffray hatte in seinem Artikel den Blick auf den Tag gelenkt, wenn alles vorüber sein würde. Doch ich wollte gerade erst *anfangen!* „Wann, Herr, wann?"

Kapitel 2

Unser Schlafzimmer wurde unser "Büro", von wo aus alles, was zum Aufbau einer Missionsstation in Neuguinea gehörte, geplant und durchgesprochen wurde - das Problem der Träger, des Transports, der Vorräte und der Behausung. Russell konnte noch immer nicht aufstehen.

Eines Morgens kam Dr. Jaffray zu uns und verkündete: "Russell, ich habe die Antwort! Während ich betete, erinnerte mich der Herr daran, daß die Babo Ölgesellschaft und all die anderen Expeditionen nach Neuguinea Dyaks mitgenommen haben. Wir brauchen Dyaks!"

Wir wußten sofort, er hatte recht. Die Dyaks waren unvergleichlich, wenn es darum ging, sich durch den Dschungel zu schlagen. Wir konnten sie von Borneo kommen lassen.

Dr. Jaffrays Brief an den dort arbeitenden Missionar wurde schnell beantwortet. In kürzester Zeit kamen zwanzig gläubige, stämmige, vor Kraft strotzende Dyaks mit dem Boot in Makassar an. Mr. Post wurde nach Ambon geschickt, um für die Unterbringung der Dyaks und drei Lehrer unserer Bibelschule zu sorgen.

Nachdem der Arzt Russell erlaubt hatte, wieder aufzustehen, sah ich ihn nur noch zu den Mahlzeiten und wenn es Zeit war, schlafen zu gehen. Die Dyaks wurden unter Vertrag genommen. Sie und die drei Lehrer mußten ausgestattet werden. Chinesische Handwerker fertigten besonders leichte Metallbehälter mit wasserdichten Deckeln an, schneiderten Khakihemden und Hosen für Russell, der beträchtlich abgenommen hatte, und rüsteten seine Stiefel mit Katzenklauen aus. Mit Hilfe der Dyaks kaufte und verpackte er Nahrung für fünfundzwanzig Menschen. Am 5. März war alles bereit.

Padjak stammte aus demselben Gebiet wie die Träger und war als Übersetzer von unschätzbarem Wert. Er, Saragih, ein Lehrer aus Nordsumatra und Pattipelohij aus Ambon sollten die Gruppe geistlich betreuen. Sie waren sehr unterschiedlich, ergänzten sich jedoch hervorragend.

Der Abschiedsgottesdienst war unvergeßlich. Die Dyaks standen auf dem Podium und sangen in ihrer eigenen Sprache Lieder zur Ehre Gottes. Die Zuhörer waren begeistert. Noch nie hatte ich so schöne Musik gehört. Auf den Gesichtern der Dyaks war Dankbarkeit zu lesen, als die ganze Versammlung feierlich die Hände hob und für sie und ihre Reise nach Neuguinea betete.

Diesmal fiel mir der Abschied sehr viel leichter, da ich wußte, daß Russell in Begleitung von vertrauenswürdigen Trägern und Kameraden war.

In Ambon gesellte sich Mr. Post zu ihnen, und zusammen setzten sie ihre Reise nach Oeta fort. Die Dyaks wußten mit den Kanus umzugehen und brachten sie sicher durch die ersten Stromschnellen. Sie brauchten zum Basislager nur halb so lange wie beim ersten Mal. Dort sortierten und verpackten sie die Vorräte und machten Schlingen, in denen sie die Blechbehälter besser transportieren konnten. Die Machete gehörte genauso zu einem Dyak wie sein Lendentuch. Sie war von Hand gemacht und sehr scharf. Wenn die Dyaks voranschritten und ihre Machete schwangen, wich der Dschungel zurück.

Es konnten nicht alle Vorräte auf einmal mitgenommen werden. Das bedeutete, daß Russell und die Träger die Strecke zweimal gehen mußten, um alles vom Basislager zu holen.

Die Dyaks suchten eine direktere und leichtere Strecke aus, sie fällten Bäume als Brücken und machten Leitern, damit die Bergwände leichter bestiegen werden konnten. Auf diese Weise sparten sie viele Tage ein. Auch bauten sie drei prächtige Kanus, mit denen sie sehr schnell und sehr sicher auf dem Paniaisee und den netzförmig davon abzweigenden Flüssen im Land der Kapaukus fahren konnten.

Nachdem sie in Enarotali angekommen waren, mußten sie erst einmal für die Unterbringung sorgen. Vier Dyaks waren damit beschäftigt, das Material für ein Gebäude zu beschaffen und zu bearbeiten, das groß genug war, um als Lagerhaus und zur Unterbringung der Dyaks und der Missionare zu dienen. Bäume wurden gefällt für das Gerüst, Baumrinde abgeschält und geglättet für das Dach, Bambusmatten gewoben für die Wände und Rattan gesammelt, um die Pfähle zusammenzubinden. Alles war in der Natur vorhanden, mit Ausnahme einiger Nägel und Fischleim. Die Materialkosten beliefen sich auf etwa zwanzig Dollar.

Für die Dyaks, die sich in Borneo von Reis und Fisch ernährten, waren süße Kartoffel nur ein schwacher Ersatz. Einige wurden krank. Jemand mußte nach Ambon zurück, um weitere Vorräte zu holen. Russell wurde ausgewählt.

In strömendem Regen marschierte er von morgens sechs Uhr bis nachmittags um fünf. Der Weg war schrecklich, doch der Tag, an dem er das Basislager bei einem tropischen Wolkenbruch in einem Kanu verließ, war noch schrecklicher.

Als er in Oeta ankam, teilte man ihm mit, der Dampfer würde in diesem Monat nicht vorbeikommen. "Doch", erzählte er, "ich betete, und zwei Tage später war ich an Bord des Schiffes und auf dem Weg nach Ambon."

Da Russell einen Monat Aufenthalt in Ambon haben würde, bevor der nächste Dampfer nach Oeta ging, bekam ich die Erlaubnis, zu ihm zu fahren. In den drei Monaten seiner Abwesenheit hatte er zugenommen, er wog jetzt einhundertundvierzig Pfund. Ich genoß jeden Augenblick, den ich mit ihm zusammensein konnte, und ich bin sicher, daß in diesem Monat die Tage keine vierundzwanzig Stunden hatten, denn sonst hätte die Zeit nicht so schnell vergehen können. Doch leider war sie einmal zu Ende, und wieder schaute ich einem Dampfer nach, der Russel von mir fortbrachte - für wie lange, wußte nur Gott allein.

Ich bekam einen Anfall von Denguefieber, doch ich wußte, daß der Ausschlag erst am fünften Tag ausbrechen würde, und so nahm ich den nächsten Dampfer nach Makassar. Als der Kabinenboy meine Tür öffnete, dachte er, ich sei an Pocken erkrankt. Er schlug die Tür hinter sich zu und verschwand. Einige Stunden später kam der erste Offizier. Er erkannte die Symptome des Denguefiebers und wies mich an, in der Kabine zu bleiben, bis der Ausschlag verschwunden sei. Die Mahlzeiten ließ er mir in die Kabine bringen, und bevor wir in Makassar anlegten, war ich wieder ganz gesund.

In der Zeit meiner Abwesenheit war Dr. Jaffray schwer erkrankt. Mehrere Stunden lang hatte er im Koma gelegen. Der Arzt hatte eine "seltsame Art von Malaria" diagnostiziert. Dies schien der Deckname für alle Krankheiten zu sein, die die Ärzte hier nicht einordnen konnten. Dr. Jaffray ging es bereits viel besser, doch er blieb noch in Benteng Tinggi, bis er wieder zu Kräften gekommen war.

Für den Rest der Bibelschulferien blieben Margaret Jaffray und ich bei den anderen Missionaren in Benteng Tinggi. Am 3. September 1939 wurden wir spät abends von einem Klopfen an der Tür geweckt. Es war ein holländischer Offizier, der uns die Nachricht überbrachte, daß eine Stunde zuvor England und Frankreich Deutschland den Krieg erklärt hatten.

Holland machte seine Truppen mobil, hoffte jedoch, wie im Ersten Weltkrieg neutral bleiben zu können. Falls das nicht möglich sein würde, was sollte dann aus den ostindischen Inseln werden? Würden die umliegenden britischen und französischen Kolonien den Krieg auch in den Fernen Osten bringen? Vorsichtsmaßnahmen wurden getroffen, und die Marineflugzeuge, die zur Erforschung Neuguineas eingesetzt wurden, waren nach Java zurückgerufen worden.

Den Regierungsangestellten in Enarotali wurde befohlen, sich jederzeit bereitzuhalten, den Außenposten zu verlassen und zur Küste zu marschieren. Der amerikanische Konsul riet allen Amerikanern, ihre Pässe zu überprüfen. Von diesem Augenblick an beschäftigte uns der Konflikt in Europa sehr intensiv, und wir beteten beständig dafür.

Ende September war ich zusammen mit den anderen Missionaren zu unserer Station in Makassar zurückgekehrt. Dort erreichte uns ein Telegramm von dem Konsul der Mission in Java, der Dr. Jaffray zusicherte, die Erlaubnis, das Missionsflugzeug nach Neuguinea zu benutzen, würde bald kommen.

Dr. Jaffray überbrachte mir die wundervollen Neuigkeiten. "Brauchst du Hilfe beim Packen, Lassie?"

"Vielen Dank, Dr. Jaffray, aber dies ist nun schon das achte Mal in den letzten Monaten, daß ich packe und auspacke, mittlerweile habe ich Übung darin."

Mit großem Eifer und Vorsicht ging ich zu Werke. Für den Lufttransport würde man Kartons verwenden. In dem feuchten Klima mußte ich die Kartons jeden Tag nach Schimmel und Ungeziefer überprüfen. Karton war kein Schutz vor den allgegenwärtigen Ratten und Schaben.

Die versprochene Erlaubnis kam nicht, also packte ich die wenigen Sachen, die ich nach Neuguinea mitnehmen wollte, wieder aus und legte sie in die fünf Metallkoffer mit unseren Hochzeitsgeschenken zurück. Wenn ich mir die schönen Geschenke anschaute, dachte ich immer zurück an unsere liebe Familie und die vielen Freunde, die Gott Russell und mir geschenkt hatte. Solange die Flugerlaubnis noch zurückgehalten wurde und der Weg durch den Dschungel die einzige Möglichkeit war, das Landesinnere von Neuguinea zu erreichen, würden unsere Hochzeitsgeschenke in den Koffern bleiben müssen, zusammen mit einem ausreichenden Vorrat an Schädlingsbekämpfungsmittel.

Im Oktober, während sich Mr. Post in Ambon aufhielt, erkundeten Russell und drei Dyak-Träger das neuentdeckte Kemandora-Tal östlich der Wisselseen. Dort lebten etwa zwanzigtausend Menschen. Nach drei Tagen änderte die Patrouille, die Russell begleitete, ihre Pläne; doch Russell gab nicht auf und ging mit seinen Trägern weiter. Mehrere Tage lang wateten sie durch knietiefen Schlamm, häufig sanken sie bis zur Hüfte ein. Viele Tage lang wanderten sie einen Fluß entlang. Das Moni-Volk hieß sie willkommen und brachte ihnen Früchte und Gemüse.

Am Tag, bevor sie zu den Wisselseen zurückkehren wollten, marschierte Russell zu den östlichen Grenzen des Landes der Moni. Er nahm Moni-Jungen als Führer mit, damit die Dyaks sich ausruhen konnten. Als er auf dem Gipfel eines hohen Berges stand und hinunterschaute in das Labyrinth von Tälern, Bergen und Schluchten, fragte er sich, wieviele Stämme dort wohl noch lebten. Er fühlte sich ein wenig wie Abraham, der das Land Kanaan überblickte und zu dem Gott gesagt hatte: "Erhebe doch deine Augen und schaue von dem Ort, wo du bist, nach Norden und nach Süden, nach Osten und nach Westen. Denn das ganze Land, das du siehst, dir will ich es geben und deinen Nachkommen für ewig." Auf diesem Berg hörte Russell den Herrn zu ihm sagen: "Und ich habe andere Schafe, ... auch diese muß ich bringen." Ja, es gab tatsächlich noch viele unentdeckte Stämme und viel Land einzunehmen.

Während Russell auch weiterhin, fern von allen Nachrichten der Welt draußen, die noch unbekannten Gebiete erforschte, ging ein deutscher Frachter mit einer Hakenkreuzflagge in Makassar vor Anker. Er lag dort während des ganzen Oktobers und einige Tage des Novembers. Warteten die Deutschen auf Befehle oder erfreuten sie sich nur der Sicherheit eines neutralen Hafens?

Wieder feierte Russell Weihnachten allein, während ich Hunderte Meilen von ihm entfernt das Weihnachtsfest zusammen mit den anderen Missionaren in Benteng Tinggi verbrachte. Russell und ich waren nun schon sieben lange Monate getrennt. Die Jaffrays, Grace Dittmar (eine vor kurzem angekommene Missionarin) und ich bestiegen morgens um vier Uhr einen Hügel und weckten die Einwohner mit einem freudig gesungenen "Freue dich, Welt". Noch während wir sangen, wurden wir von Staunen über Gottes große Liebe zu allen Menschen erfaßt, und das gab mir die Kraft, die dunklen Wolken des Krieges und die Trennung von Russell zu ertragen.

Kurz nach Weihnachten erreichte mich ein Brief von Russell. Er hatte die Dyaks zur Küste begleitet und dafür gesorgt, daß sie sicher den Dampfer bestiegen, der sie nach Borneo zurückbringen sollte. Ihre sechs Monate waren vorbei, und Russell schrieb: "Ich werde sie vermissen. Wir danken Gott für die Dyaks. So viele Monate haben wir Seite an Seite mit ihnen gearbeitet; ohne sie werde ich mich richtig einsam fühlen."

In diesem Brief erzählte er auch von einem Besuch bei dem Häuptling in Enarotali. Idantori saß in seiner Hütte und hörte aufmerksam zu, als Russell versuchte, ihm die Liebe Gottes zu erklären und ihm klarzumachen, daß Jesus für ihn gestorben war. Der Häuptling gab zu, hungrig nach dem Wort Gottes zu sein, doch wenn Jesus für Russell gestorben sei, dann könnte er nicht für ihn gestorben sein. Er wäre ein Mensch, und Russell sei ein Geist - einer der aus der Geisterwelt hinter den Bergen komme.

"Aber ich bin doch kein Geist!" protestierte Russell. Idantori nahm, um seine Theorie zu beweisen, seinen steinzeitalterlichen Kalender von der Wand und begann, die Rattanknoten zu zählen - achtzehn im ganzen. Der erste Knoten war geknüpft worden, als der Offizier und die Polizei eintrafen. Jeder Knoten danach stand für einen vergangenen "Mond". "Du bist angekommen, und später folgten andere. Ihr seid alles Männer", beharrte Idantori. "Keiner von euch hat Frau oder Kinder. Wenn ihr keine Geister seid, wer hat euch dann geboren?"

Russell gab zurück: "Aber ich habe dir doch erzählt, daß ich eine Frau habe."

"Wo ist sie?"

"In Makassar." Doch dieser Name schien Idantori wie der Name eines Geisterortes zu klingen.

"Warum ist sie nicht mit dir hierhergekommen?"

Russell war es zu schwierig, die Beschränkungen und Regierungsanweisungen zu erklären, darum sagte er nur lahm: "Unser Häuptling hat 'nein' gesagt."

"Wenn euer Häuptling so schlecht ist, daß er deine Frau nicht mitkommen läßt, dann müßt ihr ihn loswerden", argumentierte Idantori.

"Viele Männer sind unterwegs schon gestorben", protestierte Russell, worauf Idantori nur antwortete: "Dann hätte deine Frau es geschafft. Wo immer wir hingehen, folgen uns die Frauen und tragen die Lasten."

Idantori zog jedoch schließlich den Schluß, daß, falls Russell die Wahrheit sagte und es eine Frau gab, die so schwach war, daß sie seine Vorräte nicht tragen konnte, er ihr dann eben Kapauku-Männer entgegenschicken würde, die ihr helfen sollten!

In der Zwischenzeit beschlossen andere des Stammes, herauszufinden, ob die Regierungsangestellten wirklich Geister waren. Sie überlegten sich, daß, wenn ihre Pfeile die Eindringlinge von hinter den Bergen töten würden, sie Menschen sein mußten. Wenn die Pfeile ihre Körper jedoch durchstießen und sie nicht starben, dann mußten sie Geister sein. Daraufhin wurde eine kleine Gruppe Regierungsangestellter von mehreren hundert Eingeborenen angegriffen. Einige Kapaukus wurden getötet, als die Polizei das Feuer zur Verteidigung eröffnete.

"Herr", betete ich, "wenn diese Menschen jemals an dich glauben und verstehen sollen, was deine Botschaft für sie bedeutet, dann müssen Frauen dorthin gehen." In dem Augenblick, als ich diese Worte aussprach, wurde ich von einer inneren Sicherheit erfaßt. Gott sprach ganz deutlich in die Stille hinein. Ich warf den Brief in die Luft und jubelte: "Ich gehe nach Neuguinea!" Schnell sammelte ich die Seiten wieder auf und ging zu Dr. Jaffray.

"Dr. Jaffray, lesen Sie das. Ich gehe nach Neuguinea!"

"Lassie, das wußte ich schon seit einigen Tagen. Auch ich habe einen Brief von Russell bekommen, in dem er seine Zustimmung gibt, daß du kommst. Ich habe nur darauf gewartet, daß der Herr es dir zeigt."

Dr. Jaffray und Margaret brachten mich am 23. Januar 1940 zum Hafen. Unsere Habseligkeiten waren hinten im Schiff verstaut. Dr. Jaffray befahl mich der schützenden Hand Gottes an; dann sagte er: "Denke daran, Lassie, jahrhundertelang hat der Feind dieses Volk in der Dunkelheit gehalten. Du wirst nun auf satanischen Widerstand stoßen, wie du es noch nie zuvor erlebt hast. Bis zu Russells erster Reise ist niemand jemals in dieses Gebiet vorgedrungen, der den Feind herausgefordert hätte, doch hab keine Angst, denn er ist besiegt, Golgatha hat ihn zur Strecke gebracht! Vergiß niemals, daß der, der in dir ist, größer ist als der, der in der Welt ist." Ich stand an der Reling und dachte über diese Worte nach, während das Schiff aus dem Hafen lief. Die Jaffrays wurden immer kleiner. Sie waren mir Vater und Schwester geworden.

In Ambon traf ich Viola Post. Sie hielt sich schon seit Oktober dort auf. Am 5. Februar beim ersten Morgengrauen brachen wir auf. Die Vorräte waren sorgfältig in Blechbehälter verpackt. Sie wurden an Bord gebracht. Schließlich liefen wir mit dem kleinen Dampfer aus.

Fast jeden Tag legten wir an einer Insel an, um Ladung für irgendeinen abgelegenen Außenposten zu löschen. Diese Inseln zu besuchen, die durch ihre Korallenriffs im Meeresboden verankert waren, bedeutete, in die Vergangenheit zurückversetzt zu werden. Da war die alte Festung Banda, von den Holländern erbaut, als sie Anfang des siebzehnten Jahrhunderts die Portugiesen vertrieben. Ihre alte Kanone bewachte wie das Auge des Zyklopen den Hafen. Die uralten Kirchen zeugten von den Bemühungen der ersten holländischen Missionare. Ein weißes Leinentuch und ein silbernes Abendmahlsgeschirr, schon mehr als 100 Jahre alt, wurde immer noch verwendet. Die Gewürznelken-, Muskatnuß- und Kokosnußplantagen waren eine Wohltat für meine angegriffenen Nerven. Die Marinegärten in diesem Küstenstreifen waren tatsächlich unvergleichlich. Am meisten faszinierten mich jedoch die Perlenfischer. Die japanischen Taucher konnten ohne Taucherausrüstung erstaunliche Tiefen erreichen.

Was das Wetter betraf, so hatten wir uns die schlimmste Jahreszeit für eine Reise ausgesucht. Der Regierungsdampfer war nur klein und wurde von den hohen Wellen hin- und hergeworfen. Zum Glück war ich nicht anfällig für Seekrankheit. Während wir uns von Insel zu Insel vorarbeiteten, verschlechterte sich das Wetter zunehmend. Wir wußten, daß wir am folgenden Tag in Oeta nicht würden von Bord gehen können, falls das Wetter sich nicht besserte.

Wegen einer großen Sandbank, die die Mündung des Oeta bewachte, mußte das Schiff in beträchtlicher Entfernung vor Anker gehen. Die Passagiere und die Ladung bei einem solchen Sturm in Schlauchboote zu verladen, war ein Risiko, das der Kapitän nicht eingehen wollte. Die Alternative war, zur nächsten Haltestation, nach Merauke, einem Außenposten in der Nähe der Grenze zwischen Niederländisch-Neuguinea und Papua, weiterzufahren. Uns wurde versichert, daß man nichts dagegen habe, wenn wir an Bord blieben. Während der Rückreise würde das Wetter sich sicher beruhigt haben, und wir würden von Bord gehen können.

Der Kapitän und die Offiziere waren sehr freundlich, doch es gab so viele Risiken, daß Viola und ich um die Hilfe des Herrn baten. Unsere Männer würden bereits an der Küste angekommen sein. Da es in Oeta keinen Funk gab, war es unmöglich, sie über eine Änderung der Pläne zu informieren. Zwei der Evangelisten und eine Reihe von Kapaukus würden schon unterwegs sein, um uns in Orawaja zu erwarten. Es gab keinen Weg, sie zu benachrichtigen. So viele Menschen an der Küste unterzubringen und zu verpflegen, würde fast unmöglich sein und sehr teuer. Außerdem mußte die Möglichkeit in Betracht gezogen werden, daß die Kapaukus die Malaria bekamen. Noch nie zuvor hatten sie sich bis zur Küste vorgewagt. Doch der Drang, herauszufinden, ob wir Geister oder Menschen waren wie sie, hatte sie bereit gemacht zu einer so gefährlichen Reise.

Nur Gott allein konnte uns helfen. Wir beteten inständig darum, daß er den Wind stillen und das aufgewühlte Meer beruhigen möge. Gegen Morgen hatten sich die Wolken verzogen; der Sturm hatte sich gelegt, und als wir in die Bucht von Oeta einliefen, war das Meer so ruhig wie ich es bei all meinen Reisen in der Welt selten einmal erlebt hatte. Auch heute noch ist das Meer dem Willen des Christus von Galiläa unterworfen. Innerhalb von eineinhalb Stunden wurden wir und unser Gepäck in einem Schlauchboot ins Meer gelassen und in den Hafen gebracht. Meine Aufregung stieg, als ich Russell am Kai stehen sah. Wieder einmal würden wir zusammen sein, diesmal in Neuguinea.

Drei Tage später brachen die Posts, Russell und ich in Kanus zum Basiscamp auf.

Als wir dort ankamen, wurden die Vorräte schnell entladen und in dem großen Zelt untergebracht. Die Träger kehrten sofort nach Oeta zurück. Wir waren gerade dabei, unsere Vorräte zu sortieren, als wir ein lautes "Hoo-hoo" hörten, das durch den Dschungel schallte.

"Die Kapaukus!" rief Russell.

Padjak und Pattipelohij kamen mit den Kapaukus, die Idantori zu unserer Hilfe geschickt hatte.

Schon nach wenigen Minuten riefen sie: "Wo ist deine Frau?" Russell deutete auf mich. Ich hatte mich auf einen Stapel Baumstämme gestellt, um besser sehen zu können. Sie umringten mich wie eine Herde schnatternder Enten, untersuchten meine weiße Haut, schoben meinen Ärmel hoch, um zu sehen, ob die Farbe überall dieselbe war. Einige zwickten mich, nickten sich dann zufrieden zu, als wollten sie sagen: "Ja, sie fühlt sich an wie ein Mensch."

Es war ein bewegender Moment. Diese dunkelhäutigen kleinen Menschen waren das Volk Neuguineas - mein Volk.

Die kleinen Kerosinlampen waren angezündet worden, und ich setzte mich hin und beobachtete, wie die Kapaukus ihre süßen Kartoffeln in gleiche Teile aufteilten und sie in ihre Behälter verstauten. Russell und Walter verteilten dann noch unsere Vorräte, so daß jeder von ihnen etwa sechzig Pfund zu tragen hatte.

Fasziniert schaute ich zu, wie sie ihre Behälter mit Rattan befestigten, das sie sich von den Bäumen holten. Die Tragegriffe wurden ausprobiert und verlängert oder verkürzt, bis die Behälter optimal saßen.

Ich fragte Russell, ob sechzig Pfund nicht zu viel sei. "Nein", erklärte er. "Die Last wird ja immer leichter, wenn sie ihre Kartoffeln essen. Als ich mit ihnen durch das Gebiet um die Wisselseen marschierte, habe ich festgestellt, daß sie erstaunlich stark sind, und vergiß nicht, sie sind an die Berge, die Höhe und die Kälte gewöhnt."

Welch wunderbare Antwort auf die Frage der Träger. Da die Dyaks wieder fort waren und die Küstenbewohner den Anstrengungen dieses Marsches und der Kälte körperlich nicht gewachsen waren, hätten wir diesen Marsch ohne die Hilfe der Kapaukus niemals machen können, die freiwillig angeboten hatten, uns "schwachen Frauen" zu helfen.

"Russell, was sagen sie? Sie haben andauernd in unsere Richtung geschaut."

"Oh, vielleicht fragen sie sich, ob sie diese schwache, magere Frau wohl auch noch werden tragen müssen, bevor die Reise vorbei ist und -"

"Russell!" unterbrach ich ihn. "Du weißt genau, wie stark ich bin!" Dann sah ich sein Grinsen. "Was sagen sie wirklich?"

"Sie fragen sich, warum du nicht auch eine Brille trägst wie wir anderen, und sie haben noch nie zuvor blaue Augen gesehen. Sie sind genauso neugierig auf dich wie du auf sie."

Sobald wir unsere Behälter fertiggepackt hatten, rollten sich die Kapaukus auf dem Boden zusammen, um zu schlafen. Ich kroch unter das Moskitonetz, das Russell für mich aufgehängt hatte. Ich dachte, ich sei zu aufgeregt, um schlafen zu können, aber schließlich schlief ich doch ein.

Schon am ersten Tag fing es an zu regnen. Im strömenden Regen kletterten wir die Berge hoch, entschlossen, eines der Biwaks zu erreichen. Doch wir schafften es nicht. Darum bauten wir eine Plane auf, die Viola und ich wasserfest gemacht hatten, doch sie war kein Schutz gegen den Regen. Es war eine schreckliche Nacht für uns alle, und wir waren froh, als wir endlich wieder aufbrechen konnten.

Den ganzen langen Tag marschierten wir, naß bis auf die Haut, und wagten nicht anzuhalten, damit wir nicht froren. Endlich erreichten wir eines der Biwaks, wo wir die Nacht verbrachten. Da es immer noch regnete, als wir das Lager erreichten, gab es kein trockenes Gras, darum ließ ich mich in das schon häufig benutzte Heu auf dem Boden sinken und hielt es für den größten Luxus. Gegen Mitternacht hörte der Regen auf.

Wir fanden die aus einem Baumstamm bestehenden Brücken, die sich als sehr zeitsparend erwiesen. Jede hatte ein Stück Rattan als Handlauf. Alles, was ungenutzt im Dschungel herumliegt, und sei es auch nur für kurze Zeit, ist sofort mit Moos bewachsen und schlüpfrig, daher war ich sehr dankbar für die Katzenkrallen an meinen Stiefeln. Immer wieder erinnerte ich den Herrn an sein Versprechen: "Denn du hast meine Seele vom Tod errettet, ja, meine Füße vom Sturz." Von diesen Baumstämmen zu fallen, hätte gebrochene Glieder zur Folge, vielleicht sogar den Tod.

Wenn die Leitern, die die Dyaks gebaut hatten, vermodert waren, so wurden schnell neue gebaut, Material gab es in Hülle und Fülle. Wir warfen sie auf die fast senkrechten Felsen und sparten auf diese Weise viel Zeit und Energie.

Zum Schlafen zogen wir trockene Kleidung an, doch morgens vertauschten wir sie wieder mit der gewaschenen, jedoch feuchten Reisekluft vom vorhergehenden Tag. Dies war für mich der unerfreulichste Teil der ganzen Reise.

Wenn die Kapaukus dachten, ich würde zurückbleiben, schauten sie sich gegenseitig an mit einem Kopfnicken in meine Richtung, als wollten sie sagen: "Sieh sie dir nur an, das alte Ding - hat überhaupt keine Beine!" Mein jugendlicher Stolz konnte ihr Necken nicht ignorieren. Natürlich konnte ich schneller gehen - und genau das wollten sie.

An unserem letzten Morgen unterwegs ermutigten mich die Träger, Padjak und Pattipelohij: "Heute werden wir in Edupa, dem ersten Dorf im Kapaukuland, sein." Als wir uns dem Gipfel des letzten Gebirgszuges näherten, konnte ich hören, wie die Träger, die schon vorausgegangen waren, riefen: "Die Frauen sind da! Die Frauen sind da! Sie sind keine Geister!"

Vom Gipfel schaute ich herab ins Tal und sah, wie Männer, Frauen und Kinder aus ihrem Garten oder ihren Hütten strömten. Sie liefen auf den Berghang zu.

Ihre Aufregung war ansteckend. Die langen Monate, die ich an der Küste verbracht hatte, die Trennung von Russell, das Packen und Wiederauspacken, der anstrengende Marsch über das unwegsame Gelände - all das lag nun hinter mir.

Ich hob die Hände und winkte den Menschen zu. Mit tränenüberströmten Wangen begann ich, den Berg hinunterzulaufen. Laut rief ich: "Ich bin zu Hause! Ich bin zu Hause!"

Die ersten Kapaukufrauen kamen mir auf halbem Weg entgegen. Jede hatte ein Geschenk mitgebracht - eine gebratene süße Kartoffel. Ich konnte sie gar nicht alle tragen, darum setzte ich mich auf den grasbewachsenen Abhang, und sie warfen mir ihre Geschenke in den Schoß.

Dann kam der Häuptling von Edupa, Kepala Edupa, zu mir und fragte mich: "Bist du eine Frau oder nicht?"

"Ja, ich bin eine", antwortete ich, und er beugte sich vor, um meine Kleidung, meinen Hut und meine Stiefel mit Russells zu vergleichen, der hinter mir den Berg hinabstieg.

Kepala Edupa ließ die Unterlippe sinken und sagte mißtrauisch: "Nein, du bist keine Frau!"

"Doch, ich bin eine Frau", erklärte ich und nahm meinen Hut ab, entfernte die Haarnadeln und ließ mein Haar über die Schultern fallen.

Kepala Edupa ließ Pfeil und Bogen sinken, biß sich auf den Zeigefinger und rief: "Ja, du bist tatsächlich eine Frau! Kein Mann hat jemals solches Haar gehabt!" Er nahm eine Locke in die Hand und zog daran, um zu sehen, ob sie auch echt war.

Der Häuptling suchte in dem Haufen süßer Kartoffeln nach einer, die noch warm war, und als er eine fand, nahm er sie in seine noch nie gewaschene Hand, rollte sie hin und her, blies die Asche fort und schälte sie mit seinem riesigen Daumennagel. Wieder rollte er sie in der Hand hin und her, gab sie mir und sagte: "Frau, iß die Kartoffel!"

Ich nahm die süße Kartoffel, und obwohl Russell mir Wortlisten gegeben hatte und ich Grußformeln sagen konnte und verstand, was Kepala Edupa sagte, so fehlten mir doch die Worte für das, was ich empfand. Darum sagte ich laut auf Englisch: "Eines Tages, durch die Gnade des allmächtigen Gottes, werde ich mich hinsetzen und mit dir aufs neue im Reich meines Vaters essen." Ich liebe süße Kartoffeln und verzehrte sie mit Genuß.

Die Frauen und Kinder umringten mich. Russell war ihnen kein Fremder mehr, und nach einer kurzen Weile gingen wir mit den Trägern weiter. Ich gab ihnen von meinen süßen Kartoffeln ab. Wir erreichten die Kanus, die wir am Flußufer zurückgelassen hatten und warteten auf Viola und Walter, die sich schon bald zu uns gesellten.

In Enarotali erwartete uns ein offizieller Empfang. Dr. J. Victor de Bruyn, der holländische Offizier, lud uns auf eine Tasse Tee und gebackene süße Kartoffeln in sein Quartier ein. Ganz offensichtlich wurde er von den Eingeborenen sehr geschätzt.

Dann brachte Russell mich nach Hause, in unser erstes gemeinsames Heim. Mir schien es wunderschön zu sein. Wir hatten zwei Räume: ein Wohnzimmer und ein kombiniertes Schlaf-Arbeitszimmer. Die Wände und der Fußboden bestanden aus geflochtenen Bambusmatten. Das Bett war aus Holzlatten hergestellt, ebenso die Kommode auf der anderen Seite des Zimmers.

Was für eine wundervolle Idee, Fischleim für die Fenster zu verwenden. So blieb die Kälte draußen, und man konnte doch hindurchschauen. Russell hatte einen herrlichen Ort für das Haus gewählt, an einem Berghang gelegen mit Blick auf den Paniaisee, über dem gerade die Sonne unterging. Der wundervolle Sonnenuntergang spiegelte sich im See wider.

Das Haus hatte sogar eine Klimaanlage - fast überall kam die Luft durch. Der Unterhalt war recht einfach: wenn es durch das Dach hindurchregnete, gingen wir in den Dschungel, holten neue Baumrinde und besserten es aus. Oft kamen auch andere Dinge hinein, wie zum Beispiel eine ein-Meter-lange Waldschlange, die eines Morgens über meinem Kopf hing, als ich aufwachte.

Die Küche befand sich in einem Anbau. Aus einem fünfzehn-Liter Kerosinbehälter, der der Länge nach durchgeschnitten worden war, machte ich mir einen eigenen Ofen. Aus einem anderen Stück Blech konstruierte ich mir ein Gestell, auf dem ich meine Bratpfannen abstellen konnte.

Als ich zu meiner Küche hinüberging, stolperte ich fast über das jüngste Mitglied unsere Familie - einen kleinen Kapaukujungen. Er jonglierte mit Kohle und grinste mich an. Er sagte, er würde mein Feuer anzünden. Nachdem der Wasserkessel über den Flammen hing, informierte Imopai mich darüber, daß seine Mutter gestorben und er nun mein Junge sei. Das war mir recht. Ich konnte seinem Grinsen nicht widerstehen.

Wir hatten kaum unser Reisegepäck verstaut, als wir offiziell von den Eingeborenen willkommen geheißen wurden.

Es gehörte auch zu unseren Aufgaben als Pioniermissionare, Kontakte zu anderen Dörfern zu knüpfen, die entlang der in die Wisselseen fließenden Flüsse gelegen waren. In unserem Dyak-Kanu fuhren wir die Flüsse entlang, von einem Dorf zum nächsten. Einige davon hatte Russell schon vorher besucht. Auf diese Weise erreichten wir auch die abgelegensten Kapauku-Dörfer östlich der Seen.

Eines Abends stellte Russell unser batteriebetriebenes zwölf-Volt-Radio an und suchte den BBC London. Wir beugten uns über das Radio und wollten nicht glauben, was wir hörten. Die Nazis marschierten in Holland ein! Russell rannte hinunter zum Regierungsposten. Auch dort hatte man die Neuigkeiten schon gehört. Unsere Gedanken und Gebete waren bei unseren lieben Freunden in Holland, in diesem kleinen Land, das gegen die riesige Kriegsmaschinerie des

Nazi-Deutschlands keine Chance hatte. Es war der 10. Mai 1940, mein dreiundzwanzigster Geburtstag.

Das bedeutete eine schlimme Zeit wirtschaftlicher Beschränkungen für die Holländer; sie mußten sich den "Gürtel enger schnallen und entschlossen sein, durchzuhalten, bis das Vaterland vom Tyrannen wieder befreit war." Die königliche Familie war sicher in London angekommen, und Königin Wilhelmina sprach ihren loyalen Untertanen in den Kolonien Mut zu. Da deutsche U-Boote auch im Indischen Ozean, dem Javasee und den Meerengen von Makassar operierten, machte der Konflikt in Europa sich auch auf unseren friedlichen Inseln bemerkbar.

Mehrmals am Tag ertappte ich mich dabei, wie ich sagte: "Vielen Dank, Herr, es ist so wundervoll, hier zu sein!" Wir bemühten uns darum, unsere Sprachkenntnisse zu vervollkommnen, damit wir Menschen hinterlassen konnten, die an Gott glaubten und sich gegenseitig ermutigen und trösten konnten.

Das Volk baute mit der Hilfe der Lehrer ein Gebäude, das an Werktagen als Schulgebäude und an Sonntagen als Kirche genutzt wurde. Pattipelohij und Saragih waren gute Lehrer und unterrichteten ihre Schüler im indonesischen Sprachgebrauch, im Lesen und Schreiben und in den Grundzügen des Rechnens.

Die Sonntagsgottesdienste wurden gut besucht, sowohl von dem Volk als auch von Fliegen. Jeder Kirchenbesucher brachte seinen eigenen Fliegenschwarm mit. Eines Sonntags waren die Fliegen noch lästiger als gewöhnlich. Degaamo, das "schwarze Schaf" des Dorfes, saß vorne und versuchte, sich die Fliegen vom Leibe zu halten. Schließlich sprang er verzweifelt auf und fragte den Prediger, Mr. Post: "Gibt es im Himmel auch Fliegen?" Ein solches theologisches Problem war Walter noch nie vorgelegt worden; ihm fiel keine passende Bibelstelle ein! Da er keine Antwort auf seine Frage bekam, sagte Degaamo angeekelt: "Nun, wenn das der Fall ist, dann will ich nicht dorthin!" Darauf stürmte er hinaus.

Nachmittags machten wir immer Hausbesuche. Wir nahmen unsere Bilderrolle mit und erzählten von Gott und dem Herrn Jesus. Lebhaft erinnere ich mich an eine alte Dame, die regelmäßig mit mir zusammen für andere gebetet hat, nachdem sie zum Glauben gekommen war. Sie war schon sehr alt und ihre Haut verschrumpelt und grau von der Asche und dem Schmutz. Ihr Haar war von den vielen Netzen aufgerieben worden, die sie während ihres langen Lebens schon auf dem Kopf getragen hatte. Ihre Zähne waren immer noch gut, wie die der meisten Kapaukus, doch ihr Augenlicht ließ bereits nach. Aber sie war eine wunderbare Frau. Immer wurde ich mit einem breiten Grinsen, einer süßen Kartoffel und häufig mit Krebsen willkommen geheißen, die sie auf der Kohle gebraten hatte. Nach der Gebetszeit nahmen wir gemeinsam die Mahlzeit ein. Sie schälte meine süße Kartoffeln. Die aß ich, während sie die Krebse zubereitete. Da sie wußte, daß ich die bittere, galleartige Substanz, die zurückblieb, nachdem der Kopf abgebrochen worden war, nicht besonders mochte, saugte sie sie heraus, bevor sie mir den Überrest reichte. Mit ihrem langen Daumennagel konnte sie das Eßbare aus den Schalen herausschälen, so daß sie die Köpfe immer für sich behielt. Wenn ich allein ins Dorf gegangen war, begleitete mich immer entweder meine Freundin oder Idantoris jüngste Frau nach Hause.

Entlegene Außenposten, die wenig dazu beitragen konnten, den Krieg voranzubringen, wurden geschlossen. Nur zu bald kam die Nachricht, daß Enarotali aufgegeben werden müsse. Wir baten um die Erlaubnis, bleiben zu dürfen, doch ohne Polizeischutz war dies nicht möglich. Die Polizei sollte in Ambon stationiert werden, und der Regierungssdampfer würde nicht mehr zur Verfügung stehen.

Die Regierung trug die Verantwortung für unsere Sicherheit, vor allem, da auch Frauen an dem Projekt beteiligt waren. Ich konnte das verstehen, doch es war so schrecklich, von unserem Zuhause und unserem Volk vertrieben zu werden. Wie sehr brauchte ich den Zuspruch und Trost des Herrn: "Denn ich kenne ja die Gedanken, die ich über euch denke, spricht der Herr, Gedanken des Friedens und nicht zum Unheil, um euch Zukunft und Hoffnung zu gewähren" (Jeremia 29,11).

Wir begannen, unsere Sachen zusammenzupacken, doch jede freie Minute verbrachten wir mit dem Volk. Wir versuchten, ihnen zu erklären, daß unser Häuptling gesagt hätte, wir müssen diesen Ort verlassen.

Als Gouverneur Dr. de Bruyn uns das Datum mitteilte, an dem die *Albatross*, der Regierungsdampfer, in Oeta ankommen würde, um das Regierungspersonal von Enarotali aufzunehmen, wußten wir, daß ein sofortiger Aufbruch geboten war.

Dr. de Bruyn, dem der Abschied genauso schwer fiel wie uns, erstellte einen Zeitplan. Er und eine Polizeiabteilung würden zuerst gehen, um die Beschaffung der Kanus in Oeta zu überwachen. Die Missionare würden in zwei Gruppen später zusammen mit dem restlichen Polizeipersonal und den Gefangenen der Küstenbewohner folgen. Der Polizeikommandeur der letzten Gruppe würde den Regierungssender und den Generator mitbringen. Als wir uns von Dr. de Bruyn verabschiedeten, sagte er neckend zu mir: "Wenn Sie es in fünf Tagen zum Basislager schaffen, werde ich alle Ziegen schlachten, und wir werden ein Festmahl halten." Ich nahm die Herausforderung an, lachte und sagte: "Die Wette gilt!"

Als wir reisefertig aus dem Haus traten, sah ich Imopai, der mir immer so treu heiße Kohlen gebracht hatte, mit einigen jungen Freunden auf unserer Veranda sitzen. Jemand hatte Imopai einen alten Strohhut geschenkt, und man sah ihn niemals mehr ohne ihn. Wir beide waren furchtbar traurig über unseren bevorstehenden Abschied. Er war mein Junge, ich war seine Mutter geworden. Ich wünschte mir so sehr, daß er vor unserer Abreise noch verstand, warum wir gekommen waren, um unter seinem Volk zu leben. So gut ich konnte, erklärte ich ihm die Liebe Gottes.

"Oh, Imopai, verstehst du das?"

Er hatte seine Hände angestarrt. Auf einmal schaute er auf. "Ja, Mama, ich habe zugehört. *Jetoti,* 'Jesus' ist für mich gestorben." Wir beugten den Kopf, und Imopai betete.

Als wir am nächsten Tag aufbrachen, begleitete uns Imopai über den ersten Gebirgszug. Schließlich sagte ich traurig: "Imopai, du mußt jetzt zurückgehen." Fest drückte ich seine Hand, ich brachte kein Wort mehr heraus. Tränen standen mir in den Augen. Er blieb stehen, und ich ging weiter hinunter ins Tal. Als ich mich umdrehte, stand er immer noch da, oben auf dem Gipfel. Der alte Strohhut und der kleine Junge, so allein, hoben sich vom Nachmittagshimmel ab. Ich wußte, daß er weinte. Ärgerlich fuhr er sich übers Gesicht, da er sich zum Weinen zu alt fühlte.

Schließlich rief er: *Mama, egaa kedaa!* "Komm bald zurück!"

Ich antwortete: *Imopai, kojaa tou.* "Friede sei mit dir. Sobald wir können, kehren wir zurück."

Als der Weg eine Biegung machte, schaute ich zurück. Imopai war fort. Ich setzte mich und weinte um meinen Jungen, meinen Sohn im Glauben. "Lieber Gott, bitte nimm dich seiner an, bis ich zurückkommen kann." Wie konnte ich ahnen, daß es neun Jahre dauern würde, bis ich ihn wiedersehen würde.

Meine Stiefel fielen wegen der ständigen Feuchtigkeit schon auseinander, und während der letzten beiden Tage mußte ich sie mit Rattan zusammenbinden. Trotzdem schafften wir es in vier Tagen nach Orawaja. Dr. de Bruyn hielt Wort und schlachtete die Ziegen.

In Oeta warteten wir auf die letzte Gruppe.

Die *Albatross* lief zum festgesetzten Datum in Ambon ein. In ostindischen Gewässern waren deutsche U-Boote gesichtet worden. Strikte Verdunkelung wurde angeordnet, als wir von Ambon nach Makassar ausliefen. Häufige Notfallübungen erinnerten uns ständig daran, daß der Konflikt in Europa nun auch unsere friedlichen Inseln erreicht hatte.

Kapitel 3

Wir kehrten nach Celebes zurück und arbeiteten fast fünf Monate in der Bibelschule. Bei der jährlichen Missionskonferenz erhielten wir aufregende Neuigkeiten. Der Außenposten in Enarotali sollte wiedereröffnet werden, und die Missionare hatten die Erlaubnis erhalten zurückzukehren. Für den Fall, daß der Krieg sich in den Fernen Osten ausweiten sollte, würde ein Außenposten in Neuguinea strategisch sehr günstig sein. Japan hatte seine militärischen Fangarme bereits um China und Indochina gelegt. Russell und ich freuten uns, direkt nach dem Ende der Konferenz nach Neuguinea zurückkehren zu können.

Da das Missionsfeld sich immer weiter nach Neuguinea und Malaysia ausdehnte und der Verwaltungsaufwand immer größer wurde, sah Dr. Jaffray die Notwendigkeit, einen jüngeren Mann zu seinem Assistenten zu bestellen. Trotz seiner körperlichen Verfassung (er war Diabetiker), stand Dr. Jaffray um vier Uhr morgens auf, um für das chinesische *Bible Magazine* zu schreiben, dessen Herausgeber er war.

Man bat uns, dafür zu beten, daß Gott uns den Mann zeigen würde, den er für diesen Posten auserwählt hatte.

Wir schrieben den Namen des Mannes, den der Herr uns gezeigt hatte, auf einen Zettel. Diese Zettel wurden eingesammelt und ausgezählt. Kurz darauf stand das Ergebnis fest. Dr. A. C. Snead, der auf Dr. Jaffrays Bitten hin aus New York gekommen war, um die Konferenz zu leiten, wurde ein Zettel überreicht. Mit angehaltenem Atem warteten wir. Ich glaubte zu wissen, wer es sein würde; es würde eine gute Wahl sein, und der Betreffende würde das Amt gern übernehmen.

Statt dessen las Dr. Snead Russells Namen vor. Das war ein Schock für mich. Wir wurden gebeten, uns zu erheben, und die ganze Gemeinde sang: "Segne sie, Herr, und laß sie zum Segen sein!" Wir beide brachen in Tränen aus; ich mußte den Saal verlassen. Irgend etwas stimmte hier überhaupt nicht. Wir waren als Pioniere nach Neuguinea gegangen, und nun konnten wir zurückkehren. "Herr, das kann doch nicht sein! Da muß ein Fehler beim Auszählen der Stimmen vorliegen!"

Auch Russell haderte mit Gott, als Dr. Snead und Dr. Jaffray herauskamen, um uns zu suchen. "Ich denke, ihr solltet wissen, daß auf jedem Zettel außer euren beiden dein Name stand, Russell. Ich denke, du kannst das als Gottes Wille annehmen", meinte Dr. Snead.

"Ja", sagte Dr. Jaffray. "Auch ich hielt dich für den geeigneten Mann, und es ist wichtig zu wissen, daß die anderen Missionare einstimmig hinter dir stehen."

Ein anderer Missionar kam zu uns. "Als ich dich weinen sah, weil du dieses Amt nicht wolltest, sondern lieber nach Neuguinea zurückgegangen wärst, sagte ich mir: 'Das ist der richtige Mann, so jemanden brauchen wir als stellvertretenden Vorsitzenden.'"

Der Herr erinnerte mich an mein Versprechen, überall hinzugehen, wohin er mich senden würde. Ich übergab dem Herrn meine Sehnsucht, nach Neuguinea zurückzukehren, zu Imopai und den anderen. Nach seinem Willen würde ich in Makassar bleiben. Ich wußte genau, daß ich meine Zukunft ihm anvertrauen konnte.

Der Leiter der Bibelschule ging in Heimaturlaub, und Ernie Presswood nahm seine Stelle ein. Ernies Braut Ruth sollte die Sprache erlernen.[1] Ernie und Russell hatten zur gleichen Zeit am Nyack Missionary Training Institute studiert und dann gemeinsam in Borneo gearbeitet. Die Presswoods zogen in eine Wohnung ganz in unserer Nähe. Unsere Freundschaft vertiefte sich. Ruth und ich verstanden uns sehr gut.

Die Angehörigen der Missionsstation versammelten sich an einem Samstag Anfang Dezember, um die Rückkehr der Jaffrays von einem Kurzurlaub auf den Philippinen zu feiern. Die Veränderung hatte ihnen gutgetan, und wir hatten ihnen viel zu erzählen, was sich in der Zeit ihrer Abwesenheit bei uns getan hatte.

Am folgenden Morgen, dem 8. Dezember 1941, rief ich Russell und die Jaffrays zu mir in den Speisesaal. "Frühstück!" Zeit für die Morgennachrichten. Russell stellte das Radio an. Pearl Harbour war von den Japanern bombardiert worden (nach Washingtoner Zeit am 7. Dezember). Ein Tag, der sich für immer ins Bewußtsein der Men-

---

[1] Vor der Missionskonferenz und kurz danach stießen mehrere neue Missionare zu uns. Als die feindlichen Auseinandersetzungen abgeklungen waren und der Rauch der Feuerbrunst sich gehoben hatte, als der Klang der Instrumente des Todes im Land nicht mehr gehört wurde, blieb von ihnen nur noch Ruth Presswood übrig. Grace Dittmar, eine sehr liebenswürdige Frau, deren Gesellschaft wir sehr genossen hatten, und mit der wir in Briefkontakt blieben, nachdem sie nach Sumatra gegangen war, wurde durch die Anstrengungen ihrer Evakuierung kurz vor der Ankunft der japanischen Invasoren so geschwächt, daß sie sich auch in den Staaten nicht mehr erholte. John Willfinger kehrte nach der Konferenz in den Sesayap-Distrikt nach Borneo zurück. Er wollte nicht, daß die gläubigen Dyaks sich gezwungen sahen zu lügen, wenn sie ihn vor den Japanern versteckten, darum stellte er sich und wurde auf der Insel Tarakan vor der Küste von Borneo hingerichtet. Fred Jackson fiel in Borneo dem Bushido-Schwert zum Opfer. Helen und Andrew Sande, unsere lieben Freunde aus der Zeit von St. Paul und Nyack, hielten sich mit uns zusammen bis zur Geburt ihres Kindes David Jerome in Makassar auf. In ihrem letzten Brief bat mich Helen, für sie einige Kleider schneidern zu lassen. Ich konnte sie ihr nicht mehr in den Boelongan-Bezirk nach Ostborneo schicken. Die wütenden Söhne der aufgehenden Sonne verschonten weder Vater, Mutter noch das Kind. Über ihre Gräber, bekannt oder unbekannt, schrieb der Finger Gottes seine triumphierende Überschrift:

Und sie haben ihn überwunden
um des Blutes des Lammes und um des
Wortes ihres Zeugnisses willen, und sie
haben ihr Leben nicht geliebt bis zum Tod.
Offenbarung 12,11

schen einprägen würde. Amerika war nun in den weltweiten Konflikt eingetreten.

Nun betraf dieser Krieg auch unsere Heimat. Wir versuchten, die Ereignisse des vergangenen Jahres zusammenzubringen und zu verstehen, wie es zu einer solchen Tragödie kommen konnte. Und es würde noch schlimmer werden. Wir wußten, wir würden am besten so gut wir konnten aus der Vergangenheit lernen, damit wir uns realistisch auf die Zukunft einstellen konnten.

Jahrelang hatten sich die Japaner wie ein riesiger Oktopus im Pazifik breitgemacht und ihre Tentakel - ihre Streitkräfte, verborgen gehalten. Japan gehörte zu den drei bedeutenden Seemächten, die beiden anderen waren die Vereinigten Staaten und Großbritannien, wobei Japans Streitkräfte zu denen der anderen in einem Verhältnis von fünf zu drei stand. Seine Forderung nach Gleichstellung wurde von den verhandelnden Nationen abgelehnt, darum hatte Japan 1935 unter Protest die zweite Londoner Marinekonferenz verlassen. Sofort erstellten die militaristischen Führer der japanischen Administration ein fünf-Jahres-Programm zum Bau von Kriegsschiffen. Zwei Jahre später fühlte sich Japan stark genug, den "China-Zwischenfall" zu inszenieren, der schließlich zu dem achtjährigen "Sino-japanischen" Krieg führte. Es streckte seine Tentakel aus, und das bereits durch den Bürgerkrieg geschwächte China war eine leichte Beute.

Die Vereinigten Staaten akzeptierten das Versenken des amerikanischen Kriegsschiffs *Panay* als einen Irrtum in der Identifizierung der Küstenbatterien und Bomberpiloten. Trotzdem wurden 1940 vom Kongress wirtschaftliche Sanktionen beschlossen; der Export von potentiellem Kriegsmaterial nach Japan, von Chemikalien, Mineralien, Flugzeugzubehörteilen und Flugbenzin sowie Eisen und Stahl wurde verboten.

Etwa um diese Zeit sah ich in einer amerikanischen Publikation eine Karrikatur von einem grinsenden japanischen Soldaten, der hinter einer geladenen, auf die Vereinigten Staaten gerichteten Kanone stand. Darüber stand: "So, ihr wollt also euer Eisen zurück?" Diese Karrikatur schnitt ich aus. Japan war nicht mehr länger eine kleine, entlegene Insel, sondern ein naher Nachbar von Niederländisch-Ostindien. Die Reaktion der meisten auf die durch die Karrikatur angedeutete Möglichkeit war: "Einfach lächerlich! Das würden sie niemals wagen!" Sie haben es nicht nur gewagt, sie waren auch vorbereitet.

Japan hatte eine Marine, eine Armee und eine Luftwaffe, die alle drei bestens ausgebildet waren. Die Männer waren diszipliniert und gewohnt, in der Samurai und Bushido-Tradition zu kämpfen. Aufgrund ihrer fatalistischen Einstellung waren die Piloten bereit, selbstmörderische Angriffe zu fliegen, sie ließen sogar ihre Maschinen auf Lagerhallen stürzen, von denen sie wußten, daß sie Sprengstoffe enthielten. Diese Piloten wurden als Kamikaze-Flieger bekannt. Manchmal fragte ich mich tatsächlich, wo ritterliche Ideale "Güte" und "Selbstbeherrschung" der Bushido-Tradition noch zu finden waren.

Als Japan mit seinen Angriffen auf Indochina begann, fror Präsident Roosevelt alle japanischen Guthaben in Amerika ein. Von diesem Zeitpunkt an, meinen die Historiker, sei ein Krieg mit Japan voraussehbar und unausweichlich gewesen. Bei der Kaiserlichen Konferenz am 6. September 1941 unter Vorsitz von Kaiser Hirohito beschloß Japan, Großbritannien, Amerika und Holland den Krieg zu erklären, wenn ihre Forderungen nicht bis Anfang Oktober erfüllt würden. Diese Forderungen beinhalteten die Schließung der Straße von Burma; sie verbaten sich jegliche Einmischung in China und Indochina, verlangten, daß die militärischen Kräfte im Fernen Osten (nicht einmal die in den Kolonien der betreffenden Länder) verstärkt würden und forderten amerikanische Hilfe bei der Beschaffung der benötigten Rohmaterialien, um gute wirtschaftliche Beziehungen zu Thailand und Niederländisch-Ostindien aufbauen zu können. Für diese Zugeständnisse wäre Japan bereit gewesen, Indochina nur als Operationsbasis im Krieg gegen China zu nutzen und sich, sobald der Frieden im Fernen Osten geschlossen sei, aus Indochina zurückzuziehen. Auch erklärte sich Japan bereit, die Neutralität der Philippinen zu garantieren.

Militärische Logistik war noch nie meine Stärke, doch als der Premierminister, Prinz Konoye, zurücktrat und Kriegsminister General Tojo zusätzlich zum Kriegsministerium das Amt des Premierministers und des Innenministers übernahm, zeigte sich sehr deutlich, daß die Militaristen in der japanischen Regierung ihre Machtposition ausbauten.

Da Japan dringend Öl und Rohstoffe benötigte, richtete es seinen Blick auf Niederländisch-Ostindien, das über enorme Bodenschätze verfügte. Uns war klar, daß innerhalb kürzester Zeit der Seeweg geschlossen werden könnte, darum schickten wir so viele unserer Studenten wie möglich nach Hause. Für diejenigen, die keine Passage bekamen, richteten wir ein Lager dreißig Kilometer von der Stadt entfernt ein. Wir wußten, daß, falls die Japaner nicht bald gestoppt würden, die Befestigungen von Makassar auf die Probe gestellt würden.

Wir wollten nicht, daß einer unserer Studenten mit den bereits berüchtigten japanischen "Schocktruppen" Bekanntschaft machte. Diese Schocktruppen waren die erste Welle der Invasoren, die durch ihre Grausamkeit und ihre abscheulichen Greueltaten die Einwohner in Angst und Schrecken versetzten.

Es war sehr beruhigend, über den BBC zu erfahren, daß ein neues britisches Kriegsschiff, die HMS *Prince of Wales* in aller Eile nach dem Fernen Osten geschickt worden war. Unterwegs sollte sich ihm die irgendwo im Indischen Ozean kreuzende HMS *Repulse* anschließen. Auch wurde zugesagt, daß ein neuer Flugzeugträger, die *Indomitable,* die britische Flotte verstärken sollte.

Truppenkonvois begannen sich in der Stadt Singapur zu sammeln, die als stärkste Marinebasis der Welt galt. Australische Schiffe auf dem Weg nach Singapur ließen ihre Soldaten in Makassar an Land gehen. Da wir wußten, daß nur wenige von ihnen indonesisch sprechen konnten, boten wir ihnen unsere Dienste als Übersetzer an, während sie Souvenirs für ihre Lieben zu Hause kauften. Sie waren so jung, so selbstsicher, so mutig - viel zu jung, um den Kamikaze-Fliegern und den Söhnen des Bushido zum Opfer zu fallen. Ihre Zuversicht hätte nicht so vergeudet, der Mut der jungen Leute nicht so schnell auf die Zerreißprobe gestellt werden dürfen. Viele lebten nicht einmal so lange, daß sie ihre Liebesgaben nach Hause bringen konnten! Und diejenigen, die zurückkehrten, waren lange vor ihrer Zeit in den Gefängnislagern von Singapur alt geworden.

Winston Churchill gesteht in *The Hinge of Fate* ein, das Versenken der *Prince of Wales* und der *Repulse* sei der größte Schock gewesen, den er im Verlauf des Krieges erhalten habe. Alle, die ihre Hoffnung auf diese modernen Kriegsschiffe gesetzt hatten, waren wie gelähmt. Psychologisch gesehen war der japanische Sieg im Golf von Siam niederschmetternd. Durch die Radiosendungen, die diesen Sieg beschrieben, erfuhren wir von den Kamikazefliegern. "Wir fürchten das, was wir nicht verstehen" wurde zum Schlagwort jener Zeit. Wir verstanden sie wirklich nicht - welche fatalistische Gehirnwäsche hatte solche selbstmörderischen Piloten hervorgebracht? Wie konnte man sich gegen Männer zur Wehr setzen, die sich mit ihren Flugzeugen auf die feindlichen Schiffe stürzten, obwohl das ihr sicherer Tod bedeutete? Unser Radio brachte Augenzeugenberichte von den Kamikaze-Angriffen in den Straßen von Singapur und von dem Versenken der Schiffe, wo sie sich nicht in Sicherheit bringen konnten.

Wir beteten ernstlich um Weisung vom Herrn. Russell wurde gebeten, eine Bibelwoche in der chinesischen Gemeinde in Makassar abzuhalten. Der britische Vizekonsul, Mr. Lie, übersetzte. Der Herr segnete die Veranstaltungen, und viele Menschen nahmen Jesus Christus als ihren Retter an, andere erlebten eine geistliche Erneuerung. Gott begegnete vielen Menschen und bereitete sie vor auf die Zeit, die vor uns lag.

Nach Pearl Harbour und dem Versenken der britischen Kriegsschiffe richtete sich unser Augenmerk auf die Philippinen; als diese wenig bekannten Inseln - nur winzige Punkte im riesigen Pazifik - von den Japanern angegriffen und besetzt wurden, standen sie auf einmal im Mittelpunkt des Weltinteresses. Guam am 11. Dezember; Wake Island am 23. Dezember. "Keine Angst", beruhigte man uns, "in Hongkong werden die Briten sie aufhalten." Doch am Weihnachtstag kapitulierte auch der "unerschütterliche Fels".

Trunken von ihrem Sieg wendeten sich die Japaner nach Westen und Süden dem Festland zu - China, Korea und Französisch-Indochina. In einem Pioniermanöver stießen sie vom nördlichen und südlichen Teil der Philippinen aus vor, schlugen die philippinischen und amerikanischen Truppen auf die Bataan Halbinsel zurück in einer Schlacht, die nur wenige überlebten.

Wie spricht man den Menschen Mut zu, wenn es nur von Niederlagen zu berichten gibt? Und doch hörte man aus jeder Sendung des manilischen Rundfunks Hoffnung heraus - Hoffnung auf ein Wunder, das die vorrückenden, siegreichen Truppen des Feindes zurückschlagen würde. Noch heute höre ich, wie in der letzten Sendung gesagt wurde: "Ich befinde mich hier in unserem Gebäude mitten in der Stadt. Die Bomben fallen überall um uns herum (im Hintergrund war der Lärm von explodierenden Bomben und Flugzeugen zu hören). Ich werde aufhören müssen!" Seine Ankündigung war von einem Schluchzer unterbrochen worden. Dann hörten wir ihn auf einmal rufen: "Vorwärts, Amerika!"

In die schreckliche Stille, die folgte, sagten wir weinend: "Ja, vorwärts, Amerika! Lieber Gott, hab Erbarmen!"

Am 2. Januar 1942 waren die Philippinen gefallen.

Wir stellten unser Radio auf den Londoner BBC und den australischen ABC ein, um auf dem Laufenden zu bleiben über die Vorgänge auf dem europäischen Kriegsschauplatz und den Krieg im Fernen Osten. Auf dem Atlas verfolgten wir den Vormarsch der Japaner. Im Sturm eroberten sie Thailand und Burma, dann fegten sie über die malayische Halbinsel hinweg. Die Japaner waren Dschungelkämpfer, die sich nicht im geringsten an die Genfer Konvention für die Behandlung von Gefangenen hielten. Japans Tentakel waren zum Vorschein gekommen, sie breiteten sich nun in alle Richtungen aus, und ihre Opfer hingen bewegungsunfähig im Würgegriff ihrer militärischen Macht.

Japan hatte mit der Eroberung von Niederländisch-Ostindien begonnen. Die holländischen Streitkräfte und die Aussies, die durch das Netz geschlüpft waren, das die Japaner um die Insel gezogen hatten, kämpften tapfer in Sumatra, doch der Gegner war zu übermächtig. Einige entkamen nach Australien, andere wurden gefangengenommen. Viele starben.

Nach Semesterende begaben sich Dr. und Mrs. Jaffray, Margaret und die anderen alleinstehenden Damen nach Benteng Tinggi. Sie brauchten Ruhe und Erholung von der Feuchtigkeit und Hitze der Küste. Die Presswoods, Russell und ich blieben in Makassar, um Vorräte und andere wichtige Dinge einzukaufen, die wir in Benteng Tinggi benötigen würden - Kerosin, Lampen, Dochte und so weiter. Ich packte einige persönliche Habseligkeiten für einige Monate zusammen - ganz sicher würde sich die Situation bald zum Guten wenden. Ich schaute mir die Koffer mit den hübschen Hochzeitsgeschenken noch einmal an und zog die Tür zum Lagerraum hinter mir zu, um sie nie wiederzusehen. Daraufhin reisten wir zu den anderen in den Bergen.

Fünf Kilometer hinter Benteng Tinggi lag Malino, ein Zufluchtsort für Holländer und Heimatvertriebene. Viele Frauen und Kinder von Regierungsaußenposten kamen dorthin. Holländische Polizei wurde zum Schutz der Asylsuchenden nach Malino beordert.

Eine Insel nach der anderen fiel den Japanern in die Hände - Sumatra, Borneo, die Kleineren Sunda Inseln, Bali, Lombok, Sumbawa, Butan und Muna. Java lag unter Beschuß. Wir erstiegen den Gipfel des Berges hinter Benteng Tinggi, und durch das Fernglas konnten wir mehrere Schiffe beobachten, die durch die Straßen von Makassar fuhren. Weit entfernte Explosionen und aufsteigender schwarzer Rauch zeugten davon, daß eine Seeschlacht im Gange war. Aus der Entfernung konnte man unmöglich sagen, um welche Schiffe es sich handelte. Erst Jahre später erfuhr ich, daß das, was wir gesehen hatten, die schreckliche Schlacht der Makassar-Straße war, in der so viele Schiffe der Alliierten versenkt worden waren und so viele Männer ihr

Leben gelassen hatten. Wir wußten, daß auch die Insel Celebes unweigerlich erobert werden würde.

An einem Mittwoch kam ein holländischer Polizist aus Malino nach Benteng Tinggi und informierte uns darüber, daß an der Südküste ein Schiff vor Anker liege. Alle Ausländer und alle holländischen Frauen und Kinder, die das Land verlassen wollten, sollten evakuiert werden. Man würde uns am Freitag abholen, wir sollten uns bereithalten.

Als wir uns zum Gebet versammelten, meinte Dr. Jaffray: "Ich möchte euch den Rat geben, euch nicht über diese zu treffende Entscheidung auszutauschen, nicht einmal Mann und Frau sollten gemeinsam überlegen. Fallt auf die Knie und fragt: 'Herr, was willst du, das ich tun soll? Soll ich gehen oder bleiben?' Dies ist sehr wichtig, weil ihr nur dann in den vor euch liegenden Monaten oder vielleicht Jahren wissen werdet, daß ihr genau dort seid, wo der Herr euch haben wollte. Wenn der Herr euch klarmacht, daß ihr das Land verlassen sollt, werdet ihr euch nicht als Feiglinge fühlen. Wenn der Herr euch sagt, ihr sollt bleiben, könnt ihr, was immer auch passiert, aufschauen und sagen: 'Herr, du wolltest, daß ich genau an diesem Ort hier bin.'" Wir flehten Gott um Führung an.

Als der Lastwagen am Freitag kam, hatte nicht einer von uns das Gefühl, er sollte die Insel verlassen. Wie Dr. Jaffray gesagt hatte: "Gott arbeitet nicht in der Verwirrung, eine Frau gegen ihren Mann oder umgekehrt, in einer Angelegenheit, die beide betrifft. Dies ist nur eine Bestätigung für seine Führung."

Etwa drei Tage später wurde berichtet, daß das Schiff torpediert worden war und gesunken sei. Es gab keine Überlebende. Da wußte ich, warum Gott gesagt hatte: "Geht nicht." Es ist wichtig, daß wir die Stimme des Hirten erkennen und lernen, ihm zu folgen, wenn er spricht. Wir müssen gehorsam sein, was immer er uns zu tun aufträgt; auch wenn es bedeutet, unser Leben aufs Spiel zu setzen.

Der Hafen von Makassar war stark befestigt, doch der Feind, der von unserem ehemaligen Friseur informiert worden war, kam durch die Hintertür. Er landete am 8. Februar an dem ungesicherten Strand von Borombong, ohne daß auch nur ein Schuß abgegeben worden war. Die Schocktruppen fielen über Makassar her und töteten alles, was vor sie kam. Die Einwohner von Makassar hatten alles, was den Japanern im Krieg nützlich gewesen wäre, entweder verbrannt oder in die Luft gesprengt. Die holländische Armee hatte sich in die Berge zurückgezogen und gab bald auf.

Die Furcht vor den Invasoren blieb. Flugzeuge belegten Malino mit Maschinengewehrfeuer, doch Benteng Tinggi blieb verschont. Wer außer jenen, die es miterlebt hatten, konnte wirklich die Angst nachempfinden, die sich bei uns eingeschlichen hatte, die Angst vor den Japanern, die ganz sicher auch hierher kommen würden. Berichte erreichten uns, die absolut nicht beruhigend waren. Wie würden wir behandelt oder mißhandelt werden? Würden wir unser Leben lassen müssen? Würden wir gefoltert werden? Würden wir es ertragen können? Mit solchen und noch vielen anderen Fragen versuchten wir, uns auf das Unvorhersehbare vorzubereiten - die Konfrontation mit dem Feind. Immer wieder dachten wir jedoch an das, was uns ruhig machte: Gott wollte uns hier haben. Dies war der Platz, den er uns zu dieser Zeit zugedacht hatte.

Durch einen überdachten Gang war ein Pavillon mit zwei Schlafzimmern, einem Badezimmer und einer Küche mit dem Haus der Jaffrays verbunden. Die Schlafzimmer dienten als Gästezimmer. Die Presswoods bewohnten das eine, Russell und ich das andere. In unserer ersten Nacht in Benteng Tinggi wurde ich durch einen Schrei und lautes Reden geweckt. Hellwach setzte ich mich im Bett auf. Ich war überzeugt, daß die "Armee der aufgehenden Sonne" auf einmal da war. Schweißüberströmt saß ich da.

Auch Russell erwachte und erklärte mir, daß dies nur Ernie Presswood sei, der im Schlaf spräche. "Du wirst dich daran gewöhnen", meinte er beiläufig. Ernie stöhnte und brabbelte noch immer auf der anderen Seite der Wand. "Als wir in Borneo waren, wohnten wir mit einem alten Koch zusammen, der schrecklich schnarchte. Die Hütte, in der wir lebten, hatte keine Zimmerdecke, sondern nur ein Dach. In unserer ersten Nacht dort machte Ernie so viel Krach im Schlaf, daß sogar der alte Koch aufwachte. Am nächsten Morgen sagte der alte Mann zu mir: *Tuan, bukan main, orang itu melawan saja!* "Sir, das ist kein Witz, aber dieser Mann macht sogar mir Konkurrenz!"

Ich mußte lachen und entspannte mich wieder. Ruth erzählte mir am nächsten Tag, daß Ernie in der Dyak-Sprache gepredigt hatte. Sie wiederholte Russells Worte und sagte: "Du wirst dich daran gewöhnen."

Der Besitz in Benteng Tinggi war von der Straße aus nicht zu sehen, doch jeden Tag hörten wir, wie die Lastwagen des Feindes nach Malino fuhren und von dort zurückkehrten. Wir waren sicher, daß sie mittlerweile den Weg entdeckt hatten, der von der Straße nach Benteng Tinggi führte und fragten uns, wann sie wohl auch zu uns kommen würden.

Am 5. März, während ich im Garten arbeitete, wurde ich von Lärm im Hof aufgeschreckt. Ich schaute auf und sah einen japanischen Soldaten mit schwarzen Tennisschuhen gerade um das Haus herumkommen. Die Japaner waren da. Der Soldat zeigte mit dem Gewehr auf mich und bedeutete mir, zu Miss Marshs Haus zu gehen. Während ich mich widerwillig in Bewegung setzte, stießen Russell, die Jaffrays und noch mehr Soldaten zu mir und meiner Eskorte.

Wir wurden mit den Presswoods und den drei alleinstehenden Damen in Miss Marshs Wohnzimmer zusammengetrieben. Während wir angespannt dastanden, lümmelten sich die Soldaten auf den Stühlen. Ihre Uniformen waren zerknittert und verschlissen, ihre Gesichter hinter dichten, ungepflegten Bärten verborgen. Sie waren schmutzig von wer weiß wie vielen Tagen, in denen sie sich von Insel zu Insel vorgearbeitet und durch den Dschungel gekämpft hatten. Auf dem Kopf trugen sie Kappen, die vorne und auch hinten einen Schirm hatten, um auch den Hals vor der Sonne zu schützen. Dies waren die berüchtigten "Schocktruppen" - ein Schauer lief mir über den Rücken.

Der befehlshabende Offizier verkündete von seinem Sitz aus, wir wären Gefangene der Kaiserlich-japanischen Armee. Russell hatte wie üblich die Hände vor seinem Bauch übereinandergelegt. Er hätte unmöglich etwas in seinen Händen verbergen können, doch diese Haltung machte einen der Offiziere wütend. Er bellte einen kurzen Befehl in japanisch. Ein Soldat erhob sein Gewehr mit dem aufgepflanzten Bajonett und schlug damit immer wieder auf Russells Hände. Russell wagte es nicht, sich zu wehren. Ich war entsetzt. Ernie konnte es nicht mehr länger ertragen und sagte: "Russell, sie wollen, daß du die Hände an die Seite legst."

In hilfloser Wut dachte ich: "Ihr dreckigen Ratten. Wenn ihr doch nur etwas gesagt hättet, aber ..." Ernie wußte, was sie wollten, denn als die Soldaten gekommen waren, hatte er die Hände hochgehoben. Dies hatte einen Offizier wütend gemacht, und auch er war unbarmherzig geschlagen worden. Als er erkannte, daß diese Geste des Ergebens den Mann wütend machte, hatte Ernie die Hände heruntergenommen. Diese sinnlose Grausamkeit blieb nicht ohne Wirkung. Wir waren unterworfen. Russell sagte jedoch später zu uns: "Meinen Stolz haben sie weit mehr verletzt als meine Hände."

Wir wurden nach unserer Nationalität gefragt. Margaret Kemp, Philoma Seely, Russell und ich sagten, wir seien Amerikaner. Daraufhin verkündete der Offizier in höchst beleidigendem Tonfall, die gesamte amerikanische Flotte sei versenkt worden, und wir seien ihre Gefangenen. Dann kam er zu Dr. Jaffray, der erwiderte, er käme aus Kanada. Wie wir anderen war er schrecklich nervös und stotterte bei seiner Antwort. Der Offizier schaute ihn an und fragte: "Kah-nah'-na-da? Wo ist Kah-nah'-na-da?" Ganz offensichtlich hatte er noch nie zuvor von einem Kah-nah'-na-da gehört, darum machten wir uns um die Jaffrays und die Presswoods weniger Sorgen. Miss Marsh kam aus England, und anscheinend kannte er auch dieses Land nicht.

Während wir befragt wurden, versuchte Ruth Presswood verstohlen, um einen Stuhl herum an Ernies Seite zu gelangen. Ein schriller Befehl ertönte, und ein Soldat trieb sie mit dem Gewehrkolben zurück zu ihrem Platz.

Als sie schließlich Anstalten machten zu gehen, schärften sie uns noch einmal ein, daß wir Gefangene der Kaiserlichen-japanischen Armee seien; wir dürften keinen Kontakt zu irgendeinem Menschen außerhalb des Geländes aufnehmen, auch dürften wir das Gelände nicht verlassen. Falls wir diesem Verbot zuwiderhandelten, würden wir hart bestraft werden - wir würden erschossen werden!

Bis zum 8. März, nur drei Monate nach diesem Sonntag, als wir von dem Angriff auf Pearl Harbour hörten hatten, hatten die Japaner ganz Niederländisch-Ostindien erobert. Die kleine, auf den Inseln stationierte holländische Armee und die noch kleinere holländische Marine und Luftwaffe standen den unaufhaltsam von den Landungsbooten strömenden japanischen Streitkräften hilflos gegenüber.

Die Tage vergingen, die Spannung ließ nach, und wir fanden uns in einen lockeren Rhythmus von Kochen, Essen, Bibellesen, Beten, Gartenarbeit und Lesen. Auch gingen wir auf unserem Besitz spazieren. Ich war im Haus, als ich eines Morgens einen Lastwagen hörte. Er hielt an. "Die Soldaten müßten drüben bei Miss Marshs Haus sein" - dann rumpelte er in den Hof der Jaffrays. Japanische Soldaten und ein Offizier betraten das Haus. "Wir nehmen die Männer mit", verkündeten sie. "Packt einige Kleider für sie zusammen. Keine Koffer. Schnell!" Ich war alarmiert.

Schnell rannte ich in den Pavillon, nahm einen Kopfkissenbezug und packte Russells Bibel, ein Notizbuch, einen Stift, Rasierzeug, Kleidung und andere Dinge hinein, von denen ich dachte, daß er sie brauchen würde. Schnell eilte ich zurück ins Haus auf der Suche nach ihm. Dort traf ich einen Offizier, der aus Dr. Jaffrays Zimmer kam. "Was ist los mit diesem alten Mann?" fragte er mich. Es gab vieles aufzuzählen, und ich brauchte eine Weile dazu. Er hatte Diabetes, darum mußte er eine sehr strenge, zuckerfreie Diät einhalten; vor nicht allzu langer Zeit hatte er im Koma gelegen; auch hatte er Probleme mit den Nieren, mit dem Herzen, und er litt unter Schüttelfrostanfällen, die besonders seine rechte Hand und seinen rechten Arm beeinträchtigten und ... Bevor ich noch mehr sagen konnte, unterbrach er mich, indem er die Hand hob und bellte: "Gehen Sie hinein und sagen Sie dem alten Mann, daß er nicht mitzukommen braucht. Wenn er so viel Medizin braucht, wird er sowieso nicht mehr lange leben."

Ich ließ den Kissenbezug fallen und rannte in Dr. Jaffrays Zimmer. Er war gerade dabei, einige Dinge in seine schwarze Aktenmappe zu packen (die schon seinem Vater gehört hatte). "Sie brauchen nicht mitzugehen, Dr. Jaffray." Ich nahm den Kissenbezug wieder auf und rannte hinaus in den Hof auf der Suche nach Russell. Wo war er nur? Was hatten sie mit ihm gemacht? Dann entdeckte ich ihn; er war mit den anderen bereits in dem Lastwagen. Ich hatte schreckliche Angst um ihn. Eine unerklärliche Furcht sagte mir, daß er fortgebracht wurde, um exekutiert zu werden. Warum hatten die Offiziere gesagt, daß Dr. Jaffray sowieso sterben würde? Jeden anderen Abschied von meinem Mann hatte ich gut ertragen können, denn sie hatten nur den einen Grund gehabt, das Wort Gottes weiterzusagen. Doch dies hier war etwas anderes. Der Gedanke an diese Trennung war quälend.

Ich gab Russell den Kissenbezug und schaute in das Gesicht, das mir so lieb geworden war. Ein Schrei des Protestes, der Furcht schnürte mir die Kehle zu. "Ihr Sadisten, ihr laßt mich noch nicht einmal richtig Abschied nehmen!" Ich schluckte hart und ballte meine Fäuste. "Ihr werdet nicht die Genugtuung haben, mich weinen zu sehen." Der Fahrer ließ den Motor an. Russell beugte sich zu mir herunter und sagte sehr leise: "Denke immer daran, mein Liebes: Gott hat gesagt, daß er uns nie versäumen und verlassen wird." Der Lastwagen ruckte an und fuhr die Straße hinunter. Ich sah ihn nie wieder.

Es war Freitag, der 13. März 1942. Zwar habe ich ein wenig irisches Blut in meinen Adern, doch ganz bestimmt bin ich nicht abergläubisch. Ganz fest glaube ich an Römer 8,28: "Wir wissen aber, daß denen, die Gott lieben, alle Dinge zum Guten mitwirken." Wir haben keine Schwierigkeiten, diese Verse zu wiederholen, wenn alles glatt läuft. Doch wenn wir durch tiefes Wasser gehen, wenn wir uns Versuchungen gegenübersehen, die wir nicht verstehen, können wir dann auch noch sagen: "Ich glaube daran, daß alle Dinge uns zum Besten dienen werden?" In diesem Augenblick konnte ich es nicht.

Alles war so schnell gegangen und ohne die geringste Vorwarnung. Russell hatte gesagt: "Er wird uns niemals verlassen noch versäumen." Nein? Und was war mit diesem Augenblick, Herr? Dies war einer der Momente, in denen ich dachte, Gott hätte mich verlassen. Doch ich durfte erkennen, daß mein Herr, wenn ich meinen Blick von den Umständen, die mich überwältigten und über die ich keine Kontrolle hatte, abwendete und aufblickte, da war und auf mich herabschaute. Tief in meinem Herzen flüsterte er mir zu: "Ich bin da. Auch wenn du mich nicht siehst, ich bin da. Nicht einen Augenblick habe ich dich aus den Augen verloren."

War dies der Herr - dieser Frieden, der sich in mir breitmachte - oder war es nur der Schock, wegen dem Mutwillen des Feindes nun plötzlich allein zu sein? Ich drehte mich um und ging zum Haus zurück. Dort warteten Dr. Jaffray und Margaret auf mich. Ich warf mich in ihre Arme. "Oh, Margaret, Gott sei Dank, daß sie deinen Vater nicht auch mitgenommen haben. Und Dr. Jaffray, was haben Sie im Schlafzimmer gemacht, als der Offizier bei Ihnen war?" Es war ungewöhnlich, daß die Japaner soviel Rücksichtnahme auf den Gesundheitszustand eines Menschen zeigten.

"Ich packte gerade mein Eau de Cologne in die Aktenmappe meines Vaters. Ich dachte, sie würden uns hinunter zur Küste bringen. Du weißt ja, wie sehr das Eau de Cologne mich in der feuchten Hitze erfrischt, darum wollte ich es mitnehmen."

Eau de Cologne! Und der Offizier hatte es für Medizin gehalten!

"Oh, Dr. Jaffray, ist das nicht wundervoll? Der Herr hat den Offizier glauben lassen, das Eau de Cologne sei Medizin." Als ich ihnen erzählte, wie der Offizier mich nach Dr. Jaffrays Gesundheitszustand ausgefragt hatte, fingen wir an zu lachen. Wir lachten bis zur Erschöpfung. Die Nerven? Vielleicht teilweise, und "ein fröhliches Herz bringt gute Besserung" (Sprüche 17,22). Doch vor allem erkannten wir, daß Gott, der das Ende von Anfang an kennt, wußte, wieso Dr. Jaffray so viele Flaschen Eau de Cologne hatte und wie er sie benutzen würde, um einen japanischen Offizier so zu verwirren, daß er ihn bei uns ließ - bei sieben Frauen, die den Beistand eines Mannes Gottes brauchten.

Als der Abend kam, traf mich die volle Wucht meines Verlustes. Russell war fort. Wir hatten ein Bett in Margarets Zimmer gestellt, und ich zog hinüber ins Haupthaus. Ich wollte nicht allein im Pavillon bleiben. Wir setzen uns zusammen, um zu beten. Dr. Jaffray öffnete die Zeitschrift *Daily Light*, um vorzulesen - 13. März. Für mich, genau in meine Situation waren die Verse geschrieben. Der Psalmist wiederholte den Schrei meines Herzens:

Mein Gott, aufgelöst in mir ist meine Seele.

Bewährten Sinn bewahrst du in Frieden, in Frieden, weil er auf dich vertraut! Vertraut auf den Herrn für immer. Denn in Jah, dem Herrn, ist ein Fels der Ewigkeiten.

Ihr, die ihr den Herrn fürchtet, lobet ihn; alle Nachkommen Jakobs, verherrlicht ihn, und scheut euch vor ihm, alle Nachkommen Israels!

Euer Herz werde nicht bestürzt, sei auch nicht furchtsam. Siehe, ich bin bei euch alle Tage.

"Laß ihn beten", hieß es in dem Vers. Ich betete, und er kam zu mir mit dem Geschenk der Erinnerung an das kleine Mädchen, das gesagt hatte: "Herr, mit dir möchte ich überall hingehen, wie hoch die Kosten auch sein mögen." War dies vielleicht nur ein Ausdruck kindlicher Begeisterung gewesen?

"Ich meinte es damals ernst, mein Herr, soweit ich das damals begreifen konnte. Heute, da ich mehr verstehe, möchte ich dieses Versprechen erneuern. Immer noch möchte ich an deiner Hand *überallhin* gehen - die Kosten überlasse ich dir." Er nahm meine Hand, und zusammen gingen wir einer noch unbekannten Zukunft entgegen. Doch von diesem Augenblick an war der Stachel in mir fortgenommen.

Als wir mit einem Minimum an Vorräten nach Benteng Tinggi gingen, hatten wir keine Vorstellung davon, daß sich unsere Internierung über ein Jahr erstrecken würde, gefolgt von drei oder noch mehr Jahren, die wir in verschiedenen Lagern und Gefängnissen verbringen würden. Wir mußten uns etwas einfallen lassen, wie wir unseren Nahrungbedarf decken konnten. Als eine der eingeborenen Frauen mit einer halben Kokosnußschale kam, die gefüllt war mit in Kokosnußöl gebackenen Köstlichkeiten, nahm ich sie zum ersten Mal dankbar an. Ich versuchte ein Stück, und es schmeckte mir hervorragend. Dann erinnerte ich mich daran, daß ich am Tag zuvor die Kinder gesehen hatte, wie sie Insekten gesammelt hatten. Konnte es sein, daß ...? "Rassing, sind das fliegende Ameisen?"

"Ich bin froh, daß sie dir schmecken, *Njonja*. Ich werde euch noch mehr holen."

Wir aßen auch verschiedene Kräuter und Dschungelpflanzen. Farne schmecken wirklich sehr gut. Die Indonesier haben mir beigebracht, wie man sie zubereitet. Dort wächst auch eine Pflanze mit einer winzigen blauen Blüte. Die Holländer nennen sie *hemelse blau-*

we oogen "himmlische blaue Augen". Wir tauften sie in "Wasserkresse" um und hatten das Gefühl, daß sie uns unter dem neuen Namen besser schmeckte. Von Rassing bekamen wir etwas Samen und pflanzten einen Garten an.

Ganz besonders dankbar waren wir für unsere geistliche Familie in Makassar. Als sie von unserer Not erfuhr, setzte sie ihr Leben aufs Spiel, um uns Nahrung zu bringen. Ohne ihre Hilfe wären wir bestimmt verhungert, denn die Japaner gaben uns keine Lebensmittelrationen. Trotz Androhung hoher Strafen kamen unsere Freunde über die Berge hinter dem Besitz und brachten uns, was sie erübrigen und tragen konnten. Sie brachten uns auch Informationen über Russell und Ernie. Die Kriegsnachrichten waren japanisch gefärbt. Der ganze Ferne Osten hatte kapituliert.

Unsere Freunde behielten unser Haus in Makassar im Auge. Schon bald nach der Kapitulation der Stadt hatten sich japanische Soldaten den Eintritt in unser Haus und unseren Lagerraum erzwungen. Sie hatten meine Koffer mit den Hochzeitsgeschenken in den Hof gezerrt und die Schlösser aufgebrochen. Was die Soldaten nicht gebrauchen konnten, verstreuten sie achtlos auf der Straße. Unser neuer Kühlschrank wurde von einigen Japanern herausgetragen und so unsanft auf einen Wagen geladen, daß irreparabler Schaden entstanden war.

Stück für Stück wurden mir wertvolle Andenken entrissen. Ich mußte lernen, meine schönsten Erinnerungen in meinem Herzen zu verbergen, wo Rost und Motten - und japanische Soldaten - ihnen nichts anhaben konnten.

In regelmäßigen Abständen kamen die japanischen Soldaten auf ihrem Weg nach Malino auch in Benteng Tinggi vorbei. Wir lebten in ständiger Furcht vor ihrer Unberechenbarkeit, und Gott allein war unser einziger Schutz vor diesen machthungrigen Menschen, denen vielleicht einfiel, sich an uns als Vertretern des verhaßten amerikanischen Feindes zu rächen.

Eines Tages, nachdem die Soldaten abgezogen waren, rannten Margaret und ich in Dr. Jaffrays Schlafzimmer, um zu sehen, ob sie seine Uhr mitgenommen hatten. Normalerweise stand sie auf seinem Nachttisch. Sie war fort. "Dr. Jaffray, haben sie Ihre Uhr mitgenommen?"

Als Antwort hob er sein Kissen hoch, holte seine Taschenlampe und die Uhr hervor und stellte sie an ihren üblichen Platz.

Jedesmal wenn die plündernden Soldaten das Anwesen verlassen hatten, holte Dr. Jaffray seine Uhr und seine Taschenlampe unter dem

Kopfkissen hervor. "Wenn ich höre, daß die Japaner gesichtet worden sind, lege ich sie auf das Bett und decke das Kissen darüber. Ich erinnere den Herrn daran, daß nichts davon den Japanern etwas bedeutet, aber daß diese Dinge für mich sehr wertvoll sind. Die Uhr gehörte meinem Vater. Der Herr weiß, daß ich sie brauche und auch die Taschenlampe; die Japaner brauchen sie nicht."

Sein Vertrauen darauf, daß die Uhr und die Taschenlampe in seinem Besitz bleiben würden, faszinierte mich - eine gute Lektion gelebten Glaubens. Erst einige Zeit nach dem Ende des Krieges fiel mir auf, daß die Taschenlampe die ganze Zeit, während wir unter Hausarrest in den Bergen standen, gebrannt hatte. Obwohl sie jeden Abend in Betrieb war, wurden die Batterien nicht leer, sie konnten ja auch nicht ersetzt werden, da wir keine anderen hatten - ein Wunder der Vorsehung Gottes.

Feuchtes Bauholz ist nicht sonderlich gut zum Bau eines Hauses geeignet. Doch für den Bau von Dr. Jaffrays Haus war feuchtes Holz verwendet worden. Als das Holz sich zusammenzog, entstanden Risse in den Wänden. So konnten die Ratten nur zu leicht ins Haus gelangen, ohne sich zuerst mühsam den Weg durch die Planken nagen zu müssen. Sie suchten nach Nahrung und einem trockenen Nistplatz, da der Regen bereits eingesetzt hatte. Welchen besseren Platz konnte es geben als bei den Missionaren? Wir hatten keinen Reis oder andere Nahrungsmittel, und wir durften nicht riskieren, daß sie das Leder unserer Schuhe zernagten oder unsere Kleidung, unser Papier oder unsere Bücher zum Nestbau verwendeten. Darum erklärten Margaret und ich ihnen den Krieg. Nachmittags, wenn es noch hell war, begannen wir in den Schlafzimmern im hinteren Teil des Hauses und scheuchten die Ratten hinunter in die Halle und in die Küche, wo die Türen fest verschlossen waren und die Wände keine Löcher hatten. Dann schlugen wir sie mit Besen tot. Wir schrien und quietschten, wenn die Ratten die Wände hochliefen und auf uns sprangen. Es war ein übles Geschäft, und mir mißfiel vor allem die anschließende Reinigung.

Eines Nachts wurde mein Schlaf durch, wie ich glaubte, Ratten gestört. Ich konnte sie im Wohnzimmer, im Eßzimmer und im Flur herumlaufen hören. Ich versuchte sie zu ignorieren und sagte mir: "Morgen werde ich euch zu fassen kriegen." Doch als ich ein Buch herunterfallen hörte, reichte es mir. Ich sprang auf, weckte Margaret und rief: "Margaret, zieh deinen Morgenmantel an. Wir müssen die

Lampen anzünden und die Ratten jagen. Ich höre sie im ganzen Haus."

Ein Flur lief an der gesamten Länge des Hauses entlang. Davon gingen unsere Schlafzimmer, die Küche und der Wohn/Eßbereich an der einen Seite und ein Badezimmer an der anderen Seite ab. Als ich die Schlafzimmertür öffnete, sah ich im gedämpften Licht der kleinen Lampe jemanden an mir vorbeihuschen. Ich dachte, es sei Dr. Jaffray und wunderte mich über sein seltsames Verhalten mitten in der Nacht. Als ich auf den Flur trat, um besser sehen zu können, stand ich einem Boegis-Banditen gegenüber.

Er trug einen schwarzen Sarong, den er über die Schulter zurückwarf, um seine Machete ziehen zu können. Mit einer schnellen Bewegung hatte er das Messer gezogen und auf mich gerichtet. Normalerweise bin ich wirklich ein Feigling, und warum ich auf ihn zueilte, weiß ich nicht. Vielleicht war dies das Überraschungsmoment. Doch er war noch ein größerer Feigling als ich, denn er drehte sich um und floh den Flur entlang, durch das Badezimmer, über die Veranda und den Berg hinunter, ich ihm immer dicht auf den Fersen - bis ich andere aus dem Dschungel auftauchen sah. Er rief ihnen etwas in ihrer Sprache zu. Zusammen flohen sie in den Dschungel. Ich blieb stehen. "Herr", flüsterte ich, "was für eine Dummheit!"

Sofort erinnerte ich mich: "Der Engel des Herrn lagert sich um die her, die ihn fürchten, und er befreit sie."

Ich ging zurück zum Haus und wollte die Tür, die weit offenstand, hinter mir zuziehen. Aber da waren keine Türklinke, kein Schloß und Schlüssel mehr. Der Eindringling hatte mit seinem Messer ein großes Loch in die Türe geschnitten.

Dr. und Mrs. Jaffray waren mittlerweile aufgewacht und zu Margaret gegangen. "Was ist passiert?" fragte Dr. Jaffray, der sehr erschüttert war von dem Lärm und dem Anblick der beschädigten Tür.

"Räuber waren hier! Sie müssen schon seit Stunden hier gewesen sein. Ich dachte, es seien Ratten!" Wir schauten uns um und stellten fest, daß Tischdecken und andere Leinensachen fehlten, Bücher waren aus den Regalen gerissen und durchsucht worden, wahrscheinlich von jemandem, der in ihnen verstecktes Geld zu finden hoffte. Und ich hatte gedacht, es seien die Ratten! Neugierig hatten sie auch die Scheiben aus den Fenstern von Dr. Jaffrays Schlafzimmer entfernt und sie vorsichtig auf die Veranda gelegt, damit wir sie wieder einsetzen konnten. Dr. Jaffray hatte von dem Lärm nichts mitbekommen. Ich fand ein Brett und nagelte die Tür zu.

Von dieser Nacht an schliefen wir mit einem Knüppel am Bettende - doch wir brauchten ihn nicht benutzen. Einige Nächte später hörten wir die Einbrecher zurückkommen, aber sie betraten das Haus nicht mehr. Erst nach dem Krieg erfuhr ich, warum. Ich hatte den Gärtner der Jaffrays im Verdacht; er war ein Boegis, und er kannte das Haus. Als ich ihn fragte, warum sie das Haus nicht mehr betreten hätten, antwortete er ungläubig: "Wegen der Leute, die bei Ihnen waren - jene Menschen in Weiß, die um das Haus herumstanden." Der Herr hatte seine Engel um uns herumgelagert. Er hatte uns errettet.

Eines Tages kamen die Japaner mit einer holländischen Krankenschwester, einer Freundin von mir, nach Benteng Tinggi. Sie sollte von einem Gefängnis in Makassar nach Malino verlegt werden. Man erlaubte ihr, auszusteigen und ins Haus zu kommen. Als die Japaner das Haus verließen, um zum holländischen Lager weiterzufahren, ließ die Schwester einen Füllfederhalter in Ruths Hand gleiten. Ruth erkannte ihn als Ernies und fragte sich, warum er ihn ihr wohl schickte. Sobald der Lastwagen das Anwesen verlassen hatte, nahm sie den Stift mit zitternden Händen auseinander. Fest zusammengerollt und versteckt in dem winzigen Tintentank fand sie einen kleinen Zettel. Wir wußten uns vor Aufregung nicht zu halten. Ernie schrieb, daß er und Russell in den Polizeibaracken in Makassar gefangen gehalten, aber bald verlegt werden würden. Sie hätten ausreichend Nahrung, und es ginge ihnen gut. Ruth las uns den Brief vor, bis wir ihn alle auswendig kannten. Immer wieder las sie ihn vor; wir konnten ihn gar nicht oft genug hören. Wir besprachen ihn, überlegten und durchdachten ihn, weil wir keine geheime Botschaft übersehen wollten. Dies war ein sehr aufregender Tag. Wenigstens wußten wir nun, wo sie waren und daß es ihnen gut ging.

Ich kam an die Reihe. Der Überbringer des Briefes war ein japanischer Marineadmiral. Er sprach ausgezeichnet Englisch und hatte einige Zeit in Amerika verbracht. Annapolis hatte ihn besonders beeindruckt. Er war in eine blendend weiße Uniform gekleidet und sehr höflich und freundlich. Als er mir sagte, wie sehr er sein Gespräch mit Russell genossen habe und mir einen Brief von ihm überreichte, hatte ich das Gefühl, daß er es aufrichtig meinte und nicht nur höflich war. Er schien wirklich um unser Wohlergehen besorgt zu sein - ob wir genug zu essen hätten? Ob er uns etwas besorgen könnte? Er war sehr viel freundlicher als die anderen Japaner, die wir kennengelernt hatten. Den Krieg erwähnte er mit keinem Wort.

Sobald er fort war, verschlangen wir meinen Brief. Im Prinzip schrieb Russell dasselbe wie Ernie. Sie bekamen Reis zu essen. Es gab Gerüchte, daß sie nach Pare Pare, einer Küstenstadt etwa 100 Kilometer weiter nördlich, verlegt werden sollten. Sie hatten gehört, daß nach der Evakuierung der Zivilisten Angehörige des Militärs in den Polizeibaracken untergebracht werden sollten. Auch Frauen seien in ihrem Gefängnis gewesen, die seien jedoch schon alle nach Malino verlegt worden. "Ich mache mir solche Sorgen um dich. Wie sehr wünschte ich, ich hätte dich von hier fortgebracht." So lautete sein Nachsatz.

Ich konnte seine Sorge verstehen. Wir befanden uns mitten im Krieg. Viele unmoralische japanische Soldaten machten sich Frauen zunutze, die sich nicht selbst schützen konnten oder von ihren Männern nicht beschützt wurden. Wir beteten darum, daß Russell und Ernie Ruhe finden könnten in der Gewißheit, daß wir unter Gottes Schutz standen.

Obwohl der Brief von einem japanischen Offizier überbracht worden war, hatte Russell ganz offen von ihrer bevorstehenden Verlegung nach Pare Pare geschrieben. Da ich Angst hatte, einer der rüden japanischen Soldaten könnte meinen Brief finden, versteckte ich ihn oben auf der Gipswand, die als Decke diente. Ich fürchtete, sie könnten Russell dafür bestrafen, daß er Kontakt zu mir aufgenommen hatte. Der Admiral war dann vielleicht schon nicht mehr in Makassar, und ich hätte keine Möglichkeit gehabt zu beweisen, wie ich den Brief bekommen hatte.

Eines Tages, als ich Russells Brief noch einmal lesen, seine Handschrift noch einmal sehen wollte, kletterte ich auf einen Stuhl, um ihn aus seinem Versteck zu holen. Sehr zu meinem Erschrecken war er fort. Ich tastete herum - kein Brief. Ich war außer mir. Vielleicht hatte einer der Plünderer ihn gefunden? Ich rief nach Margaret. Sie sollte den Stuhl festhalten, den ich auf einen Schemel stellen wollte, damit ich auf den noch unfertigen Dachboden klettern konnte. Sehr vorsichtig kroch ich auf den Querbalken herum und tastete jeden Zentimeter der Decke ab. Schweißtropfen begannen sich auf meiner Stirn zu sammeln. "Oh, Gott, was ist mit meinem Brief passiert? Wenn er hier ist, dann hilf mir doch, ihn zu finden." Daraufhin stieß ich auf ein zerknittertes Papier. Eine Rattenmutter hatte aus meinem Brief ein Nest für ihre Jungen gemacht. Vorsichtig kroch ich wieder zurück, die Teile von Russells Brief und die kleinen rosa Ratten fest in der Hand. Sie mußten getrennt vernichtet werden, und ich war sehr erleichtert, als das letzte Papierstückchen in der Toilette verschwand. Niemand würde ihn nun mehr finden. Ich kannte den Brief ja auswendig, daher war es kein wirklicher Verlust für mich. Ich dankte dem Herrn und versprach, daß ich, sollte ich jemals noch einmal einen zweiten Brief bekommen, ihn sofort vernichten würde, wenn ich ihn auswendig kannte.

Margaret achtete sorgfältig darauf, was sie für ihren Vater zubereitete. Wegen seiner Diabetes mußte sie sehr vorsichtig sein. Wir hatten einige Vorräte an Saccharin, das wir anstatt Zucker verwendeten. Eines Nachmittags gingen Dr. Jaffray, Margaret und ich die Straße hinunter so weit es uns erlaubt war. Als wir ins Haus zurückkamen, war Dr. Jaffray sehr erschöpft und ließ sich auf seinen Stuhl sinken. Er schlug vor, vor dem Abendessen noch eine Tasse Tee zu trinken. Margaret kochte Tee und stellte ihn auf ein kleines Tablett neben ihren Vater. Er nahm sich Milch, und statt des Saccharins nahm er die Zuckerdose und häufte sich drei Löffel voll Zucker in seinen Tee. Ich traute meinen Augen nicht, und Margaret war entsetzt. "Oh, Daddy", bat sie, "tu das doch nicht. Du weißt doch, daß du keinen Zucker essen darfst."

Er verstand ihren Gefühlsausbruch, hervorgerufen durch Liebe und die immer noch lebendige Erinnerung an den Tag, an dem er ins Koma gefallen war. Doch er beruhigte sie: "Muggie, ich bin geheilt. Ich brauche diesen Zucker, um zu Kräften zu kommen." Auch weiterhin nahm er Zucker, und wenn sie ihn bat, nicht so viel davon zu essen, tätschelte er ihre Hand und sagte: "Das ist in Ordnung, Muggie. Ich bin geheilt."

Nur wenige Tage später kam Lexje Kandou, der Sohn des Pastors von Makassar mit Lebensmitteln zu uns nach Benteng Tinggi. "Lexje", sagte ich, "meinst du, du könntest eine Urinprobe zu dem holländischen Arzt in Malino bringen? Dr. Jaffray ißt nun schon seit mehreren Tagen Zucker. Er glaubt, daß der Herr ihn geheilt hat, doch wir hätten gern die Bestätigung des Arztes. Aber auf keinen Fall wollen wir, daß du deswegen in Schwierigkeiten gerätst. Was meinst du?"

"Geben Sie mir die Probe, ich werde sie zum Arzt bringen, *Njonja*. Ich werde ein wenig Gemüse brauchen, damit die Japaner denken, ich wolle es auf dem Markt in Malino verkaufen." Wir gaben ihm, worum er gebeten hatte, dann befahlen wir ihn dem Schutz des Herrn an. Dies war ein gefährliches Unternehmen, doch er war ein sehr mutiger Teenager. Wenige Tage später brachte ein freundlicher Eingeborener einen Brief von dem holländischen Arzt, in dem er schrieb, er habe die Urinprobe untersucht und nicht eine Spur von Zucker gefunden. Dr. Jaffray sei tatsächlich geheilt worden.

"Siehst du, Muggie, der Herr hat mich geheilt. Ich wußte, daß er es getan hatte." Wir lobten und dankten dem Herrn. Er bereitete Dr. Jaffray vor für eine Zeit, in der es kein Saccharin und nur spärliche Zuckerrationen geben würde. Der Herr ist sehr gut zu denen, die ihr Vertrauen in ihn setzen.

Wir Missionare lernten uns sehr gut kennen, lebten wir doch auf so engem Raum zusammen. Trotz der Trennung von meinem Mann, der ganzen Schwierigkeiten und unseres Hausarrests war es eine Zeit der geistlichen Zurüstung für mich. Ich denke noch oft an das, was Dr. Jaffray über seine Kindheit, sein Zuhause, seine gläubige Mutter, seinen Vater, den er sehr bewunderte, seine Bibelschulzeit und die Jahre in Südchina erzählte.

Unser Garten gedieh prächtig, ebenso das Unkraut. Unkrautzupfen war unsere Morgenbeschäftigung,zusammen mit der Vorbereitung auf die Bibelschulstunden, die wir abhielten in Erwartung des Tages, wenn der Krieg zu Ende sein würde und wir wieder zu unserer Arbeit zurückkehren könnten. Dr. Jaffray diktierte Miss Lilian auf chinesisch Artikel für das *Bible Magazine*.

Mrs. Jaffray konnte wunderschön nähen. Das hatte sie während der Jahre in ihrem geliebten China gelernt. Sie flickte alles, was kaputtgegangen war. Die Nachmittage verbrachten wir mit Stricken, Sticken, Bibelstudium, Gebetsversammlungen und anderem. Abends quälten Margaret und ich uns bei Kerzenschein durch eine ungekürzte Ausgabe von Charles Dickens.

Eines Morgens hatte ich schon einige Stunden lang Unkraut gejätet. Als ich zum Mittagessen ins Haus gehen wollte, war mir schwindelig, und ich fühlte mich krank. Zwar hatte ich einen Hut getragen, doch die Sonne brannte außergewöhnlich heiß. Ich mußte mich hinlegen. Als ich Fieber bekam, holte Margaret Ruth, die mit der Ausrüstung einer gut ausgebildeten Krankenschwester zurückkam. Mein Fieber war sehr hoch. Auf einmal erkannte ich Ruth und Margaret an meinem Bett, andere an der Tür und Dr. Jaffray, der am Fuß meines Bettes stand. Er begann zu beten. Von seinem Gebet ist mir nur noch in Erinnerung geblieben, daß er sagte: "Herr, du weißt, wie schrecklich es für uns alle ist, wenn die Soldaten herkommen. Halte sie von uns fern, während Darlene krank ist. Laß sie während dieser Zeit nicht auf das Anwesen kommen."

Nachmittags war mein Fieber besonders hoch, und ich durfte nicht aufstehen. Mir war auch nicht nach Widersprechen zumute. Was war nur mit mir an jenem heißen Morgen im Garten passiert? Hatte ich einen Sonnenstich? Durch Lexje benachrichtigten sie den Arzt in Malino. Wie zuvor tarnte Lexje sein Vorhaben durch Gemüse, das er in Malino verkaufen wollte, als Entschuldigung dafür, daß er sich auf der Straße befand. (Lexje brachte auch immer alle Neuigkeiten von uns Missionaren zu unseren Freunden in Makassar.) Durch Lexje ließ der Arzt ausrichten, ich solle im Bett bleiben. Er hielt meine Krankheit für einen Malariaanfall, obwohl er keinen Bluttest vornahm.

Sechs Wochen mußte ich das Bett hüten, bis ich fieberfrei war. An dem ersten Tag, als ich wieder aufstand und mich anzog, kamen die Japaner. Auf wundervolle Weise hatte Gott Dr. Jaffrays Gebet erhört.

Durch Lexje bekamen wir auch eine beunruhigende Nachricht. Unsere Freunde, die das Gefängnis regelmäßig im Auge behielten, hatten mitbekommen, wie Ernie Presswood zu einem Hospitalschiff gebracht worden war, das im Hafen vor Anker lag. Sollte er wegen einer Krankheit behandelt werden, oder mußte er gar operiert werden? Sollte er fortgebracht werden? Arme Ruth, dies war eine sehr schwierige Zeit für sie, doch endlich erfuhren wir Genaueres: er litt unter einem sehr schweren Ruhranfall und war zur Behandlung auf das Schiff gebracht worden. Und schließlich bekamen wir die Nachricht, daß er sich wieder bei Russell in den Polizeibaracken befinde. Kurze Zeit darauf erfuhren wir, daß die Zivilisten wirklich nach Pare Pare verlegt werden sollten.

Als ob sie die verlorene Zeit aufholen wollten, machten japanische Offiziere auf dem Weg nach Malino, wo sie Frauen und manchmal auch Kinder hinbrachten, regelmäßig in Benteng Tinggi Halt. Die meisten Frauen waren sehr nervös und ängstlich. Einige kamen aus Ländern, die zu den Achsenmächten gehörten. Obwohl man ihnen gestattet hatte, in ihren Häusern zu bleiben, hatten sie doch nur begrenzte Bewegungsfreiheit. Die meisten deutschen Frauen wurden sofort mit ihren holländischen Ehemännern und Freunden identifiziert. Ihre Sympathien lagen nicht bei den Japanern. Auf Seiten vieler Holländer herrschte ein gewisses Mißtrauen den Deutschen gegenüber, die sofort ihre große Hakenkreuzfahne entfaltet hatten und unter ihrem Schutz saßen, während die holländischen Frauen und Kinder auf die überfüllten und unhygienischen und unbequemen Gefängnisse von Makassar und Malino verteilt waren.

Offensichtlich wurden nun alle Frauen und Kinder in einem Gebiet zusammengefaßt. Einmal konnten wir hören, wie eine Frau mit einem Japaner stritt, bevor sie ausstieg. Ganz entschieden weigerte sie sich, in unser Haus zu kommen, doch der Offizier blieb hart. Wir konnten sehen, daß sie geweint hatte.

"Es gibt keinen Grund, warum ich Makassar verlassen sollte. Ich wollte dort bleiben, doch sie haben mich nicht gelassen!" Tränen der Wut und der Enttäuschung rannen über ihre Wangen.

Diam! "Halt den Mund!" Der Befehl des japanischen Offiziers zeigte keine große Wirkung, denn noch bevor sie zur Tür heraus waren, flehte sie die anderen Offiziere schon wieder an, sie nach Makassar zurückzubringen. Ich fragte mich, was Makassar für sie wohl so anziehend machte. Vielleicht war ein ihr lieber Mensch dort im Gefängnis, in dessen Nähe sie bleiben wollte?

Später begegnete ich ihr noch einmal. Sie hatte sich mit dem Feind verbrüdert. Doch zuvor sollten noch viele traumatische Ereignisse und große Veränderungen vonstatten gehen.

Nur wenige Tage später las ich den Vers: "... Eure Greise werden Träume haben, eure jungen Männer werden Gesichte sehen" (Joel 3,1). Ich schloß das Buch Joel und erhob mich von meinen Knien. Als ich in den Flur kam, sah ich vor mir die teilweise Erfüllung dieser Prophezeiung. Dort saß der Greis und träumte seinen Traum. Seine Augen waren geschlossen, doch ich wußte, daß er nicht schlief. Eine Hand ruhte auf einem offenen Atlas, die andere auf der Lehne des Stuhles, der schon seinem Vater gehört hatte. Ich wußte, daß er und sein Herr im Glauben die große Kette der Inseln entlanggingen, die als Niederländisch-Ostindien bekannt waren.

Dr. Jaffray spürte meine Anwesenheit, schaute auf und lächelte mich an - das Lächeln eines Menschen, der Gemeinschaft mit seinem Herrn gehabt hatte. Ich war sicher, daß der Herr in alle Vorschläge von Dr. Jaffray, wie die Verlorenen zu erreichen seien, eingewilligt hatte, denn dies war ja auch Gottes großes Anliegen. Wie oft hatte ich gehört, daß Dr. Jaffray den Herrn an den Vers erinnerte: "Wollt ihr mich <etwa> wegen meiner Kinder fragen und über das Werk meiner Hände mir Befehl geben" (Jesaja 45,11).

Ich schaute auf den mir so vertrauten Atlas. Hatten wir nicht auf diesen Seiten den schnellen Vormarsch der Japaner verfolgt? Welche anderen Orte waren unter ihre Herrschaft gelangt seit jenem schicksalhaften Tag, an dem auch die Insel Celebes überrannt worden war? Auch er beschäftigte sich mit dem Krieg, aber nicht mit demselben

Krieg, um den sich meine Gedanken drehten. Ich kniete mich neben seinen Stuhl und hörte seinem Traum zu.

"Lassie, das ist unsere Aufgabe. Dieses sind die Gebiete, in die wir vordringen müssen, wenn dieser Krieg vorbei ist." Wenn dieser Krieg vorüber war? Er fing doch gerade erst an. Wieviel Furcht und Sorge, Trennung und Schmerz würden wir noch ertragen müssen, bis er vorbei war? Auf einmal sah ich Dr. Jaffray, wie ich ihn noch nie zuvor gesehen hatte - alt genug, um Träume zu haben, jung genug, um Gesichter zu sehen. Für Dr. Jaffray war unsere gegenwärtige Situation nur ein vorübergehendes Ereignis, das Gottes Plan, die Unerreichten zu erreichen, nicht im mindesten beeinträchtigte. Niemals würde es den Traum des alten Mannes stören.

Mit fester Hand und der Stimme eines Menschen, der sich seines Sieges bewußt ist, zeigte er auf der Karte die Stationen unseres künftigen Feldzuges auf: Die Natuna und Anambas Inseln; Sumatra - wir würden jene Kessel des satanischen Widerstandes in den mittleren und südlichen Distrikten aufspüren und ausrotten; die endgültige Befreiung der Punans im Hinterland von Borneo; Bali, das sich fest in der Hand des Feindes befand, würde befreit werden, seine eisernen Tore durch Gebet und Glauben aufgestoßen werden. Er hielt inne, um unserem Herrn Lob und Preis zu bringen für die geistlichen Schlachten, die auf den kleineren Inseln schon ausgefochten und gewonnen worden waren, dann ging er weiter nach Misool, der Insel der Dämonen, dem Kopf des Vogels von Neuguinea, den Wisselseen, den Flußtälern des Zwart und Memberamo am Fuß des Carstensz Gebirgszuges - und schließlich blieb sein Finger auf dem Großen Tal des Baliem liegen.

"Dies, Lassie, ist unsere Aufgabe. Hör nur - hörst du es? - dieses Geräusch auf der Spitze der Maulbeerbäume. Das ist der Lärm der marschierenden Armee von jungen Männern und Frauen, die Gott vorbereitet auf den Tag der geistlichen Schlacht und der Einnahme dieser Gebiete."

Ich erkannte, wie wenig ich von dem hatte, was einen wirklichen Missionar ausmachte; von dem Glauben, der niemals auch nur eine Spur von Zweifel hegte am Versprechen Gottes, wie unmöglich die Erfüllung dieses Versprechens auch erscheinen mochte; von dem Vertrauen in den unveränderlichen Einen, der in einer veränderlichen Welt Ruhe und Frieden ins Herz schenkte; von der brennenden Liebe, der nicht das eigene Leben am Herz liegt, sondern Gott zur Verfügung steht; und von der Vision, die sich niemals verwischt. Waren dies nicht die Eigenschaften, die die Pioniere im Laufe der Jahrhunderte charakterisiert hatten? Waren dies nicht die Elemente, die jenen Missionsfeldzug von Niederländisch-Ostindien 1929 ins Leben gerufen hatten, in jenem Jahr der großen Depression, als überall nur Kürzungen und Einschränkungen stattfanden? Waren dies nicht auch die Eigenschaften all der gläubigen Männer und Frauen in der Heimat, die einen Gott kannten, dessen Vorräte nicht abhängig waren von der wirtschaftlichen Weltsituation?

Hier neben mir saß ein Mann, der das Land ausgekundschaftet hatte und mit der ersten Welle von Truppen in Makassar an Land gegangen war, um das Land für Gott zu gewinnen. Wieder einmal gab es Leid und Not in der Welt, doch diese dunklen Tage des Krieges waren für Dr. Robert Alexander Jaffray, den großen Missionsgeneral, nur Tage des Rückzugs, in denen die Strategie für größere Eroberungen erarbeitet wurde.

Ich ließ meinen Kopf auf die Armlehne sinken und weinte. An jenem Nachmittag erneuerte ich mein Versprechen an Gott, daß ich ihm zur Verfügung stehen und keine Aufgabe als zu gering und zu gemein abtun wollte, wenn sie zur Erfüllung dieses Traumes beitragen würde. An jenem Nachmittag hatte auch ich eine Vision von der noch unerfüllten Aufgabe.

Kapitel 4

Offensichtlich sollten alle Frauen und Kinder nach Malino verlegt werden. Da wir wußten, daß auch wir jederzeit abgeholt werden konnten, packten wir Kisten mit Bettwäsche und anderen wichtigen Haushaltsgegenständen und ließen sie an unserer Eingangstür stehen. Wir brauchten dann nur noch unsere persönlichen Gegenstände einzupakken und wären abmarschbereit. Mittlerweile hatten wir gelernt, daß die japanischen Soldaten sehr ungeduldig waren. Wenn sie sagten *Pigi* "Geht!" war man besser bereit zu gehen!

Ganz richtig hatten wir die Schrift an der Wand erkannt. Die Japaner waren erst zufrieden, als wir unter ständiger Überwachung standen. Im Dezember 1942 kamen Armeeoffiziere mit einem Lastwagen. Ohne einen Gruß gingen sie durch unser Haus, schlugen mit ihren Stöcken gegen dies und jenes und gaben Kommentare auf japanisch ab. Der befehlshabende Offizier ließ sich auf Dr. Jaffrays Stuhl fallen, machte eine abwertende Handbewegung und verkündete: "Ihr lebt hier viel zu luxuriös. Wir werden euch internieren."

Ich schaute mir die blanken Wände an, die einfachen Einrichtungsgegenstände, dachte an unseren Überlebenskampf - daß wir noch nicht verhungert waren, hatten wir absolut nicht ihnen zu verdanken, denn bisher hatten wir von ihnen noch nicht ein Reiskorn oder irgendwelche Lebensmittelrationen bekommen. Luxus? Wir lebten viel zu "luxuriös"? Wir gingen in unsere Schlafzimmer, um unser persönliches Gepäck zusammenzupacken. Ich legte meine Bibel, mein Tagebuch und mein Gesangbuch in Russells Aktenmappe, dann packte ich noch meinen Morgenmantel und so viele Kleider und Wäschestücke wie möglich hinein. Unser Heimaturlaub war seit vier Monaten überfällig und meine Kleider schon recht zerschlissen mit Ausnahme von einem grün-weiß gemusterten Baumwollkleid. Der Rock war tellerförmig. Ein Jahr zuvor hatten Freunde aus Boone, Iowa, mir dieses Kleid als Geburtstagsgeschenk geschickt. Es hatte mir so gut gefallen, daß ich es mir für die Heimreise in die Vereinigten Staaten zu unserem Heimaturlaub aufgehoben hatte.

Margaret und ich luden die Kisten und unser Gepäck auf den Lastwagen, halfen Dr. und Mrs. Jaffray und den anderen Damen auf dic Ladefläche und kletterten dann selbst hinauf. Wir mußten uns sehr festhalten, sonst wären wir beim Anfahren, Abbremsen oder Schalten hinausgefallen. Am späten Nachmittag erreichten wir Malino. Auf dem Marktplatz hielt der Wagen an, und man befahl uns, auszusteigen. Als wir unser Gepäck ausluden, deutete der befehlshabende Offizier auf ein kleines Haus auf der anderen Seite des Tales von Malino. Durch die Bäume war es gerade noch zu sehen. Dann sagte er: "Diese Männer werden Ihr Gepäck tragen", und mit seinem Stock suchte er einige Eingeborenen heraus, die sich versammelt hatten, um die Vorgänge zu beobachten. Damit verschwand er. Ich war erstaunt und dankbar, daß man uns gestattete, die Hilfe von Eingeborenen in Anspruch zu nehmen, doch ich fragte mich auch, ob wir in der Lage sein würden, mit ihnen umzugehen - alle achtzehn Männer waren Boegis, ein diebisches und gieriges Volk. Meine Nackenhaare sträubten sich, doch es ist schon erstaunlich, womit man sich in einem Notfall abfinden kann. Und dies war ein Notfall. Um überleben zu können, brauchten wir jede Kiste, jedes Paket und jede Tasche.

Ich schlug vor, Dr. Jaffray solle mit den anderen vorausgehen, da es bald dunkel werden würde. Jeder trug seine eigene kleine Tasche mit den persönlichen Habseligkeiten. Wenn es nicht so schrecklich gewesen wäre, hätte man direkt lachen können. Dr. Jaffray führte die kleine Gesellschaft an, er trug seine schwarze Aktentasche mit dem Eau de Cologne in seiner linken, seinen Stock in seiner rechten Hand. Ihm folgte Mrs. Jaffray, sie trug ein schwarzes mit weißem Satin abgesetztes Samtcape - für das sie dem Herrn jedesmal dankte, wenn sie es anzog. Mit ihrem weißen Haar sah sie sehr würdig aus, als sie auf den Weg trat, in ihren Armen eine silberne Suppenterrine, die früher Dr. Jaffrays Lieblingstante gehört hatte. Hinter ihr kamen die anderen, Miss Seely bildete das Schlußlicht.

Ruth und ich, als die Jüngsten, erklärten uns freiwillig bereit, den Trägern und dem Rest des Gepäcks zu folgen. Auf keinen Fall wollte ich die Boegis spüren lassen, wieviel Angst ich hatte. Wir überprüften das Gepäck, ließen sie sich hintereinander aufstellen und gaben ihnen Anweisung, hinter Ruth herzugehen. Ich ging als letzte. Ich hatte mit Ruth abgemacht, daß wir, sobald wir den Dschungel erreichten, wo es ziemlich dunkel wäre, anfangen würden, sie zu umkreisen. Ich gab Ruth ein Zeichen und ging *Satu! Dua! Tiga! Empat!* zählend nach vorne, während Ruth dasselbe tat und nach hinten kam. Als ich den ersten Träger erreichte, rief ich: *Delapan belas!* - "Achtzehn!" Sobald ich Ruth "Achtzehn!" rufen hörte, marschierte ich auf der anderen Seite zurück und zählte wieder die Männer, und Ruth kam nach vorne. Wir taten das solange, bis wir auf der anderen Seite des Tales den Dschungel durchquert hatten. Als wir bei dem kleinen Haus ankamen, das der Offizier uns gezeigt hatte, warteten die anderen bereits auf uns. Sie hatten eine kleine Kerosinlampe angezündet. Ich befahl den Trägern, sich eine Weile zu setzen, während ich jedes Gepäckstück untersuchte, um sicher zu sein, daß nichts gestohlen worden war. Dann brachten wir die Kisten und Pakete ins Haus. Sobald sich das letzte Stück sicher im Innern des Hauses befand, sagte ich den Trägern, sie sollten nach Malino zurückkehren und sich bei dem japanischen Offizier melden. Erst als sie alle im Dunkeln verschwunden war, ging ich hinein.

Nach meiner Begegnung mit den Boegis-Räubern in Benteng Tinggi hatte ich einen gesunden Respekt vor den Boegis und ihren Macheten. Diese Männer waren alle bewaffnet gewesen. Aber Gott hatte uns beschützt. Wenn ich an unseren Marsch durch dieses dunkle Dschungelstück dachte und daran, wie leicht die Träger uns hätten töten und alles Gepäck stehlen können, war ich überwältigt. Ich begann zu würgen. Mrs. Jaffray erkannte, daß ich es nicht mehr bis zur Tür schaffen würde, darum nahm sie den nächsten Behälter, der in Griffnähe stand, ihre wunderschöne Suppenterrine, und hielt ihn mir unters Kinn. Angesichts dieser komischen Situation brachen wir alle in Gelächter aus, und die Spannung wich.

Wir beschlossen, schlafen zu gehen. Am nächsten Morgen würden wir unsere Sachen verstauen. In dieser und den folgenden Nächten schlief ich auf dem Tisch, bis ich mir eine Schlafkoje bauen konnte.

Unsere Hütte war sehr klein - zwei winzige Räume, ein schmaler Flur und eine kleine Zelle als Badezimmer. Kochen mußten wir über einem offenen Holzfeuer an der Ostseite der Hütte. Ruth und ich schliefen auf Kojen in dem Raum, der uns als Eßzimmer, Wohnzimmer, Arbeitszimmer und nachts als Schlafzimmer diente. Dr. Jaffray schlief auf einer schmalen Koje im Flur, und die anderen in rohgezimmerten Holzbetten in dem zweiten Raum. Es war alles schrecklich überfüllt. Vielleicht hatten wir in Benteng Tinggi tatsächlich in "viel zu großem Luxus" gelebt?

Sieben sehr selbständige Frauen und ein Mann, der es gewohnt war, andere zu führen, zusammen in einem winzigen Quartier, wie kann das gutgehen? Wenn Gott die Mitte ist, dann entsteht daraus die äußerst seltene, aber wunderschöne Gemeinschaft der Heiligen.

Wir erstellten einen Arbeitsplan. Feuerholz mußte aus dem nahen Dschungel geholt werden, Wasser zum Kochen und Waschen von dem Fluß in der Nähe und Eßbares gesammelt werden. Jeder war verantwortlich für sein Bett. Jedes Teil bekam seinen Platz und mußte auch immer wieder dorthin zurückgelegt werden. Abwechselnd fegten und wischten wir die Böden und das Bad.

In Malino fanden wir eine Art wilde Hirse, die wir "Vogelsamen" nannten, weil wir immer sangen, wenn wir sie kochten. Was immer es war, wir freuten uns über unseren Fund, denn je mehr Wasser wir zufügten und je länger wir sie kochten, desto mehr wurde es. Unsere Mägen waren gefüllt. Bei vielen Gelegenheiten stand ich am Feuer und rührte abwechselnd mit Ruth in diesem großen Topf mit "Vogelsamen". Wir unterhielten uns darüber, wie es Ernie und Russell wohl in Pare Pare erging, in welchen Lebensumständen sie sich befanden und wie das Essen wohl war. Zwischendurch sangen wir alle Lieder, die wir kannten.

Da wir kein Kerosin für die Lampen und keine Kerzen mehr hatten, machten wir uns Fackeln aus der Seide des Schwalbenwurzgewächses und zerkleinerten Kemiri-Nüsse. Diese Fackeln rauchten fürchterlich, doch so hatten wir wenigstens Licht zum Arbeiten und Lesen.

Eines Tages beim Holzsammeln stieß Miss Seely sich ein großes Holzstück tief in den Fuß. Es war sehr schwer, es wieder herauszuziehen, und der Fuß entzündete sich und schwoll zu seiner dreifachen Größe an. Wir befürchteten, sie könnte eine Blutvergiftung bekommen und beobachteten einen schrecklichen roten Streifen auf der Haut. Das bedeutete Gefahr, doch Miss Seely war vollkommen ruhig. Nachdem sie ihren Fuß gebadet hatte, bedeckte sie ihn mit einem sauberen Taschentuch, um die Fliegen fernzuhalten. Auf unsere Fragen antwortete sie: "Ich vertraue dem Herrn. Er wird den Fuß heilen." Mit vollkommenem Vertrauen tat sie diese Äußerung jeden Tag, und nach einigen Tagen schwoll ihr Fuß tatsächlich wieder ab.

Nach kurzer Zeit kamen Soldaten, um uns zu überprüfen. Sehr sorgfältig durchsuchten sie das Haus. Jedes Teil nahmen sie in die Hand, alles wurde hochgehoben oder geschüttelt. Als sie sich Dr. Jaffrays Bett zuwandten, drehte ich mich um, damit mein Gesicht nicht meine Aufregung verriet. Niemand rührte sich, bis das dumpfe Poltern ihrer Stiefel verklungen war.

"Ihre Taschenlampe, Dr. Jaffray?"

"Hier ist sie. Sie haben meine Matratze hochgehoben und meine Decke ausgeschüttelt, aber mein Kopfkissen haben sie nicht angerührt." Weder die Taschenlampe noch die Uhr waren gefunden worden. Gott war eben größer als die Menschen, auch größer als japanische Soldaten. Nie wieder fragte ich nach der Uhr und der Taschenlampe.

Wir wunderten uns, warum die Japaner uns von Benteng Tinggi hierher verlegt hatten. Zwar wohnten wir nun näher an Malino, waren aber doch immer noch zu weit von ihnen entfernt, um unter genauster Beobachtung zu stehen. Vielleicht hatte die Armee vor, Benteng Tinggi als Erholungszentrum oder für einen anderen militärischen Zweck zu nutzen.

Wir erinnerten uns, daß wir von Benteng Tinggi aus einige dieser Häuser mit dem Fernglas hatten sehen können, also müßte bei klarer Sicht auch von hier aus Benteng Tinggi zu sehen sein.

Uns war nicht verboten worden hinzugehen, wo immer wir wollten, doch bisher hatten wir keinen Gebrauch davon gemacht, weil wir eine zweite Begegnung mit den Boegis fürchteten. Doch eines Nachmittags gingen Dr. Jaffray, Margaret und ich ein Stück, um herauszufinden, ob man Benteng Tinggi von hier aus wirklich sehen konnte. Es herrschte reges Treiben auf dem Anwesen, also wurde es von den Japanern benutzt. Auf jeden Fall war das besser, als wenn es von marodierenden Boegis heimgesucht worden wäre.

Da es uns nicht klug erschien, zu lange von der Hütte fort zu sein, drehten wir uns um und sahen uns auf einmal einem Chinesen gegenüber, der genauso verwirrt war, uns zu sehen, wie wir, ihn zu sehen. Er begrüßte uns herzlich und verschwand auf dem Weg, den er gerade gekommen war. Mein Instinkt sagte mir, daß ich ihm noch einmal begegnen würde.

Kapitel 5

Im Mai 1943, fünf Monate nach unserer Verlegung von Benteng Tinggi, traf Miss Seely auf dem Eingeborenenmarkt in Malino einen unserer Freunde aus Makassar. Er teilte ihr mit, daß Ernie und Russell nicht mehr in Makassar seien; das wußten wir ja bereits. Niemand hatte seit der Verlegung des Männerlagers nach Pare Pare etwas Genaueres über unsere Ehemänner erfahren können.

Als ich eines Tages an der Feuerstelle stand, hörte ich Soldaten herankommen. So schnell ich konnte hastete ich zum nächsten Fenster und rief: "Soldaten! Sie kommen in unsere Richtung!" Ich tat sehr überrascht, als sie vor mir standen und gehorchte einem Soldaten, der mir bedeutete, ins Haus zu gehen. Einer, dessen Indonesisch nicht ganz so schlecht war, gab uns die Anweisung zu packen. Dieses Mal würden wir keine Träger haben, wir konnten also nicht alles mitnehmen. Die Soldaten gingen zum nächsten Haus weiter und befahlen auch dessen Bewohnern, ihre Sachen zusammenzupacken. Wir rannten zur Kochstelle, löschten das Feuer, hasteten zurück ins Haus, um zu packen. Ich zog alle meine Wäsche und meine vier Kleider übereinander an und schaffte so Platz für andere Sachen in der Aktentasche.

Kurz vor Sonnenuntergang kamen wir in Malino an. Uns wurde befohlen, zur Kirche zu gehen, wo wir die Nacht verbringen würden. Die Kirche war bereits zum Bersten voll mit Menschen und deren Gepäck. Wir fanden eine Kirchenbank für Dr. Jaffray und seine Frau. Es war ein hartes Bett, aber sie konnten sich wenigstens nach dem langen, ermüdenden Marsch des Nachmittags ausstrecken. Wir anderen versuchten, es uns auf einer Bank oder dem Fußboden so bequem wie möglich zu machen. Wir blieben dicht zusammen, damit wir nicht getrennt würden, wenn die Soldaten begannen, die Lastwagen zu beladen. Die ganze Nacht über konnten wir die Lastwagen des Feindes ankommen hören.

Wir alle bekamen nur wenig Schlaf. Kleine Kinder klammerten sich an ihre Mütter und jammerten. Furcht ist ansteckend - erst jetzt verstand ich, warum der Herr die Heerführer im fünften Buch Mose anwies, die furchtsamen Soldaten nach Hause zu schicken, damit die anderen nicht auch Angst bekamen. Die Kinder spürten die Angst ihrer Mütter und weinten über das, was sie nicht verstanden, während ihre Mütter über das weinten, was sie sehr wohl verstanden, - daß unser Leben nämlich nur noch an einem dünnen Faden hing. Wir waren der Gnade unberechenbarer Männer ausgeliefert.

Einige der Frauen ließen die Gräber ihrer Lieben zurück. Sie klammerten sich an ihre kleinen Bündel und wiegten sich mit tränennassen Wangen und geschlossenen Augen hin und her. Sie waren stumm vor Schmerz, der noch zu frisch war, um laut herausgeschrien zu werden.

"Mein Herr, hörst du nicht das Schreien der Kinder? Wer wird sie verteidigen? Erhebe dich und räche uns an unserem Feind." Es war eine sehr traurige Nacht. Wir trauerten um das, was gewesen war, was nicht mehr war, nie mehr sein würde. Das Weinen hörte die ganze Nacht über nicht auf. Ihr folgte ein Morgen, von dem alle Freude gewichen war. Mein Kopf ruhte auf meiner Aktentasche. Ich schaute in die Gesichter um mich herum. Das erste Licht der Dämmerung fiel bereits durch die Fenster. Niemals während der ganzen Zeit unserer Internierung hatte die Zukunft dunkler vor uns gelegen. Russell und ich waren nun schon seit mehr als einem Jahr getrennt, mehr als sechs Monate lang hatte ich schon keine Nachricht mehr von ihm erhalten. Jede Verlegung vergrößerte den Abstand zwischen uns. Wohin? Wenn wir nicht nach Makassar gebracht wurden, wo - außer in Malino - wäre Platz für mehr als tausend Frauen und Kinder? Ich stieß Ruth an und schlug vor, daß einige von uns in den provisorischen Waschraum gehen sollten, während die anderen das Gepäck bewachten. Dr. Jaffray, der Frühaufsteher, war bereits wach. Wir überprüften unser Gepäck und stellten es zusammen, damit nichts zurückblieb, dann teilten wir die persönlichen Habseligkeiten der Jaffrays unter uns auf. Das Frühstück bestand aus einem kleinen Stück Brot.

Ein Lastwagen wurde gestartet. Das Geräusch des Motors schreckte die Kinder auf. Die Leute begannen herumzugehen. Kinder verloren ihre Mütter. Wenn sie erkannten, daß sie allein waren, schrien sie: *Moeder! Moeder!* "Mutter!" Es war ein Höllenlärm. Andere Fahrer begannen, die Motoren ihrer Lastwagen warmlaufen zu lassen. Der Lärm des menschlichen Elends ging darin unter. Beim Verladen wurde keinerlei Rücksicht auf die Älteren, Kranken oder Mütter mit Kindern genommen. Diejenigen, die in Malino gewesen waren, entdeckten besorgt, daß einer der Offiziere der frühere Inhaber von Kanekos Gemischtwarenladen war. Er tauchte als Hauptmann in der Armee wieder auf und ließ eine gute Anzahl an Schlägen auf die Frauen niedergehen, von denen er sich während seiner Verkleidung als Ladenbesitzer schlecht behandelt gefühlt hatte.

Ein aufgepflanztes Bajonett und unsere früheren Begegnungen mit unseren Bewachern besaßen große Überzeugungskraft. Die Lastwagen wurden beladen. Wir beteten inständig darum, daß keiner von der Ladefläche herunterfiel, da sie nicht mit einer Klappe gesichert war. Wir, die wir uns an einer Stange festhalten konnten, gestatteten den anderen in der Mitte der Ladefläche, sich an uns festzuhalten. Unsere Taschen stellten wir zwischen unsere Füße. Ohne Rücksicht auf ihre menschliche Fracht rasten die Fahrer um die Kurven. Wenn sie auf die Bremsen traten, fielen wir alle durcheinander. Das abrupte Anfahren war das schlimmste. Wir hatten Angst, ein Kind oder eine ältere Frau könnte herausgeschleudert werden.

Auch die Sonne hatte kein Erbarmen mit uns. Die Hitze wurde unerträglich, als wir uns der Küste näherten, und wir alle standen in der Gefahr, einen Sonnenstich zu bekommen. Ich war wie erschlagen, und mir war schrecklich heiß, hatte ich doch meine vier Kleider und einige Schichten Unterwäsche an.

Die Gegend kam uns nun bekannt vor. Wir bogen von der Hauptstraße ab und fuhren an den *sawahs*, den überfluteten Reisfeldern entlang. Auf der rechten Seite sahen wir einen großen Graben, hinter dem ein mit Stacheldrahtzaun umgebenes Gelände lag.

"Das ist es also - Kampili, das Tuberkulose-Sanatorium der Eingeborenen." Alle nickten, sie waren zu erschöpft, um zu sprechen. Der Fahrer überquerte den Graben und hielt innerhalb des mit Stacheldraht eingezäunten Gebiets abrupt an. Die vorne an der Ladefläche Sitzenden sprangen ab und halfen den anderen herunter. Mir ging es, wie es in dem Spiritual heißt: "Manchmal fühle ich mich wie ein mutterloses Kind - weit fort von Zuhause!" In Iowa sah es ganz anders aus als hier. Es gab keine Vegetation, nur wenige, zum Teil noch unvollendete Gebäude standen auf dem roten Lehmboden. Sie ähnelten den Häusern der Dyaks, waren allerdings nicht auf Pfählen gebaut. Auf der rechten Seite befanden sich die Zementhäuser des Sanatoriums.

Wir wurden zur hintersten der sechs Baracken getrieben. Die ersten vier Gebäude waren schon fertiggestellt, die Baracken 5 und 6 näherten sich ihrer Vollendung. Ein junger Chinese überwachte die Arbeit einer Schar von Zimmerleuten. Ich sah, wie er mit einer holländischen Frau sprach, die sich umdrehte und auf mich zeigte. Ich mußte schlucken. Diesen Mann hatte ich noch nie zuvor gesehen. Während er genau auf mich zuhielt, sprach er hier und da mit den Arbeitern. Er drehte sich noch einmal um und überzeugte sich davon, daß keine Japaner in der Nähe waren. Mutig drückte er mir einen

Brief in die Hand und sagte, er sei von meiner Freundin Wiesje, und ob wir irgend etwas brauchten?

Ich zerknüllte den Brief in meiner Hand, und während ich mich umdrehte, um nach Margaret Jaffray Ausschau zu halten, damit es nicht den Anschein hatte, als unterhielten wir uns, dankte ich dem Chinesen, bat ihn aber inständig, nicht zu riskieren, einen weiteren Brief zu überbringen. Für beide war es viel zu gefährlich.

"Komm, Margaret, wir wollen uns einen Ort suchen, wo ich diese Kleider ausziehen kann, sonst sterbe ich noch vor Hitze und Erschöpfung. Hast du jemals einen trostloseren Ort gesehen?" Wir fanden ein Gebäude mit Toiletten am Ende der Baracken. Margaret hielt Wache, da es keine Türen gab und überall Arbeiter herumliefen. Schnell zog ich meine Kleider aus, dann die überflüssige Wäsche. Das war eine willkommene Erleichterung.

Dann lasen Margaret und ich Wiesjes Brief. Sie schrieb, sie und ihre Familie mache sich Sorgen um uns, und falls wir etwas brauchten, sollten wir uns an Suii wenden, er sei ein guter Freund, und wir könnten ihm vertrauen. Ich wußte das sehr zu schätzen, doch wir hatten nicht die geringste Absicht, ihr Leben in Gefahr zu bringen. Ich stopfte den Brief in meine Kleider, und wir kehrten zum Rest der Gruppe zurück. Wenn die anderen den Brief gelesen hatten, würde ich ihn auf dem schnellsten Weg verbrennen.

Wir erfuhren, daß die Leute von Ambon und den nahegelegenen Inseln nach Kampili gebracht worden waren, nachdem ihr Lager in Ambon von den Alliierten bombardiert worden war. Viele waren bei dem Angriff verletzt oder getötet worden. Die Überlebenden wurden in den Betonhäusern untergebracht, die zu dem früheren Tuberkulosesanatorium gehört hatten. Auch Dr. Jaffray wies man eines jener Häuser zu. Dort sollte er zusammen mit den anderen Männern und den Jungen über sechzehn untergebracht werden.

Sobald die Lastwagen mit den Bauarbeitern nach Makassar abgefahren waren, sagte man uns, wir sollten uns in Baracke 6 einen Schlafplatz suchen. Zuerst untersuchten wir unsere Baracke. Die Wände bestanden aus geflochtenen Bambusmatten, der Fußboden aus bloßem Lehm. Ihr Dach war grasgedeckt. An beiden Seiten der Wände standen zweistöckige Schlafkojen. Zwischen der Wand und dem Dach befand sich eine Öffnung, die etwas Licht und frische Luft hindurchließ. Welche menschlichen Tragödien sich hier in Kampili abspielen würden, war eine Frage, die nur die Zeit allein würde beantworten können. Da wir wußten, daß dies noch nicht unsere endgültige Bleibe war, machten wir keinen Versuch, uns einzurichten.

Die Küche des Sanatoriums war erweitert worden, damit für das gesamte Lager gekocht werden konnte. Wir hatten einige fähige Köche, die gut mit Gewürzen umzugehen verstanden und aus allem eine schmackhafte Mahlzeit bereiten konnten.

Nachdem alle zwölf Baracken fertiggestellt waren, erging der Befehl, alle Nicht-Holländer sollten in Baracke 8 einziehen. Da wir nun zum ersten Mal zusammen waren, stellten wir fest, daß wir aus siebenundfünfzig verschiedenen Ländern kamen. Wir tauften unsere Baracke die Heinz-Baracke.

Jede Baracke wählte eine Vertreterin, die sie bei Mrs. Joustra zu vertreten hatte. Mrs. Joustra war das holländische Oberhaupt des Lagers, unsere einzige Verbindung zum Lagerkommandanten. Ich weiß nicht, warum man gerade mich zur Barackensprecherin wählte, vielleicht wegen meiner Sprachkenntnisse. Mit den Japanern sprachen wir nur indonesisch, untereinander englisch, holländisch und indonesisch. All diese Sprachen konnte ich einigermaßen flüssig sprechen. Zum englischsprechenden Block gehörten Frauen aus Kanada, England, Schottland, Irland, Deutschland, Armenien, Israel, der Tschechoslowakei und Rußland. Im holländischsprechenden Block hatten wir zahlreiche Eurasier und eine Deutsche. Drei chinesische Familien, eine Menadonesin, eine Frau aus Makassar, die mit einem Holländer verheiratet war, und eine jüdisch-orthodoxe Familie sprachen miteinander indonesisch, weil niemand sonst ihre Muttersprache beherrschte.

Jeden Abend machte der Lagerkommandant seine Inspektionsrunde. Um sieben Uhr wurde eine Glocke geläutet. Die Barackensprecherin stand an der Tür und rief: "Achtung", "Grüßen", "Rührt euch!" Wir verbeugten uns und grüßten den Kommandanten einstimmig mit: "Guten Abend, Sir." Er gab einen Gruß zurück. Wir versuchten, alle anwesend zu sein, denn wir wußten nie, wann er hereinkommen und jedes Bett überprüfen würde. Die Bestrafung war jedesmal viel schlimmer als das Vergehen.

Nach dem Abendappell begaben wir uns zum vorderen Teil der Baracken. Dort wurden Ankündigungen gemacht, und dort konnten wir uns auch über die Arbeitseinteilung für den folgenden Tag informieren. An dem ersten Abend in unserer Baracke führte ich ein Ritual ein, das meines Erachtens viel zu dem guten Geist in unserer kleinen Gemeinschaft beigetragen hat. An jenem und allen darauffolgenden

Abenden luden wir alle ein, mit uns zusammen ein Wort aus der Bibel zu hören und zu beten. Wir waren vereint in der Erkenntnis, daß wir Hilfe von dem Einen brauchten, der größer ist als wir. Wir alle standen einem Feind von außen gegenüber, und wenn wir überleben wollten, mußten wir zu einer Einheit werden. Die zwischenmenschlichen Barrieren wie Sprache, Rasse und Hautfarbe existierten nicht mehr, und die stetig steigende Wertschätzung für den anderen versetzte uns in die Lage, uns mutig den Plagen der meisten Kriegsgefangenen zu stellen: Leiden, Hunger, Entbehrungen jeder Art, Zwangsarbeit, Bombardierungen, Krankheit, psychischer Druck, Tod und einsame Gräber. Oft leisteten uns die Frauen aus den anderen Baracken bei unseren Abendandachten Gesellschaft. Während jener wirklich sehr schwierigen Jahre, die uns immer wieder in große innere Konflikte führten, wurde unsere Baracke zu einem Ruhepol inmitten des militärischen Sturmes, der um uns herum wütete. Unter uns herrschte ein Verständnis, Interesse für den Nächsten und eine Liebe, die einzigartig waren. Wir bemühten uns darum, uns gegenseitig zu ermuntern, zu ermutigen, zu trösten, die schwere Last des anderen zu tragen. Ich bin davon überzeugt, daß die Harmonie, die bei uns in Baracke 8 herrschte, auf die abendlichen Andachten zurückzuführen war.

Sobald Betten frei wurden, baten holländische Familien darum, nach Baracke 8 verlegt zu werden. Sie hatten ein Herz für Gott und wurden sehr geschätzt.

Die Morgenglocke um sieben Uhr war das Signal zum Beginn der Arbeit. Jede Baracke hatte eine Arbeitsquote. Eine bestimmte Anzahl von Frauen mußte für die Arbeit in der Zentralküche, in der Hospitalküche und im Garten eingeteilt werden; außerdem für Rodung, Bäumefällen, Straßenarbeit, das Entladen der Lastwagen, die Schweine- und Hühnerzucht, Wasserpumpen, Nähen, Stricken, Porridgekochen, Wasserkochen, Dienst im Krankenhaus und Krankenpflege. Der Schweiß unserer Körper und die Geschicklichkeit unserer Hände waren erforderlich, um uns selbst am Leben zu erhalten und die japanische Kriegsmaschinerie voranzubringen.

Um die Arbeit so abwechslungsreich wie möglich zu gestalten, erstellte ich einen Arbeitsplan, in dem jeder Frau für jeden Tag eine andere Arbeit zugeteilt wurde. Auf diese Weise lernte jede die Anforderungen kennen, die die verschiedenen Aufgaben an sie stellten. Schon bald erkannten wir, daß die körperlich Schwachen die schwere Arbeit nicht verrichten konnten. Wir kamen überein, daß die jüngeren und kräftigeren Frauen in der Schweinezucht, im Garten und auf der Straße arbeiteten. Wer welche Arbeit verrichtete, war egal, solange wir unsere Quote erreichten.

In den ersten Wochen wurde die Morgensuppe in der großen Zentralküche gekocht. Die Köche mußten den Reis in einem großen Lagerhaus holen, das vor den Baracken 7 bis 12 errichtet worden war. Der Reis mußte gesäubert und mehrmals gewaschen werden, bevor er in einem riesigen Topf eingeweicht wurde. Schon um vier Uhr morgens mußten die Köche auf den Beinen sein und mit ihrer Arbeit beginnen, das Feuer schüren und mit riesigen Holzlöffeln in ihren Kesseln rühren. Das war sehr zeitaufwendig, doch auch wir mußten lange in der Schlange warten, um unsere magere Zuteilung an Reissuppe zu bekommen.

Eines Morgens war der Porridge aus einem Kessel besonders gut, jemand meinte sogar, er schmecke wie Reissuppe mit Hühnchen. Als es heller wurde, stellte man fest, daß es sich um eine Vogel-Ratten-Reissuppe handelte. Wir wußten, daß die Vögel sich in den fensterähnlichen Öffnungen zum Schlafen niederließen und daß die Ratten herumschlichen, um sie zu jagen. Darum folgerten wir, daß eine Ratte einen Vogel angegriffen hatte, und daß die beiden während des Kampfes in den Kessel gefallen und ertrunken waren. Wenn der Rattenschwanz und die Vogelfedern nicht auf einem Teller gelandet wären, hätte das niemand erfahren.

Vor jedem Block mit jeweils sechs Baracken war ein Schuppen mit Tischen und offenen Feuerstellen errichtet worden. Schon bald erkannte der Lagerkommandant, wie unpraktisch die Frühstückseinteilung war und wies jeder Baracke einen Kessel zu. Eine unserer jungen Frauen mit einem kleinen Baby erklärte sich freiwillig bereit, für den Morgenreis zu sorgen. Obwohl unser Kessel mehrmals gründlich geschrubbt und ausgewaschen worden war, schmeckte unsere Suppe noch lange nach Kerosin!

In den ersten Tagen gab es noch häufig einen Bettentausch; Freunde und Familienangehörige wollten gern zusammen sein. Lilian Marsh hatte das oberste Bett auf der rechten Seite der Tür. Miss Marshs Anwesenheit übte einen stabilisierenden Einfluß auf die anderen aus. Sie hatte gewaltig an Gewicht verloren und wurde von einem häßlichen Husten gequält. Doch obwohl sie körperlich sehr angegriffen war, beklagte sie sich niemals und nahm auch keine Privilegien für sich in Anspruch. Ihr Hände sahen aus wie Vogelkrallen. Wir machten uns große Sorgen über ihren Gesundheitszustand. Ich konnte sie in der Hospitalküche unterbringen, wo sie während der Arbeit die meiste Zeit sitzen konnte. Eines Tages, als sie in die Baracke zurückkam, war sie ganz rußig vom Töpfe- und Pfannenschrubben. Ich nannte sie Aschenputtel, ein Spitzname, den sie behielt.

In der Koje neben Lilian schlief Mrs. Woodward, auch eine Engländerin, die mit ihrem Mann zusammen für die Heilsarmee in Celebes gearbeitet hatte. Sie war eine sehr lebhafte Frau, sehr mütterlich, obwohl sie selbst keine eigenen Kinder hatte. Sie wendete sehr viel Zeit auf, um Mrs. Snaith, ihrer Bettnachbarin, bei der Erziehung ihrer Tochter zu helfen.

Mrs. Woodward und Mrs. Snaith hatten viele Gemeinsamkeiten - beide arbeiteten für die Heilsarmee, beide hatten ein schlechtsitzendes Gebiß, beide arbeiteten in der Diätküche, und beide waren tiefgläubige Christinnen. Mrs. Snaith stammte aus Irland. Ihre Tochter Emerald war ein großes, schlankes Kind mit glattem, braunen Haar; sie bewegte sich mit der Anmut einer Gazelle. Trotz ihrer Jugend war sie niemals quengelig oder unhöflich.

Auf Mrs. Snaiths Wangen zeigten sich immer Fieberflecken. Sie litt an einer Lungenkrankheit und Geschwüren an ihren Füßen und Beinen, die nicht heilen wollten. Wir konnten wenig für sie tun, da wir keine Salbe und auch nicht die für eine Heilung notwendigen Nährstoffe bekamen. Darum bedeckten wir die Geschwüre mit einer starken Seifenlösung und sauberen Lappen. Die Lappen schützten vor Fliegen, die weitere Infektionen hätten hervorrufen können.

Eines Tages waren Mrs. Snaith und ich an der Reihe, die Senkgrube zu leeren. Sie rutschte aus und fiel in diese dicke, grüne Jauche. Schon wenn sie gesund gewesen wäre, wäre dies eine äußerst unangenehme Sache gewesen, doch diese Frau hatte auch so schon genug Probleme mit ihrer Gesundheit. Dicke Tränen rollten ihre Wangen hinunter. Ich ging zum Brunnen zwischen den Baracken und holte mehrere Eimer mit Wasser, um ihr den Schmutz von den Beinen zu waschen und die Geschwüre zu säubern. Danach bedeckte ich die Wunden mit einer Seifenlösung, verband sie und schickte sie ins Bett.

Neben Mrs. Snaith und Emerald lebte Oma Zimmermann. Mrs. Zimmermann war die Witwe eines deutschen Pflanzers, und viele einsame Nächte lang erfreute sie uns mit den Geschichten über eine Plantage in Java, auf der sie aufgewachsen war. Obwohl sie bereits fast siebzig war und keine Zähne mehr besaß, konnte man noch sehen, daß sie einmal sehr schön gewesen sein mußte. Ihr langes, braunes, von grauen Strähnen durchzogenes Haar war lockig, und sie trug eine

Brille mit Goldrand, die immer halb auf der Nase saß (da sie auf die Entfernung besser ohne Brille sehen konnte).

Oma Zimmermann war eine bereitwillige Helferin. Sie hatte auch ein angeborenes Talent fürs Kochen - eine Künstlerin in der Küche unter normalen Umständen, sehr erfindungsreich in unserer Situation. Sie hatte die Fähigkeit, aus dem Wenigen, das wir bekamen, durch Beigabe von Kräutern, Gewürzen und was immer sie ergattern konnte, ein Festmahl zu bereiten. Was wir an Kaffeepulver noch bei uns hatten, legten wir zusammen, und Oma Zimmermann kochte Kaffee. Dann wurde der Satz sorgfältig in der Sonne zum Trocknen ausgebreitet. Ich weiß nicht, wievielmal wir diesen Vorgang wiederholten, doch da sie die Gabe hatte, aus nichts etwas zu machen, konnten wir eine ganze Weile lang Kaffee trinken. Nachmittags und abends aßen wir Reis, doch Oma Zimmermann sorgte immer für irgendeine Beilage.

Omas Tochter, Maus Dol, war Anfang zwanzig, sehr groß und sehr schön. Wenn man sie ansah, konnte man sich vorstellen, wie ihre Mutter in ihrer Jugend ausgesehen haben mußte. Sie war körperlich sehr stark, eine Eigenschaft, die sehr selten in Kampili zu finden war. Oft half sie mir bei Extra-Aufgaben, und sie war dabei immer so fröhlich wie ihre Mutter. Maus' kleine Tochter Paxje ("kleine Pax") schlief neben Großmutter und Mutter. Sie trug Zöpfe und muß ihrem Vater ähnlich gesehen haben. Paxje lutschte so stark an ihrem Zeige- und Mittelfinger, daß ihre Zähne etwas vorstanden.

Neben Maus, Pax und Oma Zimmermann schlief Maus' Freundin, Mrs. Verschoor. Sie war die Frau eines holländischen Offiziers, eine kleine Dame mit einer Tochter, Anneke, die in Paxjes Alter war. Anneke und Pax stritten sich manchmal wie zwei Streithähne, nachher spielten sie wieder wie zwei Engel miteinander und waren unzertrennlich. Mrs. Verschoor und drei andere holländische Familien kamen auf Anfrage in unsere Baracke. Sie waren eine echte Bereicherung für uns, und wir hatten allen Grund, dankbar zu sein, daß sie sich unserer "Familie" angeschlossen hatten.

Auf der anderen Seite des Ganges lebte eine holländische Familie. Mrs. Routs war Christin, und vermutlich empfand sie eine Seelenverwandtschaft zu den anderen Gläubigen, die in Baracke 8 untergebracht waren. Auch sie war sehr groß, und vor dem Krieg hatte sie vermutlich unter Übergewicht gelitten. Sie arbeitete im Garten. Ihre beiden dunkelhaarigen Jungen waren sehr mager und sahen typisch holländisch aus. Der Kleinste von ihnen, knapp zwei Jahre alt, hatte fast ständig Zeige- und Mittelfinger der linken Hand im Mund. Doch niemand sagte etwas dazu. Die Kinder brauchten allen Trost, den sie bekommen konnten. Er wurde Broertje, "kleiner Bruder", genannt. Der ältere Bruder betete ihn an und war sehr besorgt um ihn.

Hinter den Routs wohnten die van der Kleys. Die Mutter war auch Christin, hatte zwei Kinder, Ansje und Susje. Sie war erfrischend offen und nahm niemandem seine Meinung übel. Sie und Mrs. Routs waren schon lange befreundet. Auch sie arbeitete im Garten und war immer bereit, für jemanden einzuspringen, der krank geworden war.

Lieke Marcar war eine attraktive, liebenswürdige Holländerin und sehr besorgt um das Wohl ihrer Familie. Ihr Sohn Dougie und ihre Schwiegermutter Oma Marcar waren mit ihr zusammen in Kampili interniert; ihr Mann, einst im Import-Exportgeschäft in Makassar tätig, befand sich nun zusammen mit den anderen Männern im Internierungslager in Pare Pare. Wie die anderen jungen Männer versuchte Dougie, sich in seine weibliche Umgebung einzuleben, und ich bin sicher, sein Vater war stolz auf ihn. Oma Marcar war sehr groß, sie ging schon leicht gebeugt und langsam. Ihre Haare waren ergraut, doch man konnte spüren, daß sie früher eine sehr stattliche und erfrischende Persönlichkeit gewesen sein mußte. Sie konnte unglaublich schnell stricken und stellte Socken für japanische Offiziere her. Sie war Armenierin und trug ihre Kleider länger als gewöhnlich. Insgeheim verglich ich sie mit Whistlers Mutter, sie brauchte nur einen Schaukelstuhl und eine weiße Haube.

Neben den Marcars schliefen Tiele Noll und ihr kleiner Sohn. Tiele sorgte für unsere Morgensuppe; sie stand jeden Morgen um vier Uhr auf. Ihr Haar war sehr lang, schwarz und wellig. Ihre Schwester lebte in Baracke 6; Ellie glich mehr ihrer holländischen Mutter, Tiele ihrem armenischen Vater. Tieles achtzehn Monate alter Sohn war ein außergewöhnlich hübsches Kind, und wir alle verwöhnten ihn. Tiele war eine sehr gute Mutter. Sie hatte darum gebeten, für die Nachtarbeit eingeteilt zu werden, damit sie tagsüber bei ihrem Sohn Wiwi sein konnte. Als der Kleine eines Tages einen großen Abszeß auf der Stirn bekam, der entfernt werden mußte, gab sie ihn mir und ging fort. "Ich kann das nicht sehen, bitte halte du ihn für mich." Es gab keine örtliche Betäubung, um den Schmerz zu lindern, und es fiel mir zu, Wiwi, dessen Arme angebunden waren, festzuhalten, während der Arzt die entzündete Schwellung mit seinem stumpfen Skalpell öffnete. Wiwis schockierter Blick wandelte sich in Entsetzen, und dicke Tränen rannen seine kleinen Wangen hinunter. Während der Doktor das Blut und den Eiter aufwischte und dann die Wunde verband, hielt ich Wiwi in meinen Armen und versuchte, ihn zu trösten. Haß stieg in mir hoch auf diejenigen, die mich gefangenhielten, weil sie den Schmerzen dieser kleinen, unschuldigen Menschen so teilnahmslos gegenüberstanden. "Es ist alles gut, Wiwi. Wir wollen zu Mama gehen." Ich war dankbar, daß er bereits aufgehört hatte zu schluchzen, als ich ihn seiner Mutter übergab.

Tiele und Wiwi gegenüber lebte eine armenische Familie; der Mann war zusammen mit Ernie und Russell in Pare Pare interniert. Carr M. David war iranischer Herkunft. Vor dem Krieg hatte er das Amt des britischen Vizekonsuls in Makassar innegehabt. Seine gute Herkunft zeigte sich auch in seiner Familie. Er hatte eine Tochter, Elsie, und zwei Söhne, Ronnie und Arnold. Rose, seine Frau, wirkte sehr würdig. Roses Haar zeigte bereits die ersten Spuren von Grau; es hatte noch nie die Bekanntschaft von Lockenwicklern gemacht, da es von Natur aus sehr lockig war. Wir alle schätzten Rose sehr, sie war meine fähige Assistentin, deren Rat ich schätzte, und unsere Freundschaft ist von bleibender Dauer. Elsie war ein fröhlicher Teenager, immer bereit zu einem Lächeln oder einem Scherz, um andere aufzuheitern. Die Patienten im Hospital, wo sie arbeitete, brauchten jemanden mit ihrem Temperament. Die Jungen waren sich sehr unähnlich: Ronnie groß, blond und offen, Arnold klein, dunkel und schüchtern.

Saartje Seth-Paul und ihre Familie belegten die nebenstehenden Betten. Sie war eine gutmütige, offene Person, die sich durch nichts aus der Ruhe bringen ließ. Ihre Schwester Bea de Graaf war ihr sehr ähnlich. Beide waren sehr stark und immer hilfsbereit. Bea arbeitete im Schweinestall und Saartje im Garten, genau wie Jet Robyn, ihre andere Schwester.

Oma de Graaf, die Mutter von Saartje, Bea und Jet, war Menadonesin und kleidete sich immer noch in den traditionellen, sehr bequemen Sarong. Wie Oma Zimmermann trug auch sie eine runde, vergoldete Brille, die gewöhnlich mitten auf der Nase saß. Sie war eine Bilderbuchoma und war der Mittelpunkt ihrer Familie.

Saartje hatte drei Kinder, darunter ein Zwillingspärchen. Paula sah sehr gut aus; sie würde einmal sehr groß werden, war sie jetzt doch schon größer als ihre Zwillingsschwester Pim. Die beiden ergänzten sich gut, und als die eine schwer an Hepatitis erkrankte, steckte sich die andere prompt an.

Das jüngste Kind der Seth-Pauls war Mary. Manchmal konnte sie eine richtige Nervensäge sein. Doch sie war so reizend, daß sie immer bekam, was sie wollte.

Hinter der Familie lebte eine eingeborene Frau aus Makassar, Mrs. Weidema. Sie hatte einen siebenjährigen Jungen, Neilus, der nur schwer im Zaum zu halten war. Sie hatte auch noch ein Baby, das kurz nach unserer Ankunft in Kampili zur Welt gekommen war. Als im Lager eine Magen-Darm-Katarrhepidemie ausbrach, wurde auch das Baby sehr krank. Eines Abends während unserer Bibelstunde kam Mrs. Weidema angerannt und rief: "*Njonja*, bitte komm und bete für mein Baby!" Regelmäßig hielt sie sich in der Krankenstation auf, um das Baby zu stillen, doch ihre Milch war versiegt, und das Baby reagierte nicht auf das Reiswasser, das sie als Ersatz verwendete. Ich begleitete sie. Zusammen neigten wir den Kopf, und ich betete, daß der Herr ihr Kind bewahren möge.

Als ich zurückkam, begegnetete ich einer anderen jungen Mutter aus unserer Baracke, Lennie Ripassa. Sie hatte ein Baby und stillte es. "*Mevrouw* Deibler, ich habe mehr Milch als ich brauche", sagte sie. "Ich werde auch das andere Kind stillen." Das tat sie auch, und das kranke, verhungernde Kind wurde wieder kräftig und gesund. So beantwortete Gott Gebet. Beide Neugeborenen unserer Baracke überlebten.

Die Mutter der letzten Familie auf der rechten Seite der Baracke hatte viele Gesichter. Oft hörten wir die Kinder mitten in der Nacht weinen. Schließlich stand ich auf und sah nach, was los war. Ich fand die drei Kleinen allein vor. Ihre Mutter war nirgendwo zu entdecken. Vermutlich war eines aufgewacht, hatte festgestellt, daß die Mutter nicht da war und angefangen zu schreien. Davon waren dann die Geschwister aufgewacht und hatten in das Geschrei eingestimmt. Dies passierte nicht einmal, sondern viele Nächte hintereinander. Als ich einmal nach den Kindern sah und entdeckte, daß sie in ihrem eigenen Schmutz lagen - sie hatten ins Bett gemacht und sich darin gewälzt -, wurde ich wütend. Ich vermutete, daß die Frau bei einem der japanischen Offiziere war. Ihre gestotterte Entschuldigung, daß sie krank und auf der Toilette gewesen sei, war nicht glaubwürdig.

In dieser Nacht wartete ich auf sie. Als sie sich durch die Tür hereinschlich, war ich ärgerlich. Es war schon schlimm genug, um meinen Schlaf zu kommen, da morgen wieder harte Arbeit auf mich wartete, doch noch wütender war ich darüber, daß sie die Kinder so vernachlässigte. In unmißverständlichen Worten machte ich ihr klar, daß ich diesen Verstoß gegen die Regeln Mr. Yamaji würde melden müssen. Sie reagierte so freundlich, als hätte ich ihr gerade gesagt, was für eine wunderschöne Nacht wir hätten. Ihre Antwort war: "Ja, ich verstehe, daß Sie das tun müssen."

Ich war vollkommen perplex. Wie reagiert man auf jemanden, der sich hinlegt und sagt: "Du hast gewonnen; ich bin tot!"? Dies war eine Seite ihres Wesens, die ich noch nie zuvor bemerkt hatte. Wenn sie da war, war sie eine gute Mutter, und die Kleinen liebten sie.

In der folgenden Nacht schlich sie sich wieder hinaus. Diesmal hatte ich das Gefühl, daß etwas getan werden müßte wegen der Kinder, aber auch wegen der anderen, deren Schlaf gestört wurde. Ich war sicher, sie würde nicht verletzt sein, doch ich wollte meinem Widerwillen und Protest Ausdruck verleihen. Außerdem hoffte ich, daß der Lagerkommandant sich schämen und sie nicht mehr wiedersehen wollte. Beim Appell teilte ich ihm mit, daß ich ihn nachher noch zu sprechen wünschte. Wir gingen zusammen zur Rückseite der Baracke.

Das Ganze war eine Farce. "Diese Frau hat gegen die Lagerregeln verstoßen. Sie hat die Baracke verlassen, nachdem die Lichter gelöscht waren. Sie läßt ihre Kinder nachts allein. Dies ist mehrmals vorgekommen." Yamaji gab vor, sie auszuschimpfen, schlug mit seinem Stock auf ihr Hinterteil und befahl ihr, in der Baracke zu bleiben. Sie sagte, das würde sie tun, grinste ihn an, weil sie wußte, daß ich ahnte, wo sie die Nacht verbrachte - nämlich in seinem Zimmer.

Als diese Frau mit Hepatitis auf die Krankenstation gebracht wurde, ging Ruth Presswood, die mitleidige Krankenschwester, zu ihrem Bett und säuberte den gesamten Bereich. Sie grub sogar den Lehmfußboden auf, wo die Kinder ihre menschlichen Bedürfnisse erledigt hatten. Sie wusch alles und badete die Kinder. Uns allen war es unverständlich, wie eine solche Frau so gute und fügsame Kinder haben konnte, und wie sie sie so in Gefahr bringen konnte, wenn sie sie wirklich liebte. Wie ich sagte, sie war eine Frau mit vielen Gesichtern.

Ich hatte großes Mitleid, nicht nur mit den Kindern, sondern auch mit der Mutter. So Gott wollte, würde der Krieg bald zu Ende sein. Was dann?

Aber vielleicht bewahrte die Tatsache, daß einige sich freiwillig für bestimmte Vergünstigungen verkauften, die anderen davor, belästigt zu werden; einige der Frauen waren sehr hübsch. Es war so schwer zu verstehen, was eine Frau veranlaßte, freiwillig zur Lagerhure zu werden. Dies war eine Einstellung, die wir anderen nicht verstehen konnten. Ich erfuhr auch, warum die Frau, die damals nach Malino gebracht worden war, als wir noch in Benteng Tinggi gewohnt hatten, so lautstark protestiert hatte. Sie hatte sich mit Japanern eingelassen und wollte nun den holländischen Frauen nicht gegenübertreten.

Auf der linken Seite der Baracke lebte eine jüdische Familie, die Frau hieß Rachel. Sie hatte fünf Kinder: zwei Mädchen und drei Jungen. Mr. Meshmoor war Kaufmann in Makassar gewesen. Vier Kinder waren bei uns im Lager, der älteste Sohn, Raimond, war mit den Männern nach Pare Pare gebracht worden. Sie war orthodoxe Jüdin, und es gelang uns, die Erlaubnis zu erhalten, daß sie Reis und Gemüse für sich und ihre Familie in ihren eigenen Pfannen und Töpfen kochte, damit sie koscher waren.

Rachel war eine sehr liebenswerte Frau. Da sie unter Asthma litt, mußte sie von allen Arbeiten befreit werden. Eines Nachts kam die älteste Tochter, Esther, angelaufen. "Kommen Sie schnell!" bat sie. "Bitte kommen Sie und sehen Sie nach meiner Mutter!" Ich rannte mit ihr den Gang entlang zu ihrem Bett und sah, daß Rachel keuchte und um Atem rang. Sofort bat ich andere, mir zu helfen, sie auf die Krankenstation zu bringen, wo sie einige Injektionen bekam - wir konnten den Medikamenten, die gebracht wurden, nie trauen. Sie sprach nicht darauf an, und ich wurde erneut geholt.

Ich rannte zu ihr hin. Sie kämpfte gegen das Ersticken an. "Rachel", flüsterte ich, "wir beten zu demselben Gott. Ich werde jetzt für Sie beten." Sie nickte zustimmend. Ich legte ihr meine Hände auf und betete im Namen des Gottes Israels und seines Sohnes, Jesus Christus, daß der Herr ihren Körper anrühren möge. Sofort konnte sie leichter atmen, und schon am nächsten Morgen kam sie in die Baracke zurück.

Gelegentlich erlaubte man uns, unseren Männern zu schreiben. Da Rachel nicht schreiben konnte, diktierte sie mir ihren Brief. Aus ihren Briefen sprach innige Liebe zu ihrem Mann und ihrem Sohn. (Auch ihre Fürsorge für die Kinder, die bei ihr waren, war für alle nur zu sichtbar.) Ihre Briefe beendete sie immer mit dem Satz: "1.000 Küsse und Umarmungen." Oft teilte sie ihre Portion Reis mit mir, er war sehr braun und knusprig, sehr schmackhaft. Wann immer wir eine Unterhaltung beendeten, küßte Rachel mich auf beide Wangen. Zwischen uns entwickelte sich eine tiefe Beziehung, die durch unsere gemeinsame Hingabe an Gott noch vertieft wurde.

Etwas weiter hinten auf der linken Seite der Baracke standen die Betten, die von Mrs. Müller und ihren beiden Kindern belegt waren. Mrs. Müller war eine außergewöhnlich kleine Eurasierin, die auch holländisch sprechen konnte. Sie war eine sehr liebe Person und wirkte so zerbrechlich, daß man den Eindruck hatte, sie würde von dem leisesten Windhauch umgeweht. Als sie sich einmal freiwillig zur Gartenarbeit meldete, sagte ich ihr das. Sie lachte und meinte: "Oh, aber es geht mir sehr gut, *Mevrouw*." Sie war sehr kräftig und sorgte gut für ihre beiden Kinder, die aussahen wie winzige Püppchen. In ihrer Ehe mußte sie sehr glücklich gewesen sein. Ganz besonders schätzte ich ihren Optimismus und ihre Fröhlichkeit.

Neben ihr lebten drei chinesische Familien aus Makassar. Sie alle gehörten der chinesischen Botschaft an. Mrs. Wang Teh Fung war schon etwas älter und arbeitete in der Küche der Krankenstation. Ihr sechzehnjähriger Sohn war in dem Haus mit Dr. Jaffray zusammen untergebracht. Mrs. Lie Tsu Hawi und Mrs. You Pao Heng baten darum, im Garten arbeiten zu dürfen. Es war interessant, Mrs. Lie und Mrs. You jeden Morgen mit großen Hacken über der Schulter und ihren fünf Mädchen im Gefolge, die wie ihre Mütter Sonnenhüte trugen, zum Feld aufbrechen zu sehen. Die Lies waren sehr aktive Mitglieder unserer chinesischen Gemeinde in Makassar gewesen.

Dahinter lagen drei armenische Familien. Die Männer dieser drei Familien waren alle im Import-Exportgeschäft in Makassar und befanden sich nun im Männerlager in Pare Pare. Serah Paul hatte zusammen mit ihrem Sohn Freddie und ihrer Tochter Dolly die Betten neben dem von Mrs. Wang.

Während ihres Aufenthaltes in Malino war Dolly sehr krank geworden. Der herbeigerufene Arzt hatte Gehirnhautentzündung festgestellt. Seither war sie von der Hüfte abwärts gelähmt. Obwohl sie sich von der Infektion erholte, bekam sie sehr starke Depressionen. Wie schrecklich mußte es für ein junges, hübsches Mädchen sein, auf einmal nicht mehr laufen zu können und festzustellen, daß die Beine sich nicht mehr so entwickelten, wie sie sollten. Ich mochte Dolly auf Anhieb und versuchte, ihr möglichst viel Zeit zu widmen. Eine Frau in der angrenzenden Baracke hatte auch Meningitis gehabt, doch sie hatte gelernt, mit Hilfe von Stöcken zu laufen. Da sie ähnliche Erfahrungen gemacht hatte, zeigte sie großes Interesse an Dolly, schlug ihr Übungen vor und machte ihr Mut, darauf zu vertrauen, daß auch sie eines Tages wieder ihre Beine würde gebrauchen können. Die beiden arbeiteten so oft wie möglich zusammen. Alle Barackenbewohner ermutigten sie immer wieder, und Dolly schaffte es tatsächlich, sich fortzubewegen, indem sie sich an den Leitern der Betten festhielt. Immer wieder ging sie den Gang entlang. Ihre Depressionen verflogen. Ihr verwundeter Geist und zerbrochener Körper begannen zu heilen.

Freddie, Dollys um zwei Jahre jüngerer Bruder, half ihr sehr. Niemals behandelte er sie wie eine Körperbehinderte. Ihre gelegentlichen Auseinandersetzungen waren eine gute Therapie für sie. Freddie war groß wie seine Mutter Serah. Als wir noch eine Frau für die Gartenarbeit brauchten, meldete sie sich freiwillig. Sie hatte während der Krankheit ihrer Tochter viel gelitten, was ihren nachdenklichen, oft sehr traurigen Gesichtsausdruck erklärte. Aber keinesfalls war sie launisch. Sobald man sie ansprach, hellte sich ihr Gesicht auf, und sie reagierte. Freddie mußte sie in ihrer Sorge um Dollys Gesundheit häufig getröstet haben, es bestand eine sehr enge Bindung zwischen ihnen.

Die nächsten beiden Betten hatte eine Familie belegt, die ebenfalls Paul hieß. Lena und ihre Tochter Vonnie. Lenas Sohn Robby war bei den Männern untergebracht. Aus welchem Grund auch immer schien die Beziehung zwischen Mutter und Tochter gelitten zu haben. Sie brauchten einander sehr, doch irgendwie schienen sie die Fähigkeit verloren zu haben, sich gegenseitig zu verstehen und miteinander zu sprechen. Familien wurden während des Krieges auseinandergerissen, und dies war eine der höchst bedauernswerten Konsequenzen, zumal Lena und Vonnie eigentlich sehr nett waren. Anfänglich war Lena recht beleibt gewesen, doch sie verlor immer mehr an Gewicht. Auch sie arbeitete in der Gartenmannschaft.

Daneben lag Lucy Galstein mit Tochter Joyce und Sohn Herby. Sie alle hatten wunderschönes, lockiges, braunes Haar. Schönes Haar schien für die Armenier charakteristisch zu sein. Lucy war sehr groß, und Joyce würde auch groß werden, während Herby klein war, eine Tatsache, die ihm nicht besonders viel Kopfzerbrechen bereitete. Lucys Mutter, Oma Galstein, hatte das Bett neben ihr belegt. Sie strickte weiße Socken für die Offiziere, und Lucy gehörte zur Gartenmannschaft. Zwischen den beiden Frauen gab es häufig Streit um die Erziehung von Normie Galstein, dem fünften Mitglied der Familie. Er war Omas Enkel und Lucys Neffe. Trotz der vielen Auseinandersetzungen war das Ergebnis sehenswert, denn Normie entwickelte sich zu einem sehr aufgeweckten und fröhlichen Jungen. Normie und

Herby hielten uns in Atem. Wenn Normie die Ideen ausgingen, holte Herby ein paar aus seiner Trickkiste.

Dann hatten wir noch eine andere fünfköpfige eurasische Familie mit Namen de Keizer. Sie bestand aus zwei Jungen und zwei Mädchen. Jan war der älteste, er war groß und ziemlich dünn. Carolina war recht stämmig, sie hatte etwa dieselbe Figur wie ihre Mutter. Sie und ihre jüngere Schwester hatten langes braunes Haar, das immer sorgfältig gekämmt war und von Bändern zusammengehalten wurde. Carolina war schon fast siebzehn. Sie arbeitete zusammen mit anderen ihrer Altersgruppe in der Schweinezucht. Bertie, der jüngere Sohn, hatte für jeden ein Lächeln und ein freundliches Wort. Er war sehr hilfsbereit. Mrs. de Keizer gehörte zum Personal der Zentralküche. Sie war sehr still, sehr stolz auf ihre Familie und ein wirklich netter Mensch.

Die nächsten Betten wurden von Oma de Vries belegt, einer mit einem Holländer verheirateten Eurasierin. Ihre Tochter Lennie Ripassa war etwa achtzehn Jahre alt. Lennie war verheiratet und hatte eine kleine Tochter mit Namen Iris; ihr zweites Kind, Joyce, kam kurz nach ihrer Ankunft in Kampili zur Welt. Sie war es, die das andere Baby in unserer Baracke freiwillig stillte. Wir versuchten so gut es ging, ihr Extra-Portionen zukommen zu lassen, damit sie Kraft hatte für die übernommene Aufgabe. Oma litt an Diabetes und wirkte sehr zerbrechlich. Sie war Christin und nahm regelmäßig an den Andachten teil.

Mrs. Trauerbach belegte das vierte Bett in dieser Sektion. Sie war überzeugte Christin und half Oma in der Betreuung von Iris. Wie Oma arbeitete sie in der Küche der Krankenstation. Neben ihr lag Ellie Kucerova, ein tschechoslowakisches Mädchen mit einem sehr lebhaften Temperament und einer wunderschönen Stimme. Sie war immer sehr fröhlich und positiv, und die Patienten auf der Krankenstation, auf der sie arbeitete, mochten sie sehr gerne. Als ich Ellie besser kennenlernte, stellte ich fest, daß sich hinter diesem fröhlichen Wesen eine tiefe Traurigkeit verbarg. Sie war überzeugte Katholikin, und wir hatten viele Gelegenheiten, miteinander über Gott zu sprechen. Ellie erzählte mir von ihrem Kummer, und sie erlaubte mir, für sie zu beten.

Neben Ellie lag ein deutsches Mädchen mit Namen Katie Eckstein. Ich mochte sie auf Anhieb. Wir waren etwa in demselben Alter. Sie hatte Deutschland verlassen, um bei ihrer Schwester zu leben, die mit einem holländischen Offizier verheiratet war. Katie und Ellie wurden

Freundinnen. Gern stand ich immer zur Verfügung, wenn eine der beiden mich brauchte. In gewisser Weise befähigte mich Gott, ihnen Hilfe und Trost auch auf geistlichem Gebiet zu bringen.

Katie war nicht nur äußerlich sehr hübsch, sie besaß sehr viel Charme und Anmut. Sie war immer bereit zu helfen und hatte immer eine gute Idee parat. Darum wurde sie für den Nähraum eingeteilt, in dem Uniformen für die japanischen Offiziere und Arbeitskleider für uns Frauen genäht wurden.

Die Betten neben Katie und Ellie waren von Mrs. van der Haarst und ihren vier Töchtern belegt. Kurz vor der japanischen Invasion hatte die älteste Tochter der von der Harsts einen Nervenzusammenbruch erlitten. Die Ärzte konnten keinen Grund für diese plötzliche Persönlichkeitsveränderung feststellen. Praktisch über Nacht wurde ein hübsches, fröhliches, offenes junges Mädchen depressiv und zog sich in sich zurück, abgesehen von einigen unvorhersehbaren Temperamentsausbrüchen. Leintje war sehr dick und von daher außergewöhnlich stark geworden. Die ganze Familie konnte nicht glauben, was aus ihrer geliebten Leintje geworden war.

Die Mutter zeigte mir ein Bild von Leintje vor ihrem Zusammenbruch. Sie war wirklich eine hübsche junge Frau gewesen mit hellblondem Haar und ganz dunkelblauen Augen. In nur wenigen Monaten hatte sie sich vollkommen verändert. Zwar war sie die meiste Zeit über sehr still, doch wenn sie einen Wutausbruch bekam, konnte nur Mrs. van der Haarst mit ihr umgehen. Eines Nachts ertönte ein lauter Schrei, und wir rannten zu den Betten der van der Haarst. Leintje versuchte gerade, ihre Mutter zu erwürgen. Mit Hilfe ihrer Schwestern und einiger anderer Frauen gelang es uns, sie von ihr zu lösen. Mehr als einmal versuchte sie, ihre Mutter zu töten. Einmal griff sie sie mit dem Messer an. Wie oft sah ich die Mutter mit dem Bild ihrer Tochter in der Hand stehen. Sie trauerte um ihre Leintje, und wie oft hörte ich sie sagen: "Wenn es Gott nicht gäbe, wüßte ich nicht, was ich tun würde." Sie liebte den Herrn und wandte sich an ihn um Hilfe. Sie wußte, daß nur er ihr helfen konnte in ihrem großen Leid.

Die zweite Tochter, Tina, war körperlich sehr kräftig, ein liebes Mädchen mit roten Haaren. Sie arbeitete in der Schweinezucht. Mien, die dritte Tochter, war sehr groß und sehr hübsch. Sie hatte blonde Haare und arbeitete in der Gartenmannschaft. Die jüngste Tochter, Katrina, war natürlich etwas verwöhnt, aber sie war auch erst dreizehn. Ihre Mutter konnte sehr stolz sein auf ihre Töchter, und sie waren ihr ein großer Trost in ihrem Kummer um Leintje. Die Familie wurde von uns allen respektiert, und wir trauerten mit ihr um Leintje.

Während einer heftigen Ruhrepidemie wurde auch Leintje krank und starb in der Krankenstation des Lagers. Die Familie konnte nur sagen: "Es war ein Segen", da die Ärzte ihnen keine Hoffnung gemacht hatten auf eine Besserung ihres Geisteszustandes.

Neben den van der Haarsts lebten Miss Seely, Mrs. Presswood, Miss Kemp und ich. Mrs. Jaffray und Margaret wohnten in Baracke 6, in der viele Freunde der Jaffrays aus Makassar untergebracht waren. Später zogen sie jedoch in eines der Zementhäuser, die besser waren für Mrs. Jaffray, weil es dort nicht so feucht und während der Nacht nicht so kalt war.

Vor unserem Barackenblock war ein sehr großes Lagerhaus errichtet worden. Hier wurden alle Vorräte gelagert. Die Regenzeit brach an, und wir würden durch roten Schlamm waten müssen, bis der Regen aufhörte und die Sonne den Schlamm wieder trocknete. Das Grasdach war wassergetränkt, und die Bambusmatten boten nicht genügend Schutz vor dem Regen, den der Wind durch alle Ritzen peitschte. Eines Nachmittags hörten wir ein Krachen, gefolgt von einem lauten Knall. Ein Schrei ertönte, und alle kamen heraus, um zu helfen, die Vorräte in Sicherheit zu bringen. Das ganze Lager arbeitete stundenlang, um so viel wie möglich zu retten. Ruth und ich bekamen eine Bambustrage in die Hand gedrückt, auf der wir die schweren Säcke mit Reis und Zucker tragen konnten. Ich rief den Herrn um Hilfe an, denn ich war sicher, daß meine Arme aus den Gelenken springen würden. Ich spürte jeden einzelnen Wirbel in meiner Wirbelsäule. Als alles sicher verstaut war, humpelten wir in unsere Baracke zurück. Unsere Füße taten uns weh von dem vielen Ausrutschen im Schlamm; jeder Muskel in unserem Körper stöhnte vor Müdigkeit. Falls ich ein Kuli werden sollte, würde ich lernen müssen, das Gewicht zu verlagern!

Das Badehaus befand sich hinter den Zementhäusern auf der anderen Seite des Lagers. Wir mußten immer einen Eimer und ein Seil mitnehmen, um Wasser zu schöpfen, und wenn wir wieder bei unserer Baracke ankamen, waren wir so schmutzig, daß wir wieder ein Bad brauchten. Das Badehaus war viel zu klein, um alle die zu fassen, die ein Bad nötig hatten. Es war ein Freudentag, als wir Arbeiter herankommen sahen, die zwischen den Baracken Gruben aushoben. Zuerst war das Wasser rot vom Lehm, da die Brunnen nicht ausgeschlagen waren. Doch sogar dieses Wasser war uns willkommen, um die

Toiletten abzuspülen. Während der Trockenzeit wurde das Wasser knapp, und wir gingen sorgfältig mit jedem Tropfen um. Während der Regenzeit konnten wir uns einen guten Teil Schlamm und Staub von unseren Arbeitskleidern waschen, indem wir einfach nur im Regen standen. Um den Brunnen herum wurde ein Badehaus gebaut und der Brunnenrand durch eine Mauer gesichert, damit die Kinder nicht hineinfielen.

Seife, wie auch Nahrungsmittel, Kleider, einfach alles gab es manchmal ausreichend, aber manchmal war viel zu wenig da. Wenn die Seife knapp war, badeten wir in unseren Kleidern, denn dieser wertvolle Artikel drang in unsere Kleider und säuberte auf diese Weise auch unsere Haut!

Wir besaßen zwei Kleidergarnituren; Shorts und ärmellose Blusen für die unter Dreißigjährigen; die über Dreißigjährigen hatten Anspruch auf ein Kleid. Die Kleidungsstücke waren dunkelblau, doch nach der ersten Wäsche verloren sie schon viel von ihrer Farbe, und nach wenigen Tagen in der Sonne waren sie nur noch grau. Da es in den Badehäusern keine Lampen gab, badeten wir im Dunkeln. Danach zogen wir zum Schlafen unsere trockene Kleidung an und waren so am nächsten Morgen gleich bereit zur Arbeit.

Etwa zwei Wochen, nachdem wir aus Malino angekommen waren, wurde Mr. Yamaji zum Lagerkommandanten ernannt. Wir waren abgeschnitten von der Außenwelt, und nur wenige Informationen drangen über den Graben und unter dem Stacheldraht zu uns hinein. Gelegentlich erreichte uns jedoch trotzdem ein Gerücht. Man erzählte sich, Mr. Yamaji habe ein sehr aufbrausendes Temperament und einen Lagerinsassen in Pare Pare zu Tode geprügelt. Wir warteten so gespannt auf Nachrichten von unseren Männern, und die Frauen, deren Söhne auch in Pare Pare interniert waren, machten sich doppelt Gedanken. Doch wenn das Gerücht stimmte, war der neue Lagerleiter ganz sicher nicht der Mann, der eine für uns so wertvolle Information weitergeben würde. Wir konnten nur erahnen, wie unsere Männer sich gefühlt haben mußten - wie hilflos, wie besorgt - als sie erfuhren, daß dieser Mann nach Kampili versetzt wurde als einzige Autorität über das Leben ihrer Frauen und Kinder.

Eines Morgens wurden die Lagerinsassen vor dem Büro der Lagerverwaltung zusammengerufen, um Mr. Yamaji kennenzulernen. Er war ein kleiner, stämmiger Mann mit O-Beinen. Energisch ging er vor den Frauen und Kindern und den wenigen Männern hin und her. Sein Gesicht war rund und mondförmig, und seine dunklen Augen hinter den großen, dunkelumrandeten Brillengläsern beobachteten uns. Sein schwarzes Haar war kurz geschnitten. Wenn er Befehle gab, waren seine Zähne zu sehen, die vom Tabakrauchen dunkel geworden waren. Er trug eine leichte Khaki-Uniform - kurze Hosen mit knielangen Strümpfen. Wenn er zornig wurde, dann konnte er tatsächlich wie ein Verrückter wüten und sehr grausam sein.

Sein Stellvertreter war ein unverschämter junger Offizier, der alle schlechten Eigenschaften in sich vereinigte. Liebend gern schlenderte er im Lager herum und erinnerte uns daran, daß wir alle seine Sklaven seien. Häufig bauschte er Kleinigkeiten schrecklich auf. Wir alle verabscheuten ihn.

Mrs. Joustra diente als Bindeglied zwischen diesen beiden Männern und den Frauen und Kindern im Lager. Sie war achtunddreißig, groß und breit, und ihre Haut sah aus, als hätte sie ständig einen Sonnenbrand. Sie besaß ein ungewöhnliches Organisationstalent. Sie trug eine Brille, und ihr Haar hatte sie geflochten um den Kopf gelegt. Ihre Arbeitskleidung bestand aus einer Shorts, einer Bluse und einem Paar schwerer Stiefel, die erstaunlicherweise die gesamten Kriegsjahre überdauerten. Von Beruf war sie Lehrerin, eine nette Frau, die ihre Verantwortung sehr ernst nahm. So gut sie konnte 'frisierte' sie die von der Lagerleitung geforderten Arbeitsquoten und paßte sie an die abnehmende Moral und den verschlechterten Gesundheitszustand der Frauen an, für die sie eine große Verantwortung empfand.

Seit unserer Ankunft in Kampili waren wir so beschäftigt gewesen, daß wir nur wenig Zeit hatten, Dr. Jaffray zu besuchen. Jede Woche ging ich mit Margaret hinüber, um seine Haare und seinen Bart zu schneiden, doch ich vermißte den Austausch und die Bibelstunden mit ihm. Eines Abends im Juli unterhielten wir uns ausführlich, nachdem ich seinen Bart fertiggeschnitten hatte. Dr. Jaffray liebte die Menschen und hatte uns Anekdoten über seine Mitbewohner des Hauses auf der anderen Seite des Lagers erzählt. Als Margaret und ich uns erhoben, um zu gehen, sagte er: "Lassie, ich liebe Mutter und Muggie, aber ich vermisse Russell so sehr." Zwei Tage später fuhren die großen Lastwagen in das Lager, und allen Männern (mit Ausnahme des Zimmermanns und Dr. Marseille) und Jungen über sechzehn wurde befohlen, ihre Sachen zu packen und die Lastwagen zu besteigen. Sie sollten nach Pare Pare gebracht werden. Dr. Jaffrays Wunsch sollte erfüllt werden. Er würde bei Russell sein.

Aus unserer Baracke wurden auch Wang Mie Foo, Jan de Keizer und Robbie Paul mitgenommen. Wir beeilten uns, um Dr. Jaffray Lebewohl zu sagen. Er sah so würdig aus mit seinem weißen Haar und seinem kurzgeschnittenen Bart. Mir war zum Weinen zumute - mußte es sein, daß er uns fortgenommen wurde? An diesem Tag verabschiedeten wir uns von einem Propheten, einem großen Mann Gottes und einem lieben Freund. Wir alle wußten, daß wir ihn nicht wiedersehen würden. Nachdem die Männer die Lastwagen bestiegen hatten, beugte sich Dr. Jaffray vor und sagte zu mir: "Lassie, was immer du tust, sei ein guter Streiter Christi." Diese Worte begleiteten mich durch die schrecklichen Tage, die noch vor mir lagen.

Kapitel 6

Während es in der Baracke immer noch dunkel war, lauschte ich auf die Geräusche, die die anderen um mich herum machten. Die Bäume auf dem Lagergelände waren alle abgeholzt worden, und ich vermißte das fröhliche Zwitschern der Vögel, die den neuen Tag ankündigten.

Am Tag zuvor war Dr. Jaffray fortgebracht worden, und mein Herz war besonders schwer. Wie traurig für Mrs. Jaffray und Margaret. "Herr, was wird dieser Tag uns bringen. Denke daran, du hast versprochen, daß du mir ausreichend Kraft für jeden Tag geben willst."

Ich schlug mein Moskitonetz zurück, das an den Bambuspfosten an jeder Seite meiner Koje befestigt war. Da ich in meiner sauberen Arbeitskleidung geschlafen hatte, brauchte ich mich nicht anzukleiden. Von meinem luftigen Aussichtspunkt konnte ich sehen, daß die "Pottparade", wie wir sie nannten, schon unterwegs war. Niemals wagten wir uns im Dunkeln ohne Stock und einem Gebet, daß uns keine tollwütigen Hunde begegnen mögen, hinaus zu den Latrinen.

Nachdem ich mich mit einer Kanne Wasser, die ich mir am Abend zuvor bereitgestellt hatte, erfrischt hatte, nahm ich meinen Blechteller und meinen Löffel und stellte mich für die Morgensuppe an. Ich verzehrte meine Portion in großer Eile, wusch meinen Teller ab und stellte ihn in die Sonne, die ihn trocknen und durch ihre Hitze sterilisieren würde. Dann rannte ich zusammen mit einigen anderen aus unserer Baracke zu unserer Morgengymnastik. Wir Jüngeren bemühten uns, die geforderten Übungen möglichst genau nachzumachen, denn wir wußten nie, wann Lagerkommandant Yamaji in seiner Uniform erscheinen würde, um zu sehen, ob wir seinem neuesten Befehl nachkamen. Morgengymnastik war zwingend vorgeschrieben, sie sollte uns fit machen für den Tag - so erklärte er es. Doch mich machte diese sinnlose Kräftevergeudung nur wütend. Ich war dankbar, als der Kommandant es schließlich müde wurde, aus seinem Quartier zu kommen und uns zu zählen und uns einige Übungen vorzumachen. Und so starb die Morgengymnastik eines natürlichen und schon längst überfälligen Todes.

Als ich zur Baracke zurückkam, teilte man mir mit, daß Mr. Yamaji Rose David sofort in seinem Büro zu sprechen wünsche. "Du meine Güte, was will er nur?" rief Rose und eilte zum Büro.

Ich sah nach den Kranken in unserer Baracke und erstellte die Vertretungsliste. Als ich zurückkam, stellte ich fest, daß Rose noch nicht wieder da war. Der Arzt machte seinen Rundgang, und Rose fehlte immer noch. Nun begann ich, mir Sorgen zu machen. Was nun? Sollte ich zum Büro gehen und nachsehen, was sie zurückgehalten hatte? Ich betete um Weisheit und ging in Richtung Büro. Unterwegs sah ich Mrs. Joustras Assistentin und rief ihr zu: "Mrs. Voskuil, haben Sie Rose David gesehen?"

Sie kam auf mich zu, hakte mich unauffällig unter, drehte mich um und ging langsam mit mir zur Baracke 8 zurück. "Der Kommandant ist wütend. Das Gepäck von allen, die nach Pare Pare gebracht worden sind, ist gestern durchsucht worden. Er hat herausgefunden, daß Rose ihrem Mann durch die Jungen von unserer Baracke ein Päckchen mitgeschickt hat. Jetzt hat er sie in eine der kleinen Hütten hinter den Schweineställen gesperrt. Er sagt, sie soll gehängt werden. Der Zimmermann ist beauftragt worden, ein Seil zu beschaffen und einen Galgen zu errichten. Keiner darf in ihre Nähe kommen. Mehr kann ich Ihnen im Augenblick nicht sagen."

Ich kehrte in die Baracke zurück. Mir war ganz elend zumute. Ich vertraute mich Ruth an, und wir beteten zusammen für Roses Sicherheit. Es stimmte, man hatte uns verboten, Briefe zu schreiben, doch von Päckchen war nicht die Rede gewesen. Unglücklicherweise hatte Rose die Socken, die sie für Carr gestrickt hatte, eingepackt und seinen Namen auf das Päckchen geschrieben. Allein der Anblick ihrer Handschrift würde ihren Mann schon höchst erfreut haben, doch das war nicht erlaubt.

Elsie und die Jungen nahmen die Nachricht ruhig auf, und nur die Blässe ihrer Gesichter verriet ihre Sorge und Angst. Der Nachmittag schleppte sich hin. Ich versuchte, auf der Straße zu arbeiten, behielt aber immer das Büro im Blick. Als die Glocke das Ende der Arbeitszeit ankündigte, war Rose immer noch nicht frei. Mr. Yamaji war nirgendwo zu sehen. Das Abendessen verlief schweigend. Unsere Gefühle schwankten zwischen Wut auf die Japaner, Sorge um Rose, Enttäuschung über unsere Hilflosigkeit, Furcht vor weiteren Vergeltungsmaßnahmen bis hin zur Verzweiflung über die Ungerechtigkeiten, die wir bereits erduldet hatten, und das Wissen, daß unsere Situation sich auch nicht verbessern würde. Wir flehten Gott um Hilfe an. Dann auf einmal mußte ich an die Erfahrungen eines Tages denken, der mir nun so weit entfernt schien, und ich hörte Russells Stimme mir zuflüstern: "Denke daran, Liebling, Gott hat gesagt, er wird uns niemals, niemals verlassen noch versäumen." Ich schöpfte neue Hoffnung und erhob mich, um zu Roses Kindern zu gehen. Plötzlich rief jemand: "Rose kommt!" Am liebsten wäre ich ihr entgegengelaufen, doch wir wollten den Japanern unsere Angst und unseren Kummer nicht zeigen, deren Ursache sie waren. Diese Genugtuung wollten wir ihnen nicht verschaffen.

Bei der Abendandacht waren unsere Herzen voll Dank zu Gott, daß Yamajis Wut im Laufe des Tages geschwunden war und Rose zu uns zurückgekommen war, zwar bis ins Tiefste erschüttert und schwach vor Hunger, aber doch unversehrt.

Die Japaner aßen gern Schweinefleisch, und die Besatzungsarmee brauchte immer einen guten Vorrat, darum hatte die Schweinezucht oberste Priorität. Man baute ein neues Gebäude mit einem Zementfußboden. Den Schweinen wurde mehr Aufmerksamkeit gewidmet als den Frauen. Während der Regenzeit verwandelten sich unsere Lehmfußböden in Matsch; in der Trockenzeit wirbelte man immer viel Staub auf. Trotzdem waren wir froh für diejenigen, die in der Schweinezucht arbeiteten. Nebenan wurde ein Brunnen gegraben, aus dem sie unzählige Eimer Wasser schöpften für die Säuberung des Zementfußbodens. Der Kommandant schoß Hunde in den umliegenden Dörfern ab, die die Frauen häuteten, zerlegten und zusammen mit den Stengeln der Bananenpflanze kochten. Auf einem nahegelegenen Bambushain wurde Bambus gesammelt für das Feuer, auf dem die Mahlzeiten für die Schweine zubereitet wurden. Es machte sich bezahlt, Verbindungen zur Schweinezucht zu haben - ich konnte keinen Unterschied schmecken zwischen einer Hundeleber und einer Kalbsleber. Der Kommandeur bekam Wind von dem, was mit der Hundeleber geschah und befahl, daß sofort damit aufgehört wurde - schließlich brauchten die armen Schweine diese Nährstoffe. Die Mutterschweine, die Ferkel erwarteten, mußten Tag und Nacht unter Aufsicht gehalten werden. Nur die körperlich Starken waren in der Lage, die langen Stunden und die schwere Arbeit im Schweinestall zu schaffen, darum wurden nur die unverheirateten Mädchen oder junge verheiratete Frauen ohne Kinder für diese Arbeit eingeteilt.

Nach einem Abstecher in den Schweinestall, ging ich in die Küche unserer Baracke und hörte, wie Kommandant Yamaji Anweisungen gab für Feuerstellen, an denen wir unser Trinkwasser in offenen Kesseln abkochen konnten. Ich wagte es, ihm vorzuschlagen, die Feuerstelle auszuzementieren und einen Topf mit Deckel darüberzuhängen. So würde man doppelt so viel Wasser in weniger Zeit und mit geringerem Bambusverbrauch kochen können. Außerdem würde das Wasser vor dem Bambusrauch geschützt werden. In meiner Begeisterung bemerkte ich gar nicht, wie still er geworden war. Ich drehte mich um und sah seine Hand zum Schlag erhoben. Mit voller Wucht traf mich sein Stock auf meiner Schulter und dem Hals. "Du redest zu viel", schrie er und stapfte davon. Nur mit Mühe konnte ich die Tränen zurückhalten - doch am folgenden Tag wurden die Feuerstellen auszementiert, wie ich vorgeschlagen hatte! Der Schlag war ein kleiner Preis für die Annehmlichkeiten, die wir dadurch bekamen. Und endlich hatte auch das Trinkwasser nicht mehr den unangenehmen Beigeschmack von Bambusrauch.

Wo Schweine sind, da gibt es auch Fliegen, und wo Fliegen Lebensmittel und Wasser verseuchen, gibt es scheinbar über Nacht Ruhrepidemien und andere Krankheiten. Die Ruhr breitete sich so schnell im Lager aus, daß sogar der Lagerkommandant recht erschüttert war, weil diese Krankheit ihn seiner wertvollen Arbeitskräfte beraubte. Auf seine Anweisung hin wurde im hinteren Teil des Lagers eine Isolierstation gebaut für die Ruhrpatienten. Noch bevor das Gebäude, das unseren Baracken ähnelte, fertiggestellt war, ordnete er an, daß die kritischen Fälle in das noch unvollendete Gebäude verlegt werden sollten. Elsie David, ihre Freundin Nita (eine Schwesternhelferin) und Schwester Remolda (Leiterin der Krankenstation) begleiteten Dr. Marseille, um sich über die Möglichkeiten zu informieren. Die Bambusbetten standen noch nicht an ihrem Ort, und die Toiletten waren gefüllt mit Gras, Bambusstroh, Schlamm und Zementstaub. Die Station war noch lange nicht bezugsfertig. Elsie und Nita begannen mit der Reinigung der Toiletten, und Schwester Remolda und der Arzt berieten sich mit Kommandant Yamaji, der auf einmal auf der Bildfläche erschien. Er befahl Dr. Marseille, die Mädchen zu rufen, damit sie die Betten an ihren Platz stellten. Elsie hörte Dr. Marseille rufen, doch sie flüsterte Nita zu, sie wollten so tun, als hätten sie nichts gehört. Es lag ihnen sehr daran, die Toiletten zu säubern, bevor sie hineingingen. Als die nächsten Befehle noch eindringlicher waren, beschlossen sie, ihnen doch besser Folge zu leisten. Yamaji war schrecklicher Laune. "Habt ihr uns rufen hören?" brüllte er.

"Nun, ja", erwiderte Elsie, "aber -" Er schnitt ihr das Wort ab und wollte wissen, warum sie nicht gekommen waren.

"Wir reinigten gerade die Toiletten." Sein Gesicht war wutverzerrt, und mit seiner bloßen Hand versetzte er ihr einen Schlag ins Gesicht. Von der Wucht des Schlages wurde sie zu Boden geschleudert. Als sie sah, wie er nach seinem Stock griff, legte sie schütztend die Arme um ihren Kopf. Der Schlag traf sie auf die Hände.

Schwester Remolda versuchte, ihn beim Arm zu fassen und rief: "Nicht, sie ist doch noch ein Kind!" Außer sich vor Wut schlug er mit seinem Stock auf Schwester Remolda ein.

Schockiert, daß er es wagte, eine Nonne so zu behandeln, erhob sich Elsie und rief: "So können Sie doch nicht mit ihr umgehen, sie ist doch eine Nonne!"

Eine weitere Einmischung in seine Angelegenheiten war mehr als Yamaji ertragen konnte. Er begann, Elsie mit seinem schweren Stiefel zu treten. Sie fiel wieder zu Boden, gelähmt von dem Schmerz in ihren Nieren. Yamaji mußte gedacht haben, er hätte sie getötet, denn er hörte auf einmal auf und schaute sie blinzelnd an. Schwester Remolda und Nita knieten sich neben sie. Ein Stöhnen zeigte ihnen, daß sie noch lebte. "Macht hier sauber!" befahl er kurz, drehte sich um und verließ das Gebäude. Es war gut, daß Dr. Marseille sich vor Schreck nicht hatte rühren können, denn wenn auch er sich noch eingemischt hätte, hätte Yamaji ihn wahrscheinlich getötet.

Ohne Röntgengerät konnte der Doktor nicht feststellen, ob Elsies Knochen gebrochen waren, und er hielt es für wahrscheinlich, daß ihr Trommelfell geplatzt war, da sie auf diesem Ohr taub war. (Elsies Handgelenke waren stärker verletzt, als man gedacht hatte, denn sie blieben geschwollen und heilten verunstaltet.) Ihr Kiefer war geschwollen und blau. Als Elsie aufstehen konnte, brachte Nita sie zu unserer Baracke zurück.

Ich war schockiert, als sie hereinkam. Die linke Seite ihres Gesichts war stark geschwollen. "Elsie, du bist verletzt! Was ist passiert?"

Tapfer lächelte sie mich an, doch in ihren Augen tanzte nicht das fröhliche Zwinkern. Ich wußte, daß sie starke Schmerzen haben mußte. "Nun, Mrs. Deibler, ich hatte gerade einen Zusammenstoß mit unserem guten Freund, Mr. Yamaji." Dann erzählte sie mir, was passiert war und zeigte mir ihren zerschlagenen Körper.

Rose brauchte bloß einen Blick auf ihre Tochter zu werfen, um zu wissen, daß etwas Schreckliches passiert sein mußte. "Ach Mama, es ist ja alles in Ordnung. Unser lieber Freund Yamaji mußte bloß mal wieder beweisen, daß er der große Boß ist." Sehr ausführlich erzählte sie die Geschichte. Um ihre Angst zu überspielen um das, was Yamaji ihrer Tochter noch antun könnte, begann Rose, sie auszuschimpfen - wie konnte sie nur so dumm sein, da sie doch wußte, was für ein Mann er war. Hatte sie denn bereits vergessen, was ihrer Mutter passiert war? Elsie spürte, wie aufgeregt ihre Mutter war und versuchte, sie zu beruhigen. Sie gab zu, es sei dumm gewesen und versprach, in Zukunft vorsichtiger zu sein. Wir zogen den improvisierten Vorhang um ihre Betten und ließen sie ausruhen.

Die Glocke zeigte an, daß wir uns im Gang am Fuß unserer Betten aufstellen mußten, um gezählt zu werden. Nachdem Kommandant Yamaji auf unsere Verbeugung mit einem Gruß geantwortet hatte, ging er mit dem Stock in der Hand den Gang entlang bis hin zu dem Bett der Davids. Ich folgte ihm wie gewöhnlich, wenn er eine Betteninspektion machte. Ich flehte zu Gott, daß er der Familie nicht noch weiteren Schaden zufügen möge. Er blieb stehen und schaute Elsie an, dann Rose. Alle Barackenbewohner wurden von Angst ergriffen. Schließlich - uns allen schien es eine Ewigkeit zu sein - deutete er mit seinem Stock in Elsies Richtung und sagte zu Rose: "Du hast eine sehr törichte Tochter. Ich habe ihr gesagt, sie soll kommen, und sie hat nicht gehorcht. Sie ist ungehorsam; sie ist töricht. Weißt du das?"

Um ihn zu besänftigen, antwortete Rose sofort: "Oh ja, Sir, ich habe ihr schon gesagt, daß sie sehr töricht ist. Ich habe ihr gesagt, daß sie Ihnen hätte gehorchen müssen. Ja, Sir, meine Tochter ist sehr töricht."

Darauf wandte Yamaji sich an Elsie und sagte: "Wenn ich dir in Zukunft einen Auftrag gebe, dann gehorchst du. Hast du verstanden?"

Elsie, deren linkes Auge so geschwollen war, daß sie es nicht mehr öffnen konnte, schaute ihn an und antwortete sehr leise: "Ja, Sir."

Wir gingen zurück zum Barackenausgang. Als er in der nächsten Baracke verschwand, seufzte ich erleichtert auf und schickte ein Dankgebet zum Himmel, daß keine Gewalt mehr geübt worden war.

Müde und emotional erschöpft ließ ich mich auf meine Koje sinken und dachte über das nach, was passiert war. Immer noch hatte ich Elsies zerschundenen Körper und ihr geschwollenes Gesicht vor Augen. Verse aus dem Matthäusevangelium gingen mir durch den Sinn: "'Liebt eure Feinde und betet für die, die euch verfolgen.' In Ordnung, Herr, ich werde für ihn beten. Von ganzem Herzen möchte ich, daß er nicht ewiglich verloren geht -, doch ich wünsche mir auch, daß es ihm heute abend elend zumute ist, daß du sein Gewissen anrührst - wenigstens für eine Weile." Wie einfach ist es, sich theoretisch über Vergebung zu unterhalten als wirklich das Unrecht zu vergeben, das einem unserer Lieben angetan worden ist. Wenn wir entsprechend provoziert werden, steckt in jedem von uns die Anlage zur Gewalt - wenn nicht die Gnade Gottes wäre. "Was wäre ohne dich aus mir geworden?

Vergib mir, Herr!" Mit einem Gebet auf den Lippen, daß Gott sich seiner erbarmen möge, schlief ich ein.

Trotz unserer Isolierstation konnte die Ruhrepidemie nicht eingedämmt werden. Um den Ruhrvirus abzutöten, brauchte man eben doch mehr als nur ein wenig Seife und Wasser. Da wir keine Medikamente zur Verfügung hatten für die Behandlung der Patienten, konnten wir nur hoffen, daß sie körperlich kräftig genug waren, um wiederholt mit Salzen entschlackt zu werden. Danach bekamen sie nichts zu essen, um das Verdauungssystem zu reinigen, den Durchfall zum Stillstand zu bringen und den entzündeten Gedärmen Zeit zu lassen, abzuheilen. Wenn der Patient sich einigermaßen erholt hatte, bekam er Reiswasser und später einfachen Reisporridge. Wenn der Durchfall unter Kontrolle blieb, durfte der Patient Reis essen. Die Erwachsenen verstanden wenigstens, warum wir so verfahren mußten, doch den Kleinen schien es eine sehr grausame Behandlungsmethode zu sein. Manchmal war es mehr, als wir ertragen konnten. Oh Gott, es war so schrecklich - der bittende, verletzte, gejagte Blick in den Augen der Kleinen, die wimmerten und nicht verstehen konnten, warum man sie so behandelte. Der Kummer der Mütter, die ihre kranken Babys nicht füttern konnten, war fast unerträglich. Die Augen der Mütter bekamen denselben gehetzten Blick, wenn sie ihre Kleinen an sich drückten, hin und her wiegten, beruhigend auf sie einsprachen und ihnen zärtliche Worte zuflüsterten, bis der Schlaf ihnen eine Ruhepause von den Magenkrämpfen und dem Hungergefühl verschaffte. Ich redete den Müttern gut zu, daß ihre Kinder niemals an ihrer Liebe zweifelten. Wenn ich, wie diese Kleinen, Gottes Handeln mit mir nicht verstand, betete ich: "Hab Geduld mit mir, Vater. Vergib mir meine Tränen und meinen Jammer. Laß mich deine liebenden Arme um mich spüren, dann wird mein Herz es verstehen. Ich werde aufhören zu fragen und wissen, daß du es gut mit mir meinst."

Die offenen Drainagen, in denen der Schweinemist abfloß, waren ideale Brutstätten für die Fliegen. Sogar dem Kommandant waren die Fliegen mittlerweile lästig geworden, darum mußte etwas dagegen unternommen werden! Insektizide waren nicht verfügbar. Als der Befehl erging, jede Frau im Lager habe 100 Fliegen pro Tag zu töten und persönlich in seinem Büro abzuliefern, hielten wir alle das für einen Scherz. Leider. Er beobachtete uns, während wir unsere Beute in einen Behälter auf den Treppenstufen zu seinem Büro ablieferten. Nachdem einige Frauen seinen Stock zu spüren bekommen hatten, weil sie die Tagesquote nicht erreicht oder die Fliegen durchgeschnitten hatten, damit es so aussah, als seien es hundert, wurde uns klar, daß es wirklich sinnvoll war, die geforderte Quote zu fangen. Wir konnten nie wissen, wann wir zu den Auserwählten gehörten, deren Beute gezählt wurde. Die meisten Fliegen gab es in der Nähe des Schweinestalls, darum rannten wir, wann immer es unsere Zeit erlaubte, zu den Schweineställen, um die entsprechende Anzahl an Fliegen zu töten. Die vielen hundert Frauen, die auf einmal alle zu den Schweineställen strömten, um Fliegen zu fangen, mußten sehr unangenehm für diejenigen sein, die dort arbeiteten, doch wir unterließen es erst, nachdem ein offizieller Befehl ergangen war, daß diese Sitte aufzuhören habe, da die Schweine dadurch gestört würden.

Nun mußten wir uns etwas anderes einfallen lassen, und jemand erinnerte sich daran, daß die Fliegen von Seifenlauge angezogen wurden. Also rührten wir jeden Morgen, bevor wir zur Arbeit gingen, eine Seifenlauge in einem Becher oder auf unserem Teller an und ließen sie stehen, um die Fliegen anzulocken. Wenn wir am Nachmittag unsere Quote immer noch nicht erreicht hatten, seiften wir unsere Hände ein und gingen hinunter zu den Latrinen. Jeder Schlag mit der offenen Hand brachte eine Beute von fünf oder sechs Fliegen, und wenn wir unsere Quote erfüllt hatten, brachten wir sie zum Büro. Wir schätzten, daß pro Tag etwa 60.000 Fliegen totgeschlagen wurden, doch es gab keinen bemerkenswerten Rückgang der Fliegenbevölkerung. Dies war eine höchst lästige Aufgabe. Schließlich wurde es Yamaji jedoch müde, tote Fliegen zu zählen, und diese Sitte, wie die Morgengymnastik, starb eines langersehnten Todes.

Eines Morgens kurz nach der Fliegenepisode gab man mir mehrere Gazestreifen mit der Anweisung, daraus Gesichtsmasken für die Frauen zu machen, die für die Essensausgabe verantwortlich waren. Mir wäre es lieber gewesen, aus einem größeren Stück Gaze einen Schutz für das Essen zu machen. Es wurde in der Zentralküche verteilt und dann in Körben in die einzelnen Baracken gebracht. Dies würde einen größeren Schutz vor den Fliegen bieten, die sich unterwegs auf das Essen setzten. Aber jede Vorsichtsmaßnahme gegen die Verbreitung der Krankheit war mir recht. Zu denken, daß die Frauen, die das Essen verteilten, verantwortlich waren für die steigenden Krankheitsfälle, war nicht ganz logisch.

Trotzdem fertigten wir die Gesichtsmasken an. Die Augusthitze war unerträglich, und die Masken waren sehr unbequem. Eines Morgens zog eine Frau sie ab und ließ sie an einem Ohr hängen. Natürlich war dies der Tag, an dem Yamaji seinen Rundgang machte. Er wurde wütend und beschlagnahmte unser ganzes Essen, obwohl nur eine Handvoll Leute bedient worden waren. Ich hatte mich in der Reihe der Wartenden noch nicht angestellt. Als mir jemand erklärte, was geschehen war, stellte ich meinen leeren Teller ab und lief zum Büro hinüber, um unser Essen zurückzuholen. "Es gefällt ihm, wenn wir vor ihm kriechen. Bitte, Herr, hilf mir, daß ich ihn besänftigen kann." Ich kam noch rechtzeitig; die Körbe mit dem Essen standen noch auf dem Fußboden in seinem Büro. Doch als er sich auf einmal zwischen mich und das Essen stellte und *Mau apa*? "Was willst du?" rief, vergaß ich vor Schreck fast, was ich sagen wollte. Ich wich zurück und versuchte zu erklären, wie leid es der Frau tat, daß sie ihre Maske abgenommen hatte. Es sei sehr falsch gewesen und würde nicht wieder vorkommen, doch ich müßte hungrige Kinder ernähren und hungrige Frauen, die das Essen brauchten, damit sie an diesem Nachmittag wieder hart arbeiten konnten. Sie hätten ja nichts Falsches getan, warum sollten sie also bestraft werden?

"*Du* bist diejenige, die etwas Falsches getan hat. Du bist die Aufseherin über die Baracke und hast dafür zu sorgen, daß die Frauen ihre Maske tragen."

"Sie haben recht, Sir, der Fehler liegt bei mir." Ich betonte, wie *bodoh* ich gewesen sei, was "dumm" oder "töricht" bedeutete. Dies war ein Wort, mit dem er uns besonders gern bedachte. Es schien ihn auch tatsächlich zu besänftigen, denn er bedeutete mir, das Essen zu nehmen und verschwand.

Ich rief einige Frauen, die die Vorgänge beobachteten, herbei. Sie sollten mir helfen, das Essen zurück zur Baracke zu bringen. Auf dem Rückweg ging mir der Vers durch den Sinn: "Das eine Wehe ist vorüber; siehe, es kommen noch zwei Wehe nach diesen Dingen." Dieser Vers sollte sich noch bewahrheiten.

Wir hatten uns selbst Lampen gebastelt aus Blechbehältern mit einem Docht aus Tuch, doch die Kerosinzuteilungen waren so knapp, daß wir sie nur im äußersten Notfall benutzten. Nachdem wir uns den Staub dieses Tages abgewaschen, die Ankündigungen gelesen und unsere Andacht gehalten hatten, waren die meisten von uns bereit, sich schlafenzulegen. Einige besuchten noch Freunde in anderen Baracken.

Seit ihrem Umzug in Baracke 6 und seit Dr. Jaffray nicht mehr da war, hatten wir nicht viel von Margaret und Mrs. Jaffray zu sehen bekommen. Gelegentlich half Mrs. Jaffray bei der Zubereitung des Gemüses in der Küche der Krankenstation, so daß Lilian sich ab und zu mit ihr austauschen konnte. Margaret war der Gruppe zugeteilt worden, die die Lastwagen entlud - eine sehr schwere Arbeit - darum bekamen wir sie nur selten zu Gesicht. Margaret vermißte ihren Vater sehr; die Trennung war für sie besonders schwer. An diesem besonderen Morgen hatte sie eine Auseinandersetzung mit ihrer Mutter, und da sie ihre aufgestauten Gefühle abreagieren mußte, rannte sie in das hohe Gras hinter den Baracken und brach in Tränen aus. Auf einmal stand sie Kommandant Yamaji gegenüber, der sie fragte, was sie dort täte. Sie versuchte, es ihm zu erklären, doch er trieb sie vor sich her zu seinem Büro. Dort schloß er sie zusammen mit einem Eingeborenen in einem Zimmer ein. Sie wurde beschuldigt, den Versuch unternommen zu haben, zu diesem Eingeborenen Kontakt aufzunehmen. Unglücklicherweise hatte Yamaji ihn kurz zuvor in der Nähe der Stelle aufgegriffen, wo er auch Margaret angetroffen hatte. Mr. Yamaji hatte sich verborgen gehalten und auf die Frau gewartet, die sich mit diesem Eingeborenen verabredet hatte. Glücklicherweise bestritt der Mann, sich mit Margaret verabredet zu haben, er sagte, er hätte sie noch nie gesehen und auch nicht versucht, Kontakt zu ihr aufzunehmen. Yamaji glaubte ihm und ließ Margaret frei.

Sofort kam sie zu mir und erzählte mir, was vorgefallen war. "Gott sei Dank, daß er dir geglaubt hat, Margaret. Was ist mit dem Mann?" Sie wußte nur, daß er gefesselt in diesem Raum zurückgeblieben war. Wir redeten noch eine Weile, bis sie aufhörte zu zittern und meinte, sie ginge besser an ihre Arbeit zurück.

Auf einmal ertönte die Glocke, und Boten rannten im ganzen Lager herum und verkündeten, die Gefangenen hätten sich sofort vor dem Büro des Kommandanten zu versammeln. Lilian Marsh stand neben mir. Als alle versammelt waren, wurde uns befohlen, in Hab-Acht-Stellung zu stehen. Dann erschien Yamaji mit dem Eingeborenen. Er befahl ihm, den Namen der Frau zu nennen, doch der Mann schüttelte nur den Kopf. Yamaji schlug ihn, doch er blieb still. Die Sonne brannte auf uns hernieder, während Yamajis Augen durch die Reihen wanderten und nach einem Gesicht suchte, das Schuld oder Furcht verriet. Uns wurde befohlen, in einer Reihe an dem Eingeborenen vorüberzuziehen, ihn anzuschauen und auf ein Zeichen von Yamaji hin weiterzugehen - alle eintausend Frauen. Es war Mittagszeit, die Sonne stand sehr hoch und brannte unerträglich auf uns hernieder. Die Hitze war kaum auszuhalten. Eine Reihe nach der anderen bewegte sich vorwärts. Ich war überzeugt davon, daß der Eingeborene niemals die Frau verraten würde, mit der er sich hatte treffen wollen. Die nächste Reihe. Aber was, wenn er fälschlicherweise eine unschuldige Frau herauspicken würde? Vor Furcht fing ich an zu schwitzen.

Lilian ging direkt vor mir in der Reihe. Ihr Gesicht war weiß wie ein Tuch, und ich hatte Angst, daß sie durch der Hitze und die unerträgliche Anspannung ohnmächtig würde. Eine falsche Bewegung, ein Anzeichen von Angst oder auch nur Mitleid - alles konnte Yamaji veranlassen zu glauben, sie sei die Gesuchte. Seine Augen suchten nach Anzeichen des Erkennens in den Augen des Eingeborenen oder der Frau vor ihm. Wenn Lilian ohnmächtig würde ... doch sie war eine Frau von starkem Charakter. Totenblaß trat sie vor und blickte den Mann und Yamaji ohne mit der Wimper zu zucken an, dann ging sie auf Yamajis Zeichen hin weiter. Meine Sorge um sie nahm mir einen großen Teil meiner eigenen Furcht. Ich trat vor, und auf sein Zeichen hin stellte ich mich wieder neben Lilian in die Reihe zurück.

Der Nachmittag schleppte sich dahin. Es dauerte lange, bis die letzte Frau auf ihren Platz zurückgekehrt war. Dieser Eingeborene mußte ein Mensch von noblem Charakter und ungewöhnlichem Mut sein. Er hatte die Frau nicht verraten.

So schrecklich die ganze Situation bis jetzt gewesen war, das war nichts im Vergleich zu dem, was wir nun mitansehen mußten. Yamaji ließ seine aufgestaute Wut an dem Mann aus. Die Schläge mit seinem Stock waren so brutal, daß er bestimmt einige Knochenbrüche erlitt. Die Hände des Mannes wurden hinter seinem Rücken zusammengebunden, damit er sich nicht schützen konnte. Mit aufeinandergebissenen Zähnen ertrug er die Bestrafung. Doch schließlich wurde es auch ihm zu viel. Mit einem Schrei ging er zu Boden. Nun warf Yamaji seinen Stock beiseite und versetzte ihm Tritte mit seinen schweren Stiefeln - in die Rippen, den Magen, an den Kopf, kein Körperteil wurde ausgespart. Lieber Gott, wann wird er endlich aufhören? Der Kommandant ist verrückt.

Einige schlossen ihre Augen, doch vor den Geräuschen konnten sie sich nicht verschließen. Ich verspürte den Drang, mich zu übergeben, doch ich wurde mir bewußt, daß der stellvertretende Kommandant dabeistand und uns beobachtete - wenn er einmal seine Augen von Yamaji und seinem Opfer abwenden konnte. Zum ersten Mal verstand ich den Sinn des Wortes "blutrünstig". Es zeigte sich in dem Funkeln seiner Augen, während er beobachtete, wie ein Mensch getreten und geschlagen wurde - vielleicht zu Tode.

Schließlich trat Yamaji erschöpft zurück. Der Mann lag bewegungslos auf dem Boden. Seine Kleidung war zerrissen und blutgetränkt, keine Regung zeigte, ob er noch am Leben oder schon tot war. Er wurde fortgezerrt; dann wurden wir entlassen. Ich war innerlich aufgewühlt und betete, daß ich niemals wieder etwas Ähnliches würde mitansehen müssen. Wir erfuhren niemals, was aus ihm geworden war, oder mit wem er sich hatte treffen wollen - wir fragten auch nicht danach. Doch vor zwei Dingen hatten wir von da an großen Respekt: vor dem Stock und den Stiefeln des Kommandanten.

Nichts hatte bisher eine so demoralisierende Wirkung auf uns gehabt wie dieser Zwischenfall. Wir hatten das Gefühl, Vorsichtsmaßnahmen treffen zu müssen, daß so etwas nicht wieder vorkam. Bei einem Treffen der Barackenführer mit Mrs. Joustra sprachen wir über die Möglichkeit eines eigenen Überwachungssystems gegen diese Eindringlinge. Die Frauen des Lagers waren mit unserem Vorschlag einverstanden; doch wer würde während der Nacht Wache stehen? Die Barackensprecher vereinbarten, sich von sieben Uhr abends bis sieben Uhr morgens alle zwei Stunden abzuwechseln. Dies bedeutete, daß man jede zweite Nacht zwei Stunden Wache hatte. "Und wenn wir wirklich einen Eindringling erwischen?" Wir kamen überein, daß wir ihn dann Mr. Yamaji melden würden. Diese Aktion sollte genauso zu unserem Schutz wie zu dem der Eingeborenen dienen. Bis wir beim Büro waren und Mr. Yamaji geholt hatten, würde der Eingeborene lange fort sein.

Meine erste Nachtwache war sehr dunkel. Ich stand reglos und mußte meine Augen erst an die Dunkelheit gewöhnen. Ich machte gerade meinen zweiten Rundgang um das Lager. Meinen Stock hielt ich fest in Händen und bewegte mich lautlos auf bloßen Füßen, lauschte angestrengt auf jedes Geräusch im hohen Gras, das auf einen tollwütigen Hund hindeutete. Ich hatte die Hälfte des Weges bereits zurückgelegt, als mir das Blut in den Adern gefror. Im Gras auf der anderen Seite des Stacheldrahtes bewegte sich etwas. Ein Hund? Meine Hand umklammerte den Stock, als eine große Gestalt im Gras auftauchte. Ich war vor Angst wie gelähmt. Tief atmete ich ein und ganz langsam wieder aus. Dann fragte ich: "Wer da?" Eine recht überflüssige Frage an einen Eingeborenen, denn die Antwort lautet unwillkürlich: "Ich."

"Vergiß es, ich will deinen Namen eigentlich gar nicht wissen, doch ich muß dem japanischen Lagerkommandanten Bericht erstatten, daß ich jemanden hier gesehen habe. Wir versuchen, uns selbst und euch zu schützen. Ein Angehöriger deines Volkes ist letzte Woche schrecklich bestraft worden. Vielleicht ist er sogar gestorben. Warn dein Volk, nicht hierherzukommen. Und nun geh so schnell du kannst, und verwische deine Spuren, damit du nicht verfolgt werden kannst." Er schien mir zu glauben, denn er verschwand sofort in der Dunkelheit. Ich blieb noch eine Weile stehen, um meine Fassung wiederzugewinnen, dann ging ich langsam zum Verwaltungsgebäude in der Mitte des Lagers.

Es war ungefähr zehn Uhr. Yamaji war nirgendwo zu sehen, nur sein Stellvertreter war da. Ich berichtete, ich hätte jemanden außerhalb des Zauns gesehen. Wie immer antwortete er mit einem nasalen "Aw! Aw!" Vielleicht verstand er ja indonesisch und konnte es nur nicht sprechen.

Als ich aus dem Büro trat, um ihn zu dem Ort zu führen, wo die Begegnung stattgefunden hatte, erkannte ich, daß er mir nicht gefolgt war. Ich ging zurück ins Büro. Er beugte sich gerade über seinen Revolvergürtel. Er zog eine Pistole heraus, um sicherzugehen, daß sie geladen war, steckte sie wieder in den Halter, nahm eine Taschenlampe, überprüfte sie, dann setzte er sich, und zog seine schweren Stiefel an. Er bedeutete mir, ich solle ihn nun führen, und er folgte mir die Treppe hinunter. Während wir zusammen zu der Stelle gingen, wo ich den Eingeborenen gesehen hatte, leuchtete er mit seiner Taschenlampe in alle Richtungen. Immer blieb er dicht hinter mir. Ich hatte gewußt, daß er eine arme Kreatur war, doch ich hätte ihn nicht für einen solchen Feigling gehalten. Den ganzen Weg bis zum Zaun mußte ich vor ihm hergehen - so wie ich früher meinen jüngeren Bruder Ralph immer vor mir hergeschoben hatte, wenn ich in den dunklen Keller hinuntersteigen mußte. Ob er wohl dachte, ihm drohe Gefahr von dem Eingeborenen, oder ob er vielleicht sogar Angst hatte, ich würde ihn von hinten anspringen? Tagsüber schüchterte er wehrlose Frauen ein, und nachts war er ein schrecklicher Feigling - trotz geladener Pistole, Taschenlampe und schwerer Stiefel. Wir Frauen gingen auch zu später Nachtstunde noch im Lager herum, bewaffnet nur mit einem Stock als Waffe gegen wildgewordene Hunde. Dieser Gegensatz ärgerte mich. Wenn man Angst hatte, brauchte man sich nicht zu schämen. Aber Feigheit, das war etwas anderes. Ich ging auch nicht gern hinter den Schweinestall, wo es unglaublich dunkel war, und wo dann auf einmal ein Höllenlärm losbrechen konnte, wenn die Schweine anfingen zu quieken, weil sie irgend etwas aufgeschreckt hatte. Ich mochte es nicht, denn ich bin nicht besonders mutig. Aber trotzdem ging ich dorthin, und ich rannte auch niemals fort.

Ich zeigte ihm die Stelle, wo ich den Mann gesehen hatte. Das Gras war noch etwas heruntergetreten, doch sonst gab es keine Anzeichen, daß jemand hiergewesen war. Ich weiß nicht, wer von uns mehr erleichtert war. Mit seiner Taschenlampe leuchtete er das Gebiet ab. Dann ging er zum Büro zurück, nun ging ich als Rückendeckung hinter ihm her. Ich dachte, es sei doch schade, wenn er nicht eine Erinnerung an seine tapfere Suche nach dem Eindringling mitnehmen würde. Darum trat ich neben ihn und sagte: "Diesen Weg, Sir", und führte ihn durch ein Klettenfeld. Als wir das beleuchtete Verwaltungsgebäude erreichten, sahen seine makellosen weißen Socken aus wie pelzige graue Wickelgamaschen. Angewidert schaute er auf sie hinunter. Als ich sah, wie sein Gesicht sich vor Wut verzerrte, verbeugte ich mich hastig und sagte: "Gute Nacht, Sir" und zog mich zurück. Auf dem Weg zu den Baracken dachte ich daran, wieviel Freude es ihm bereiten würde, diese Kletten zu entfernen! Aus dem ungnädigen Blick, den er mir nachwarf, schloß ich, daß er mir nicht mehr besonders wohlgesonnen war.

Als ich später noch einmal über diesen Zwischenfall nachdachte, fragte ich mich, wo der Kommandant an diesem Abend wohl gesteckt hatte. Vielleicht war er der Eindringling gewesen. Vielleicht hatte er die Feigheit seines Untergebenen miterlebt. Vielleicht konnte er auch nur "Smartys" Possenreißerei nicht mehr ertragen. Aus welchem Grund auch immer, wenige Tage später wurde sein Stellvertreter aus dem Lager entfernt.

Ein oder zwei Tage später kam Smartys Ablösung. Ich weiß nicht, was wir erwartet hatten, doch dies ganz sicher nicht. Die Wagentür öffnete sich, und heraus stieg ein japanischer Bursche, der kaum zwanzig Jahre alt sein konnte. Er war genauso knochig wie wir Lagerinsassen. Sein Hals war lang und sein Kopf kugelrund. Er trug eine japanische Uniform. Als Kommandant Yamaji erschien, zog der Neue seine Kappe, verbeugte sich, trat dann lächelnd vor und schüttelte ihm die Hand. Wir konnten sehen, daß sein Haar ähnlich geschnitten war wie das von Mr. Yamaji. Da er spürte, daß wir Frauen ihn beobachteten, wendete er uns sein jungenhaftes Gesicht zu, lächelte strahlend und verbeugte sich mehrmals in unsere Richtung. Wir waren sehr erleichtert. Sofort bekam er den Spitznamen "Sweet Seventeen" (Süße siebzehn). Erst am anderen Morgen, als wir ihn in den hier üblichen Shorts sahen, entdeckten wir, was für große Füße er hatte. Ihre Größe wurde noch unterstrichen durch seine knöchelhohen Stiefel und die Khaki-Socken die über den Stiefelrand geschlagen wurden. Wenn er ging, beugte er sich vor wie jemand, der am Rand des Schwimmbekkens steht und gerade hineinspringen will. Daß Yamaji sich über seine Anwesenheit freute, war offensichtlich.

Beim Abendappell begleitete Sweet Seventeen den Kommandanten und Mrs. Joustra. Nachdem wir uns verbeugt und sie begrüßt hatten, erklärte Mr. Yamaji ihm etwas auf japanisch. Ich schnappte zwei Wörter auf - "Amerika" und "Deibler". Sweet Seventeen nahm seine Kappe ab und verbeute sich vor mir ein zweites Mal; dann gingen sie zu den anderen Baracken weiter.

Schon nach kurzer Zeit bemerkte ich, daß ich auserwählt worden war. Wo immer ich auch im Lager arbeitete, Sweet Seventeen tauchte auf, zog seine Kappe, lächelte und grüßte mich, indem er sich sehr tief vor mir verneigte. Niemals sagte er mehr als einen Gruß, doch ich wurde verlegen, wenn andere Frauen dies mitbekamen und Bemerkungen darüber machten. Ich bat sie um Hilfe, sie sollten mich warnen, wenn er in der Nähe war, dann würde ich verschwinden. Doch er schien mich immer aufzuspüren. Nichts an seinem Verhalten mir gegenüber hätte Anlaß zur Klage gegeben. Er war immer nett und freundlich. Und trotzdem beunruhigte es mich immer mehr.

Aber wir waren auch immer bereit, über lustige Vorgänge im Lager zu lachen. Es gab viele Frauen, die wir nie richtig kennenlernten, sondern nur vom Sehen her kannten. Während einer bestimmten Periode von einer Woche oder zehn Tagen kamen sehr oberflächliche Bekannte aus anderen Baracken vorbei, um sich ein wenig mit mir zu unterhalten. Oft ließen sie einige persönlichen Fragen einfließen, die so lächerlich waren, daß ich nur vage oder ungenau antwortete. Als ich über diese Fragen nachdachte, fiel mir auf, daß sie sich um drei Dinge drehten: um das Geld meines Vaters, Filme und um das Fliegen.

Eines Morgens bekam ich Besuch von einer Frau, die der obersten Gesellschaftsschicht angehört hatte. Die Entbehrungen der Internierung hatten ihr wahres Wesen zum Vorschein kommen lassen. Offensichtlich verspürte sie den Drang, die Wahrheit über mich herauszufinden. An diesem Morgen schaute sie mich an und fragte recht unverschämt: "Stimmt es, was die Jungen über Sie erzählen?"

"Welche Jungen? Und was erzählen sie über mich?"

"Sie wissen schon, die Jungen aus Ihrer Baracke. Sie sagen, Sie stammten aus einer reichen texanischen Familie, seien ein Filmstar und besäßen ein eigenes Flugzeug."

Ihr abfälliger Tonfall, als sie die Jungen aus meiner Baracke erwähnte, machte mich wütend. "Wirklich, Mrs. Belksma, Sie wissen doch, wie Kinder reden!" antwortete ich, drehte mich um und ging fort. Zweierlei war mir klargeworden: Ganz sicher würde ich die Jungen vor einer solchen Frau nicht bloßstellen; und zweitens mußte ich mich einmal ernsthaft mit ihnen unterhalten.

Auch an diesem Nachmittag kamen die Teenager plaudernd und lachend von der Arbeit. Als sie mich sahen, riefen sie: "Guten Tag, *Mevrouw* Deibler."

"Guten Tag. Ach, eh ich es vergesse, ich habe ein Problem. Sobald ihr Jungen gebadet habt, würde ich euch gern an der Westseite der Baracken treffen. Ich möchte mit euch sprechen."

Betroffenes Schweigen folgte. Jemand sagte: "Ja, *Mevrouw* Deibler." Als sie weitergingen, steckten sie die Köpfe zusammen und flüsterten miteinander.

Ich traf sie im Kreis sitzend an. Sie wollten sich erheben, doch ich bedeutete ihnen, sitzenzubleiben und setzte mich zu ihnen. Es fiel mir schwer, ernst zu bleiben, sie wirkten so beunruhigt. Ich erzählte ihnen kurz von den Fragen, die mir in der letzten Zeit gestellt worden waren, und vor allem von dem Gespräch mit der Frau heute morgen. "So, ihr Jungen, könnt ihr mir erklären, was das alles soll? Wenn man mich für eine Millionärin und Schauspielerin hält, die ihr eigenes Flugzeug fliegt, dann würde mich einmal interessieren, wie ich dazu gekommen bin."

Sie schauten sich eine Weile an, dann ergriff Normie, der offensichtlich zum Sprecher gewählt worden war, das Wort. Er erklärte mir (mit gelegentlichen Einwürfen von seinen Freunden), wie es dazu gekommen war, daß ich auf einmal den oberen Zehntausend angehörte. Ich konnte mir alles genau vorstellen. Es mußte etwa so abgelaufen sein: Die jungen Leute hatten die Aufgabe bekommen, die Ostseite des Lagers in der Nähe des Stacheldrahtes zu säubern. Während einer Pause prahlten sie nicht mit ihren Vätern, sondern mit ihren Barackensprecherinnen! Einer der Burschen aus einer anderen Baracke sagte, die anderen Sprecherinnen seien alle sehr gewöhnlich. "Ja", hatte einer seiner Freunde hinzugefügt, "unsere Barackensprecherin ist die Frau des Bürgermeisters von Makassar."

"Bürgermeister? Ha, der Mann unserer Sprecherin war Aufseher über ein großes Gebiet auf den Kleinen Sunda Inseln."

"Bürgermeister? Aufseher? Das ist doch gar nichts. Unsere Sprecherin ist die Frau eines Gouverneurs."

Ich konnte mir vorstellen, wie sich die Gedanken der Jungen aus Baracke 8 überschlugen. Sie, die Ausländer, mußten wirklich eine Geschichte bringen, die alle ausstechen würde. Darum hatten sie die Köpfe zusammengesteckt und sich beraten. Wer was vorgeschlagen hatte, wußten sie nicht mehr zu sagen, doch als die anderen fertig waren, kamen meine Jungen mit einer Geschichte heraus, die nicht mehr überboten werden konnte. Es war unmöglich, ernst zu bleiben. Als sie erkannten, daß ich nicht böse war, erklärten sie mir alles noch ausführlicher und ließen keine Einzelheit aus.

"Nun, was ist daran so besonders?" hatte ein Junge aus Baracke 8 gefragt. "Sind sie selbst Bürgermeister, Aufseher oder Gouverneur? Sie sind nur die Ehefrauen. Was haben sie schon geleistet? Sicher, eure Lehrerin hat eine gute Ausbildung, und sie hat Verstand, aber das Lager ist voll von Lehrerinnen. Wir wissen nicht, ob wir es erzählen dürfen, unsere Sprecherin möchte bestimmt nicht daß die Leute es erfahren - ihr wißt ja, wie Filmstars sind!"

"Ein Filmstar? Ihr meint, Mrs. Deibler sei ein Filmstar?"

"Fragt sie doch - nein, macht uns besser keine Schwierigkeiten. Wißt ihr, sie kommt aus einer sehr reichen texanischen Familie. Öl, glauben wir, aber was auch immer - sie haben massenhaft Geld. Sie hat ihr eigenes Flugzeug in Amerika. Ihr Vater hat es ihr geschenkt, und sie fliegt selbst, hat es gelernt, als sie noch sehr jung war - vielleicht mit fünfzehn oder sechzehn Jahren, denn jetzt ist sie ja erst Mitte zwanzig."

Darum hatten die Frauen mir also so seltsame Fragen gestellt. Wie gut, daß man mir den Vitaminmangel noch nicht ansah. Ich erinnerte mich an einige unschuldige und oberflächliche Antworten, die sie mir leicht als Verschleierung meiner wahren Identität auslegen konnten. Und dabei hatte ich nicht einmal eine dunkle Brille. Ich mußte den Jungen einfach von der Frau erzählen, die mich ganz offen gefragt hatte, ob mein Vater im Ölgeschäft sei. "Oh nein, mein Vater ist im Holzhandel", antwortete ich. (Er arbeitete in einer Sägemühle.) Ob ich schon einmal geflogen sei? fragte eine andere Frau. "Nur ein wenig - nichts Größeres als eine zweimotorige Maschine hier in Makassar." (Wie konnte ich wissen, daß man mich für eine Pilotin hielt?) Ob ich einen Film über meine Kriegserlebnisse machen wolle, wenn ich in die Staaten zurückkehrte? Ich fragte mich, ob sie wohl dachten, alle Amerikaner seien reich und lebten in Hollywood, doch ich antwortete: "Vielleicht. Ich werde das Drehbuch selbst schreiben und ihm den

Titel geben *Die Reichen in Lumpen.*" Wir lachten, bis uns alles wehtat.

"*Mevrouw* Deibler, das waren prima Antworten", sagte Bertie. "Und Sie sind wirklich nicht böse? Sie werden uns nicht verraten?"

"Nein, ich bin nicht böse, und ich werde euch nicht verraten, aber ich werde auch niemanden anlügen. Aber eines müßt ihr mir versprechen: ihr dürft die Geschichte nicht noch ausweiten. Versprochen?"

"Versprochen!" Ich streckte meine rechte Hand aus und neun rechte Hände umklammerten sie. Wir hatten ein Abkommen getroffen. Ich stand auf, um die Versammlung aufzulösen, als einer von ihnen leise sagte: "*Mevrouw* Deibler, Sie sehen wirklich aus wie ein Filmstar."

Tränen traten mir in die Augen: "Danke, Jungs. Ich weiß, was ihr sagen wollt, und ich denke, ihr seid die Größten!" Sie erhellten mir den Tag, denn ich hatte das Gefühl, daß sie die Schönheit meines Herrn gesehen hatten. Ich wußte, ich hatte eine sehr wertvolle Verbindung zu der größten Gruppe von Teenagern in unserem Lager hergestellt.

Mit der Ankunft von Frauen und Kindern aus Bali, Lombok, Sumbawa und den angrenzenden kleineren Inseln wurden leere Betten gesucht. Die meisten Neuankömmlinge wurden in Baracke 7 untergebracht. Dann wies man mich an, ein Bett für eine Frau zur Verfügung zu stellen, die in ein oder zwei Tagen ankommen sollte. Über ihre Identität bekamen wir keine Auskunft. Auch sagte man uns nicht, warum sie ausgerechnet in unserer Baracke untergebracht werden sollte, wo es in anderen Baracken noch genügend freie Betten gab.

Ich protestierte, denn wir hatten keine freien Betten, doch der Lagerkommandant zeigte auf ein Bett, das freigemacht werden konnte, wenn man zwei kleinere Kinder zusammen in ein Bett legte. Im großen und ganzen überließen die Japaner die Unterbringung der Lagerinsassen den Barackensprecherinnen, sie hatten nur darauf zu achten, daß die Ausländer zusammen in Baracke 8 kamen. Warum wollten die Japaner diese Frau unbedingt in unserer Baracke unterbringen? Je mehr wir über diese Tatsache spekulierten, desto gespannter wurden wir. Dann kam sie an - eine richtige Amazone, fast zwei Meter groß, und sie mußte an die hundert Kilo wiegen. Sie steckte noch voller Energie und war bei guter Gesundheit, was man von uns nicht mehr behaupten konnte. Es war schwierig, jenen, die *gemuk basah* (dick und wohlgenährt) waren, wie die Indonesier sagen, nicht argwöhnisch gegenüberzustehen. Wir anderen waren *kurus kering* (abgemagert). Eine Gefangene von den Kleinen Sunda Inseln warnte uns, sehr vorsichtig zu sein, da man diese Frau im Verdacht habe, eine Informantin zu sein. Ich befahl meine kleine Schar dem Schutz Gottes an und betete, daß er den Plan des Feindes zunichte machen möge.

Die Hitze des Nachmittags war unerträglich. Tiele Noll und ich hatten gerade die Bottiche für die Küche vollgepumpt, als die Glocke ertönte, die anzeigte, daß wir uns vor dem Büro des Kommandanten versammeln sollten. Die Frauen aus dem Schweinestall, aus dem Garten, die für das Beladen des Lastwagens zuständig waren, und das Küchenpersonal konnten zu ihrer Arbeit zurückkehren, während wir anderen uns vor den Baracken aufstellten. Mr. Yamaji ging zwischen den Reihen auf und ab und schaute uns von Kopf bis Fuß an wie ein Viehändler, der ein Stück Vieh kaufen will. Einigen Frauen wurde befohlen, zur Vorderseite zu gehen. Ruth Presswood gehörte dazu. Er erklärte dann, daß aufgrund der Krankheitsausfälle in den Schweineställen Ersatz notwendig sei. Die ausgesonderten Frauen sollten sich am folgenden Tag dort zur Arbeit melden.

Als ich in die Baracke zurückkam, fand ich Ruth in Tränen aufgelöst. "Darlene, wenn ich dort arbeiten muß, dann wird das mein Tod sein, das weiß ich."

Ich betete still für mich. "Oh Gott, schon wieder eine Krise - was sollen wir nur tun?" Ihr Husten hatte sich verstärkt, und in letzter Zeit hatte sie gelegentlich auch Blut gehustet. Ich wußte, sie hatte gar nicht so unrecht mit ihrer Befürchtung. "In Ordnung, Ruth, du betest, und ich werde mit Yamaji sprechen." Ich fand ihn in seinem Büro und erklärte ihm Ruths Gesundheitszustand.

"Das verstehe ich, doch Sie müssen einen Ersatz aus Ihrer Baracke für sie finden."

Einen Ersatz? Die einzigen beiden jungen Frauen, die kräftig genug waren, diese Arbeit zu leisten, hatten kleine Kinder. Es wäre unverantwortlich, diese Kleinen den Fliegenschwärmen und der Hitze des Schweinestalls auszusetzen. Dann hatte ich eine Idee - die Amazone! "Herr, ich weiß nicht einmal, wo sie in den letzten Tagen gewesen ist, doch sie wäre der geeignete Ersatz. Bitte gib, daß sie Ruths Platz einnehmen kann." Noch bevor ich sie nach dem Abendappell fragen konnte, kam sie auf mich zu und sagte, sie hätte gehört, daß ich jemanden suche, der Mrs. Presswoods Arbeit im Schweinestall einnehmen könne, und sie würde sich gern dafür zur Verfügung stellen. Ich war so dankbar, daß sie sich erboten hatte und sagte es ihr. Wer hatte ihr davon erzählt? Yamaji? Eines war sicher: Gott hatte mein Gebet erhört. Mir kam der Vers in den Sinn: Sie hatten Böses gegen mich beabsichtigt - indem sie diese Frau in unserer Baracke unterbrachten -, Gott aber hatte beabsichtigt, es zum Guten zu wenden.

Für Ruth war es sehr schwierig, die Pflichten einer Barackenschwester wahrzunehmen. Sie war ausgebildete Krankenschwester und gewöhnt, unter sterilen Bedingungen zu arbeiten. Es machte sie rasend zu sehen, wie hundert oder mehr Menschen Injektionen mit derselben Nadel bekamen, ohne daß sie zwischendurch sterilisiert worden wäre. "Durch eine so unverantwortliche Verfahrensweise können die Krankheiten doch übertragen werden!" wandte sie ein. Ich fragte Dr. Marseille, ob er mich für geeignet hielt, Barackenschwester zu werden. Er versicherte mir, daß er mir noch einiges beibringen könnte, und so übernahm ich Ruths Aufgabe. Obwohl sie im Nähraum arbeitete, stand sie immer zur Verfügung, um Fragen zu beantworten und Verbesserungsvorschläge zu machen. Nach Kriegsende stellte man fest, daß das Gewebe ihrer Lunge vernarbt war; sie hatte also recht gehabt, was ihren Gesundheitszustand betraf.

Im September bekamen wir einen neuen Lagerinsassen - Pater Bell, einen amerikanischen katholischen Priester, der früher Metzger von Beruf gewesen war. Seine Fähigkeiten wurden gebraucht für das Schlachten der Schweine für die japanische Armee in Makassar. Das Blut der Schweine wurde aufgefangen und zu Blutpudding verarbeitet, den diejenigen bekamen, die unter starker Anämie litten.

In dem Lastwagen, der Pater Bell aus Pare Pare brachte, befanden sich auch große Säcke mit Holzpantinen, die die Männer des Lagers für ihre Frauen und Töchter in Kampili gefertigt hatten. Auch Ruth und ich bekamen ein Paar. Sie hatten eine wundervolle Form und waren poliert. Ich erkannte das Material von Russells Hemd. Es war sehr aufregend und tröstend zugleich, diese Liebesgaben von unseren Männern zu bekommen, denn wir hatten nun länger als ein Jahr nichts mehr von ihnen gehört.

Wann immer Pater Bell frei hatte, war er umlagert von Frauen, die sich nach ihren Männern, Söhnen und Vätern erkundigten. Oft, wenn ich Pater Bell von einer Gruppe Frauen umgeben sah, wollte ich mich ihnen anschließen, doch jedesmal sagte der Herr mir: "Nicht jetzt, du kannst mir vertrauen. Sie brauchen die Ermutigung." Mein Herz war von Frieden und Ruhe erfüllt, wenn ich dann zur Baracke zurückkehrte.

Kampili lag genau zwischen zwei Lufträumen, die nun unter japanischer Kontrolle waren. Ständig wurde es von Tieffliegern überflogen. Wir kannten ihre Ziele nicht, doch eines Mittags kam ein Flieger zurück, verfolgt von einem Kampfflugzeug der Allierten. Sie lieferten sich über Mandai, dem Luftraum im Südosten des Lagers, einen Luftkampf. Der Japaner tauchte ab, überschlug sich und versuchte, den alliierten Flieger abzuschütteln, doch ohne Erfolg. Wir verloren jegliches Zeit- und Ortsgefühl und waren in eine Welt außerhalb unseres Gefängnisses entrückt. Wir standen auf der Seite des alliierten Piloten, beteten für ihn und waren fasziniert von seiner Taktik, das feindliche Kriegsflugzeug zu überwältigen. Plötzlich, nach einer Maschinengewehrsalve, explodierte das japanische Flugzeug. Der Pilot sprang mit dem Fallschirm ab, bevor das Flugzeug auf der Erde aufschlug. "Hurra!" ertönte es aus tausend Kehlen. Wir waren so von dem Schauspiel gefangengenommen, daß wir Mr. Yamaji nicht bemerkt hatten, der sich zu uns gesellt hatte. Als das alliierte Kampfflugzeug in der Ferne verschwand, rief eine begeisterte Frau ihm immer noch nach: "Hurra! Hurra! Er hat ihn abgeschossen!"

Wie ein Besessener brachte Yamaji sie zum Schweigen. Er schlug mit seinem Stock auf sie ein, bis ihre Schmerzensschreie unerträglich wurden. Er wütete, das sei einer seiner Landsleute gewesen - und schließlich hätte auch er Gefühle. Dann befahl er uns erschöpft, wieder an unsere Arbeit zu gehen. So unauffällig und schnell wie möglich entfernten wir uns von ihm. Wieder einmal erkannten wir, daß wir in Zukunft vorsichtiger sein mußten. Auch wurde uns klar, daß sein Befehl, Schützengräben zu graben, eine weise Maßnahme war. Wir mußten uns schützen können, wenn sich der Konflikt in unseren Bereich verlagerte. Wir hätten auch gern Schutzbunker gehabt, doch es wurde nur einer gebaut, und der war ausschließlich für die japanischen Offiziere bestimmt. Darum vertieften wir die Schützengräben, um einigermaßen geschützt zu sein.

Auch wurden wir angewiesen, wie wir uns im Falle eines Luftangriffs zu verhalten hatten. Sobald Flugzeuge zu hören oder sehen waren, sollte die Glocke geläutet werden. Alle Lichter hatten sofort gelöscht zu werden, und alle Barackeninsassen mußten die Baracken verlassen. In der ersten Nacht, als Fliegeralarm gegeben wurde, rannten wir zu den uns zugewiesenen Schützengräben. Wir halfen den Älteren und den Kindern, die uns heruntergereicht wurden. Auf dem Rücken liegend suchten wir den Himmel nach Flugzeugen ab. Nur wenn sie in das Licht der Suchscheinwerfer gerieten, konnten wir sie ausmachen - Bomber, die dem Luftraum ganz in unserer Nähe entgegenflogen. Wir hatten furchtbare Angst, daß eines der Flugzeuge seine tödlichen Schrapnellbomben verlieren könnte, bevor es das Gebiet des

Lagers überflogen hatte. Die Erde erbebte, die Stille der Nacht wurde zerrissen von dem Lärm der explodierenden Bomben. In die Verwirrung hinein erinnerte ich mich an das Bibelwort: "Dich erreicht es nicht. Dich erreicht es nicht. Dich erreicht es nicht." Ich wußte, daß dies ein Vers aus dem einundneunzigsten Psalm war, doch so sehr ich mich auch bemühte, mir fiel der Rest nicht mehr ein.

Nachdem die Flugzeuge ihre Bomben abgeworfen hatten, drehten sie nach Osten ab. Die Glocke läutete zur Entwarnung, und wir kehrten in unsere Baracken zurück. "Dich erreicht es nicht." Ich konnte den Morgen kaum erwarten, um den Vers nachzulesen. Bei Tagesanbruch holte ich meine Bibel hervor und las: "Tausend fallen an deiner Seite, zehntausend an deiner Rechten - dich erreicht es nicht" (V.7). Welch eine Zusage, die ich mitnahm in die vielen langen Nächte draußen in den Schützengräben.

Der Südwestmonsun brachte wolkenbruchartige Regenfälle; die Schützengräben füllten sich mit Wasser. Durstig trank der Boden, bis er gesättigt war; zurück blieben Pfützen und Schlamm. Yamaji blieb hart; niemand durfte während des Fliegeralarms in den Baracken bleiben. Wir wurden angewiesen, darauf zu achten, daß alle unsere Leute sich zu den Schützengräben begaben, sobald der Alarm gegeben wurde, Tag und Nacht, in der Regen- oder Trockenzeit.

Eine Nachts während des Fliegeralarms überprüfte der Kommandant einige der Baracken und stellte fest, daß eine Anzahl Mütter mit ihren Kindern nicht hinaus in die Schützengräben gegangen waren. Es kümmerte ihn nicht, daß es draußen regnete und einige Kinder krank waren. Seinem Befehl war nicht Folge geleistet worden - das konnte er nicht dulden.

Sobald Entwarnung gegeben worden war, wurden die Barackensprecherinnen vor seinem Büro zusammengerufen. Der Regen hatte aufgehört, und der Himmel hatte sich aufgeklärt. Yamaji war sehr aufgebracht. Ruhelos ging er hin und her und wartete ungeduldig darauf, daß wir alle da waren. Wir wurden angewiesen, uns in einem Halbkreis vor ihm aufzustellen; dann begann er, die Sprecherin von Baracke 7 zu befragen: "Sind alle Ihre Frauen nach draußen gegangen?"

"Nun, nein, Sir, aber ..." Sie begann zu erklären, warum die Frauen drin geblieben waren und entschuldigte ihr Verhalten mit dem Regen und den kranken Kindern. Daß diese Frau es wagte, die zu entschuldigen, die seine Befehle mißachtet hatten, war mehr als Yamaji ertragen konnte. Mit zwei großen Schritten war er bei ihr und versetzte ihr eine so kräftige Ohrfeige, daß sie durch die Luft geschleudert wurde. Ihr Haar, das sie in einem Zopf um den Kopf geschlungen trug, lag offen im Schlamm neben ihr. Mein erster Gedanke war: ein Schlag, der sie so weit durch die Luft schleudert, hat ihr sicherlich das Genick gebrochen. Mir war ganz elend zumute. Doch ohne Hilfe stand sie schließlich wieder auf und kehrte auf den Platz zurück, auf dem sie gestanden hatte. Ihr Gesicht sah übel zugerichtet aus und war geschwollen.

Als nächstes kam er zu mir. "Sind alle deine Frauen nach draußen gegangen?" brüllte er. So ruhig wie möglich erwiderte ich, daß jeder angewiesen worden sei, nach draußen zu gehen, als der Alarm ertönte. Ich stellte mich innerlich darauf ein, auch einen solchen Schlag zu erhalten, doch er ging weiter und befragte die anderen. Schließlich wurden wir entlassen, nicht ohne auf das hingewiesen zu werden, was passieren würde, wenn noch einmal gegen die Regeln verstoßen würde.

Ein Blick auf das Gesicht der Sprecherin von Baracke 7 war Warnung genug. Doch es gab immer Leute, die dachten: "Das kann mir nicht passieren! Ich werde nicht erwischt!" Wenige Tage später gab es mittags Fliegeralarm. Die meisten von uns hatten ihr Mittagessen bereits beendet und machten sich fertig, wieder an die Arbeit zu gehen. Wir ließen alles fallen und rannten zu den Schützengräben. Wir konzentrierten uns auf die Flugzeugformation in der Ferne und fragten uns, was sie wohl bombardierte, als wir einen Schmerzensschrei wie von einem verwundeten Stier hörten. Ich stand auf, um festzustellen, woher das Geräusch kam und sah, wie der Kommandant Lena Paul vor sich hertrieb. Mit jedem Schritt versetzte er ihr einen festen Schlag mit seinem Stock. Sie war so übel zugerichtet, daß sie wochenlang nicht sitzen konnte und auf dem Bauch schlafen mußte. Von da an mußte ich nie mehr nachprüfen, ob alle im Schützengraben waren.

Kapitel 7

Eines Sonntagabends Ende November las Pater Bell für die Katholiken des Lagers eine Messe. Am Ende des Gottesdienstes sagte er zu denen, die sich versammelt hatten: "Es ist jemand im Lager, der euer Gebet braucht. Ich kann euch keine näheren Einzelheiten sagen, aber wenn ihr beten könnt, dann betet für sie." An diesem Abend wurde viel spekuliert, wen er wohl meinte.

Am folgenden Morgen kam Mrs. Joustra zu unserer Baracke und fragte, ob sie mich wohl einmal sprechen könne. Wir gingen zu dem Grasstück hinter der Stelle, wo wir immer unser Essen einnahmen und unterhielten uns über die Arbeit und darüber, wie wir Jüngeren die vielen Kranken ersetzen könnten. Oft mußten wir zwei oder drei Extra-Arbeiten erledigen, um die Quoten zu erfüllen. Auf einmal brach sie ab und sagte: "Eigentlich wollte ich nicht über die Arbeit mit Ihnen sprechen. Ich wollte Ihnen sagen, daß Ihr Mann in Pare Pare sehr krank gewesen ist."

Als ich sah, wie sich ihre Augen mit Tränen füllten, packte ich sie bei den Schultern und rief: "Oh, Mrs. Joustra! Sie wollen doch nicht etwa sagen, daß er tot ist!"

"Doch", antwortete sie. "Er ist vor etwa drei Monaten im Lager von Pare Pare gestorben."

Ich war wie betäubt. Russell war tot. Er war schon drei Monate tot! Dies war einer der Augenblicke, wo ich das Gefühl hatte, der Herr hätte mich verlassen. Meine ganze Welt brach auseinander. Ich ließ Mrs. Joustra stehen. In meiner Bedrängnis schaute ich auf. Mein Herr war da, und ich rief: "Aber, Gott ...!"

Sofort ging mir ein Bibelwort durch den Kopf: "Mein Kind, habe ich nicht gesagt, wenn du durchs Wasser gehst, ich bin bei dir, und durch Ströme, sie werden dich nicht überfluten?"

Ich drehte mich noch einmal zu Mrs. Joustra um, nickte ihr zu und ging zurück zu den Baracken. Ich umfaßte meine Leiter und ließ meinen Kopf gegen die Sprossen sinken. Verzweifelt schloß ich die Augen und versuchte, gegen die schreckliche, kalte Hoffnungslosigkeit in mir anzukämpfen - drei Monate, Russell war schon seit drei Monaten tot; er war bereits beerdigt! Diese Endgültigkeit überwältigte mich. Ein solcher Schmerz war mir so neu, ich konnte nicht damit umgehen.

Ich hob meinen Kopf und sah die Lebenden, die mich brauchten, die darauf warteten, daß ich meine Aufgaben als Barackenschwester wahrnahm. Wie betäubt ging ich durch die Baracken. Es mußte ein

Wasserbehälter für die Zentralküche gefüllt werden. Auf dem Weg zur Pumpe schaute ich auf und sah, daß Sweet Seventeen auf mich zukam. Wie immer zog er seine Kappe, verbeugte sich sehr tief, dann richtete er sich auf und schüttelte mir unbeholfen die Hand. Mir wurde plötzlich klar, daß er von Russells Tod gewußt haben mußte und mir wahrscheinlich auf diese Art sein Mitleid ausdrücken wollte - eine Geste des Mitgefühls von einem siebzehnjährigen japanischen Jungen, der den Krieg vermutlich genauso wenig wollte wie wir. Wie an jenem Tag, dem 13. März, als Russell fortgebracht worden war, breitete sich Frieden in mir aus.

Gegen Mittag wußten alle Lagerinsassen über Russells Tod Bescheid. Während des Nachmittags und Abends kamen Freunde vorbei, um mir durch einen Händedruck, einen Blick, ein liebes Wort oder ihre Tränen zu zeigen, daß sie mitfühlten. Pater Bell kam auch und erklärte mir, warum er mir nichts von Russells Tod erzählt hatte. Die Japaner hatten ihn unter Androhung der Todesstrafe zum Stillschweigen verpflichtet. Heimlich hatte er von der Mutter Oberin meine Identität erfahren und versucht, mich zu meiden. "Ich hatte beschlossen, falls Sie kämen und mich nach Ihrem Mann fragten, Ihnen zu sagen, daß Russell sehr glücklich sei, denn ich weiß, daß er es nun ist."

Da wußte ich, warum der Herr mich immer davon abgehalten hatte, mit dem Pater zu sprechen. Ich hätte den Priester in eine sehr schwierige Lage, vielleicht sogar sein Leben in Gefahr gebracht.

Am vergangenen Sonntag hatte Mr. Yamaji den Priester nach der Messe darüber informiert, daß die Behörden in Makassar endlich die Erlaubnis erteilt hätten, mir den Tod meines Mannes mitzuteilen - war dies nicht eine unmittelbare Antwort auf das Gebet? Er hatte Mrs. Joustra gebeten, mir die traurige Nachricht zu überbringen.

Als Pater Bell sich verabschiedete, versicherte er mir noch einmal, daß Russell und er sich in Freundschaft und gegenseitigem Respekt begegnet seien, "obwohl wir unterschiedlichen Konfessionen angehörten". Ich blieb allein zurück mit meinem Kummer. Russell war der erste Tote in Pare Pare, der eine Familie in Kampili hatte. Wieder in meiner Baracke, holte ich vorsichtig die Holzpantinen hervor. Hatte Russell sie gemacht oder vielleicht jemand anderes - Ernie Presswood?

Am Spätnachmittag rief mich Mr. Yamaji in sein Büro. Er stand hinter seinem Schreibtisch. "*Njonja* Deibler, ich möchte mit Ihnen sprechen", begann er. "Wir leben im Krieg."

"Ja, Mr. Yamaji, das weiß ich."

"Was Sie heute erlebt haben, haben auch Frauen in Japan erlebt."

"Ja, Sir, das weiß ich auch."

"Sie sind noch sehr jung. Eines Tages wird der Krieg vorbei sein, und Sie können nach Amerika zurückgehen. Sie können tanzen gehen, ins Theater, wieder heiraten und diese schrecklichen Tage vergessen. Sie sind den anderen Frauen im Lager eine große Hilfe gewesen. Ich bitte Sie, verlieren Sie nicht Ihr Lächeln."

"Mr. Yamaji, darf ich Ihnen etwas sagen?" Er nickte, setzte sich und bedeutete mir, ebenfalls Platz zu nehmen.

"Mr. Yamaji, ich werde nicht trauern wie die Menschen, die keine Hoffnung haben. Ich möchte Ihnen von jemandem erzählen, von dem Sie vielleicht noch nie gehört haben. Ich lernte ihn kennen als kleines Mädchen in der Sonntagschule in Boone, Iowa, in Amerika. Sein Name ist Jesus. Er ist der Sohn des allmächtigen Gottes, des Schöpfers des Himmels und der Erde." Gott hatte mir eine wundervolle Gelegenheit gegeben, diesem japanischen Lagerkommandanten seinen Heilsplan zu erklären. Tränen liefen ihm die Wangen hinunter. "Er ist für Sie gestorben, Mr. Yamaji, und er schenkt Ihnen Liebe ins Herz - Liebe sogar für Ihre Feinde. Darum hasse ich Sie nicht, Mr. Yamaji. Vielleicht hat Gott mich hierher gebracht, damit ich Ihnen sagen kann, daß er Sie liebt."

Tränenüberströmt erhob er sich hastig, eilte in sein Schlafzimmer und schloß die Tür hinter sich. Ich konnte hören, wie er sich die Nase putzte und wußte, daß er immer noch weinte. Ohne Erlaubnis durften wir einen japanischen Offizier nicht verlassen, da er nicht zurückkam, blieb ich still sitzen und betete für seine Errettung, dafür, daß er dieses neue Leben in Jesus kennenlernen und eines Tages zu Hause Gottes Liebe seiner Frau und Familie weitersagen könnte. Schließlich wurde mir klar, daß er nicht mehr aus seinem Zimmer kommen würde. Ich verließ sein Büro. Von diesem Augenblick an wußte ich, daß Mr. Yamaji mir vertraute, und ich verstand auch, warum ich mich in Niederländisch-Ostindien aufhielt. Ob sein Indonesisch so gut war, daß er alles verstanden hatte, was ich ihm hatte klarmachen wollen, wußte ich nicht. Auf jeden Fall hatte es ihn bewegt.

Nachdem der Abendappell und die Andacht vorüber waren, gingen die Frauen zu Bett. Sie flüsterten nur, sogar die Vorübergehenden sprachen nur leise miteinander. Ich sagte gute Nacht und kletterte in meine Koje. Wie wünschte ich mir eine Schulter, an die ich meinen schmerzenden Kopf legen konnte, an der ich mich ausweinen konnte, bis ich keine Tränen mehr hatte. Ich fühlte mich so verletzlich und jung und brauchte so dringend die starken und tröstenden Arme des

Hirten um mich. Wer kann zerschlagen und wieder gesund machen? Wer kann zerbrechen und aus dem Zerbrochenen wieder etwas Schönes machen?

Auf einmal war mein Herr da, er war ganz nah bei mir. Ich dachte an die Bibelstelle: "Er hat mich gesandt, den Elenden frohe Botschaft zu bringen, zu verbinden, die gebrochenen Herzens sind ..., ihnen Kopfschmuck statt Asche zu geben, Freudenöl statt Trauer, ein Ruhmesgewand statt eines verzagten Geistes ..." (Jesaja 61,1-3)

Ich brachte meinen Kummer vor den Herrn und erzählte ihm, was ich empfand - oder nicht empfand - wie ich die Zukunft sah und von dem Gefühl der Einsamkeit. Ich lauschte auf das, was mein Herr sagen würde, und Stille antwortete mir. Wie ungewöhnlich still es an diesem Abend in der Baracke war. Dann verstand ich auf einmal - diese Menschen teilten meinen Kummer. Durch ihre Stille drückten sie aus: "Wir denken an dich und beten für dich in deinem großen Kummer." Ihre Worte des Mitgefühls, ihre Tränen, ihr warmer Händedruck sollten mir ihre Liebe und Freundschaft zeigen. "Danke, lieber Vater, für diese Freunde. Vielen Dank für diese wundervollen Menschen, die so lieb zu mir sind. Hilf mir, daß ich sie mit meinem Kummer nicht anstecke, so daß sie nicht mehr wagen, in meiner Gegenwart zu lachen. Hilf mir, daß ich andere nicht mit meinem Kummer belaste."

Ich erfuhr die Tröstungen des Heiligen Geistes. Irgendwann schlief ich ein. Das Schwert des Leides hatte sich tief in mich hineingebohrt, doch Gott hatte das Schwert in Öl getaucht.

Noch bevor das Jahr zu Ende ging, war ein Drittel der Lagerinsassen an der Ruhr erkrankt. Die Isolier- und Krankenstationen waren übervoll. Nur die schlimmsten Fälle wurden dorthin verlegt. Diejenigen, die im Endstadium der Krankheit lagen, wurden nachts sorgfältig bewacht, um die Ratten von ihren Betten fernzuhalten. Sie kamen, wenn sie den Tod rochen. Es dauerte nicht lange, bis ich Bazillenruhr an ihrem Geruch erkennen konnte. Wir hatten keine Medikamente, um diese Krankheit zu behandeln. Wir hatten auch keine Desinfektionsmittel, darum mußten wir darauf hoffen, daß die Sonne die von den Patienten benutzten Gegenstände sterilisierte.

Würmer, ih! Rundwürmer, Hakenwürmer, Plattwürmer, hier gab es sie in allen Formen und Farben! Ohne Medikamente konnten wir nur wenig gegen sie tun. Wenn wir Knoblauch gehabt hätten, dann hätten wir die Plattwürmer bekämpfen können, aber wir hatten keinen. Gegen die Hakenwürmer hatten wir auch nichts. Rundwürmer - schrecklich! Manchmal krochen sie den Leuten im Schlaf aus der Nase oder dem Mund. Ich erinnere mich an eine Missionarin, die sich fast erbrochen hätte, als einer ihre Kehle hochkroch. Glücklierweise konnte sie sich noch beherrschen und zog ihn heraus. Kinder, die von Würmern befallen waren, hatten aufgeblähte Mägen. Oft erbrachen sie sich in die Baracke oder den Barackenbereich, weil sie es nicht mehr bis zur Toilette oder einen Behälter schafften. Wenn man die Mutter fand, wischte sie es auf, wenn nicht, mußte es die Barackenschwester - also ich - tun.

Mrs. van der Kley wurde sehr krank, und ihre Symptome verwirrten den Doktor. Eines Morgens war sie unfähig zu arbeiten. Als ich meine Runde drehte und nach denen sah, die zurückgeblieben waren, schrie sie auf einmal: "*Mevrouw* Deibler, kommen Sie schnell! Ich habe solche Magenschmerzen!" Ich nahm einen Behälter und rannte zu ihr. Sie war sehr krank und begann, sich zu übergeben. Auch mir war recht elend zumute. Als ich in den Behälter schaute, sah ich etwa ein Dutzend pfenniggroße Würmer darin herumschwimmen. Sie waren gekrümmt wir eine große, keimende Bohne. Somit war offensichtlich, woran Mrs. van der Kley litt, und ich verordnete ihr die "rote-scharfe-Zwiebel-Kur". Ich holte sechs oder acht kleine rote Zwiebeln aus der Zentralküche, schälte sie und sah zu, wie mein Patient sie aß. Sie waren so scharf, daß sie alles verbrannten, was mit ihnen in Berührung kam. Danach bekam sie noch eine massive Dosis Epsomsalz.

Mit dem Kerosin gingen wir sehr sparsam um. Es wurde nur für unsere kleinen Lampen verwendet. Manchmal war es jedoch notwendig, eine Kerosin-Kur zu verschreiben. Esther Meshmoor kam zu mir. Sie hatte Kopfläuse. "*Mevrouw* Deibler, kann ich bitte ein wenig Kerosin bekommen?" Ihr Kopf war voller Kopfläuse. Ich schnitt ihr die Haare ab und verbrannte sie. Ihre Mutter Rachel tötete die Läuse, die versucht hatten zu entkommen, dann rieb ich ihre Kopfhaut leicht mit Kerosin ein. In der Nacht trug Esther einen Lappen um den Kopf gebunden. Am nächsten Morgen wuschen wir ihre Haare. Obwohl wir sehr vorsichtig gewesen waren, hatte sie auf jedem Ohr eine Hautblase von dem Kerosin, das durch den Lappen gesickert war. Doch sie war überaus froh, das krabbelnde Ungeziefer endlich loszusein.

Ein Team japanischer Ärzte besuchte Kampili. Sie beschäftigten sich mit den Auswirkungen von Vitaminmangel auf den Körper. Alle Lagerinsassen wurden untersucht. Doch ihre Ergebnisse hatten keine Konsequenzen für uns, wir bekamen immer noch keine Vitamine zur Aufbesserung unserer Ernährung. Darum nahmen wir auch weiterhin

Zuflucht zu medizinischen Kräutern und Wurzeln, die von den Frauen mit Kenntnissen in "grüner Medizin" angebaut wurden.

Malariakranke bekamen ein Gebräu aus den neuen Blättern der Baumspitze von Papayabäumen. Reishülsen zerstampften wir zu grobem Mehl, um daraus Brot zu backen für die Frauen, die unter Vitamin B-Mangel und dadurch hervorgerufene Krankheiten litten, wie Beriberi, woran ich litt. Dieses "Brot" war ein guter Vitamin B-Lieferant, jedoch sehr schwer verdaulich.

Wir machten Reispulver, um Hautausschlag und Ekzeme zu behandeln. Vitamin A für diejenigen, die unter Nachtblindheit litten, hatten wir jedoch nicht, auch fanden wir nichts gegen Depressionen.

Einer der armenischen Jungen, Dougie Marcar, hatte eine schwere Mandelentzündung. Ich als Barackenschwester brachte ihn in die Krankenstation. Die holländische Ärztin entschied, daß seine Mandeln herausgenommen werden müßten. Sofort wurde er auf den Stuhl gesetzt, ich mußte seinen Kopf halten. Da keine Geräte zum Absaugen des Blutes vorhanden waren, tupfte ich das Blut mit einem Tupfer ab, nachdem Dr. Goedbloed das kranke Gewebe entfernt hatte. Der Junge war sehr tapfer. Ich brachte ihn zu den Baracken zurück. Nach ein paar Tagen Bettruhe war er wieder vollkommen gesund.

Eine Blinddarmoperation mit nur örtlicher Betäubung wurde mit vollem Erfolg an einer der Nonnen vorgenommen.

Tollwütige Hunde waren eine größere Gefahr als die Japaner. Nur mit selbstgefertigten Speeren und Messern bewaffnet wagten wir uns in die Schützengräben. Die Hunde kamen bei Tag und bei Nacht ins Lager. Ein kleiner Junge aus Baracke 7 starb eines schrecklichen und sehr schmerzvollen Todes, weil ihn ein tollwütiger Hund nur ein wenig am Ellenbogen gebissen hatte. Sogar bei Nacht, wenn die Sterne unsere einzige Lichtquelle waren, achtete ich auf alles, was sich bewegte. Ich stellte mich aufrecht in den Schützengraben, die Augen in Bodenhöhe. An das Ende meines Speeres hatte ich ein Messer gebunden. Nur Gott wußte, wie viele Nächte ich Wache hielt und mir den Psalm ins Gedächtnis rief, in dem es hieß: "Du fürchtest dich nicht vor dem Schrecken der Nacht."

Wenn Menschen sich in Gefahr oder einer Notsituation befinden, kommt ihr wahres Wesen zum Vorschein. Wir hatten Menschen von niederem Charakter unter uns - einige erstaunten uns durch ihre Selbstsucht und Gier - doch sie waren in der Minderheit. Weit mehr Frauen gab es, deren Mut, Stärke und Hilfsbereitschaft uns allen immer wieder eine große Ermutigung war.

Zu ihnen gehörte Toos Hoogeveen, eine hübsche junge Frau, die verheiratete Tochter des ehemaligen Gouverneurs von Bali. Mrs. Hoogeveen arbeitete in der Schweinezucht. Eines Nachts, als der Fliegeralarm ertönte, suchten sie und einige andere Arbeiterinnen Schutz in einem nahegelegenen Schützengraben. Ein tollwütiger Hund näherte sich, und sie versuchten, ihn mit Stöcken abzuwehren, doch er ließ sich nicht vertreiben. Mrs. Hoogeveen erkannte, daß der Hund die Tollwut hatte, und ihr war auch klar, daß viele eines schrecklichen Todes sterben würden, falls der Hund in den Schützengraben gelangen sollte. Sie packte das Tier mit bloßen Händen und hielt es so lange fest, bis eines der Mädchen es mit einem Messer getötet hatte. Natürlich war sie während des Kampfes mehrmals gebissen worden. Auf unsere dringende Bitte um Hilfe schickten die Japaner einen Impfstoff gegen Tollwut, der jedoch nicht anschlug. Die hilflose Verzweiflung der Ärzte war wie eine Epidemie, die das ganze Lager ergriff. Was konnten wir für sie tun? Da das Serum nicht anschlug, mußte sie isoliert werden. Die Tür der Hütte wurde abgeschlossen. Dort wartete sie nun auf den sicheren Tod. Als es soweit war, starben wir anderen ein wenig mit. Hier war ein Mensch, der mutig sein Leben aufs Spiel gesetzt hatte, um andere vor dem sicheren Tod zu bewahren.

Der Tod der Tollwutopfer, vor allem der Tod von Toos, die steigende Zahl von Frauen, sogar jungen Mädchen, die einen Nervenzusammenbruch erlitten, die vielen Kranken, die sich nur sehr langsam wieder erholten, weil Medikamente nur begrenzt oder überhaupt nicht vorhanden waren und die Eintönigkeit des Lagerlebens ließen uns stumpfsinnig werden. Kommandant Yamaji spürte das und beschloß, für Zerstreuung zu sorgen. Ununterbrochene Arbeit ohne Zerstreuung mindert die Arbeitskraft.

Eine große Baracke wurde errichtet, wo Unterhaltung stattfinden sollte. Musik wurde gestattet. Mrs. Olga de Wit, eine Weißrussin, verheiratet mit einem Holländer, bat um ein Klavier und erhielt es auch. Sie war Konzertpianistin, im Fernen Osten für ihre glänzenden Darbietungen bekannt. Sie stellte einen russischen Chor zusammen, schrieb vierstimmige Sätze und den Text der Lieder aus dem Gedächtnis. Schon bald hatten wir ein großes Repertoire russischer Lieder. Aus Baracke 8 gehörten Ellie Kucerova, Maus Dol, Tiele Noll und ich zum Chor. Es war eine große Herausforderung und machte uns sehr viel Spaß. Wir sangen in russisch die fröhlichen Volkslieder der Bauernschaft, aber auch andere Lieder. Nach vielem Proben gaben wir hin und wieder ein Konzert.

Eines Abends erschien Olga in einem Abendkleid - einem Erinnerungsstück aus vergangenen Tagen - auf der Bühne. Ihr Kleid wurde so begeistert aufgenommen, daß alle Frauen des Lagers zusammenarbeiteten, um für jeden im russischen Chor ein solches Kleid zu fertigen. Viele Damen aus Makassar, die ein Abendkleid bei sich hatten, stellten es zur Verfügung. Der Ideenreichtum der Lagerinsassen war erstaunlich; die Resultate sahen im Licht der vielen kleinen Kerosinlampen wie die Kreationen von Modeschöpfern aus. Jet Robyn schlug vor, ich solle eines ihrer Kleider probieren. Es paßte mir, und während des Galaabends stand ich in einem eleganten weißen Satingewand in der Mitte der ersten Reihe. Die Ärmel waren zu Puffärmeln aufgerollt, und am Hals war ein Stück farbiger Stoff eingesetzt worden. Man wäre nie auf den Gedanken gekommen, es könnte sich um ein Hochzeitskleid handeln. Dies war keine lächerliche Schauspielerei von einer Gruppe von Internierten, die in Abendgarderobe herumliefen. Es war tödlicher Ernst, eine gut einstudierte Vorführung mit dem Ziel, den Menschen Mut und neuen Lebenswillen zu vermitteln, die viel zu lange unter Trennung von ihren Lieben, Entbehrung und Tod gelebt hatten. Wer versteht die Freude über die ersten Frühlingsblumen besser als derjenige, der einen langen, kalten Winter durchlebt hat? So hatten auch die Musikabende therapeutische Wirkung auf die angespannten Nerven. Denn einen Abend lang wurden wir in das Reich der Schönheit entführt, wir konnten unsere Gefangenschaft vergessen.

Es wurden auch zwei Kirchenchöre zusammengestellt: einer von Mrs. van Veen mit Angehörigen der Holländischen Reformierten Kirche, der andere von römisch-katholischen Nonnen. *Moeder Overster*, die Mutter Oberin, borgte sich mein Gesangbuch aus, und die Nonnen übersetzten und sangen die Hymnen, die schon so lange eine Quelle der Inspiration und ein Segen für die Menschen waren.

Daisy O'Keefe wohnte im Ambonsektor von Kampili. Vor dem Krieg war sie Tanzlehrerin in Hongkong gewesen. Sie gab einigen Teenagern Ballettunterricht. Während ihrer Vorstellungen wurden sie von Mrs. de Wit auf dem Klavier begleitet.

Die Japaner brachten Bücher ins Lager, und eine "Bibliothek" wurde zusammengestellt. Die vielen holländischen Bücher, die ich während meiner Internierung las, vergrößerten meinen Wortschatz.

Wir veranstalteten auch ein Bridge-Turnier. Die drei besten Bridgespielerinnen des Lagers waren Rose David, Lieke Marcar und Saartje Seth-Paul, alle aus Baracke 8. Keine dieser Zerstreuungen hatte negativen Einfluß auf die Arbeit. Wir waren sogar weniger Frauen, die dasselbe Arbeitspensum schaffen mußten.

Trotzdem waren unsere Abendaktivitäten beschränkt, da sich alles auf die Zeit nach dem Abendessen und vor dem Schlafgengehen konzentrierte. Da die Luftangriffe seltener wurden und wir nun einige Abwechslung hatten, vergingen die Wochen schnell, und Weihnachten kam.

Uns wurde gestattet, einen Nachmittagsgottesdienst abzuhalten. Wir sangen Weihnachtslieder auf Holländisch und Englisch, dann hielt Pater Bell eine Predigt. Gleich mit seinem ersten Satz zog er die Aufmerksamkeit aller auf sich.

"Die Geschichte, die ich euch heute nachmittag erzählen möchte, habe ich zum ersten Mal am letzten Weihnachtsfest bei einer ähnlichen Versammlung in Pare Pare gehört. Der Erzähler dieser Geschichte, Reverend C. Russell Deibler, feiert dieses Weihnachtsfest bei seinem Vater im Himmel." Pater Bell erzählte *Die Geschichte des anderen Weisen* von Henry van Dyke. Durch die lebhafte Beschreibung des Erzählers folgten wir dem anderen Weisen, Artaban, wie er, nachdem er den Stern gesehen hatte, sein reich ausgestattetes Haus in Persien verkaufte. Wir sahen die drei Juwelen, einen Saphir, einen Rubin und eine Perle - äußerst wertvolle Edelsteine, die er dem König bringen wollte. Wir empfanden mit ihm die Enttäuschung, daß keiner seiner engen Freunde ihn auf seiner Pilgerreise begleiten wollte. Gespannt lauschten wir, wie er zum Stern hinaufschaute, seinen Kopf neigte und sagte: "Das ist das Zeichen. Der König kommt, und ich werde ihm entgegengehen." Wir begleiteten Artaban nach Westen auf seinem Pferd Baada, an den Abhängen des Berges Orontes entlang, über die Ebenen von Nisaeans und die fruchtbaren Felder von Concabar, über einsame Gebirgspässe und durch viele alte Städte, bis er endlich zu der Stelle kam, wo Euphrat und Tigris zusammenfließen.

Hier, in der Nähe des Treffpunktes mit den anderen Weisen, begegnete er einem armen hebräischen Verbannten, der auf der Straße lag und an einem tödlichen Fieber sterben würde. Wir empfanden mit ihm seine Ungeduld, als der Mann ihn am Gewand festhielt. Wenn er blieb, um dem Hebräer einen Becher Wasser zu geben, würde er seine Kameraden verpassen, doch die Liebe trieb ihn, dem Kranken heilende Kräuter zu geben. Stunden später erholte sich der Mann. Der Jude segnete ihn im Namen des Gottes Abrahams, Isaaks und Jakobs und sagte ihm, daß er den König, den er suchte, in der Stadt Bethlehem in Juda finden könne.

Artaban ließ seine letzten Vorräte bei dem Mann und hastete weiter. Am Treffpunkt fand er nur ein Pergament vor, auf dem geschrieben stand, daß die drei Weisen nicht mehr länger hätten warten können - Artaban solle ihnen durch die Wüste folgen. Wir spürten seine Enttäuschung darüber, daß er nun nach Babylon zurückkehren und seinen Saphir verkaufen mußte, um einige Kamele und Vorräte für die Durchquerung der Wüste zu besorgen. Wir begleiteten ihn auf dieser anstrengenden Reise durch das Meer von Sand.

Von Damaskus aus kam er gut voran, bis er in Bethlehem ankam, müde, doch hoffnungsvoll, daß er dem König nun endlich seinen Rubin und seine Perle bringen konnte. Doch er fand die Stadt vollkommen verängstigt vor. Die drei Besucher aus dem Osten hatten die Stadt nach ihrem Besuch bei Joseph von Nazareth schleunigst verlassen. Mitten in der Nacht sei Joseph mit dem Kind und seiner Mutter nach Ägypten geflohen, erzählten einige. Artaban fand Aufnahme im Hause einer Mutter mit einem kleinen Kind. Doch plötzlich entstand ein Aufruhr in der Stadt; Soldaten kamen und töteten die Kinder. Die Schreie der Mütter zerrissen die Stille. Gespannt lauschten wir, wie das Mitgefühl Artaban trieb, seinen Rubin einem gierigen Hauptmann zu geben und so das Leben des Kindes seiner Gastgeber zu retten. Die junge Mutter segnete ihn im Namen des Herrn.

Wir erlebten mit, wie die Jahre vergingen, in denen der Andere Weise den König in Ägypten suchte, sich mit einem hebräischen Rabbi beriet und erfuhr, daß der Messias ein Mann der Schmerzen sein würde, und daß diejenigen, die ihn suchten, ihn unter den Armen und Kranken finden würden. Er besuche häufig die Häuser der Einsamen und Bedürftigen; er gäbe den Hungrigen zu essen, kleide die Nackten, heile die Kranken und tröste die Gefangenen.

Am Ende der dreiunddreißig Jahre sahen wir einen müden Pilger mit weißem Haar, müden Augen, der immer noch den König suchte. Ein letztes Mal kam er nach Jerusalem zur Zeit des Passahs. Man erzählte ihm, daß Jesus von Nazareth zusammen mit zwei Dieben gekreuzigt werden sollte, weil er behauptet habe, der König der Juden zu sein. Seine Perle fest in der Hand haltend, mischte er sich unter die Menge. Mit dieser kostbaren Perle würde er den König loskaufen, doch am Stadttor warf sich ihm ein junges Mädchen zu Füßen, die ihn um Gnade anflehte. Sie war von grausamen Soldaten ergriffen worden, die sie in die Sklaverei verkaufen wollten, um die Schulden ihres Vaters auszulösen. Wieder kam Artaban in Gewissenskonflikt, doch schließlich triumphierte die Liebe, das Licht der Seele. Er kaufte das Mädchen los.

Auf einmal verdunkelte sich die Sonne, und die Erde erbebte. Die Soldaten ergriffen furchtsam die Flucht. Ein schwerer Dachziegel löste sich von einem Dach und traf Artaban an der Schläfe. Dieser

Schlag war tödlich, und er sank sterbend zu Boden. Das Mädchen hörte eine leise Stimme zu dem Weisen sprechen. Artaban antwortete: "Herr, wann sah ich dich hungrig und speiste dich? Oder durstig und gab dir zu trinken? Wann aber sah ich dich als Fremdling und nahm dich auf? Oder nackt und bekleidete dich? Wann aber sah ich dich krank oder im Gefängnis und kam zu dir? Ich habe dich gesucht, mein König, aber niemals dein Angesicht gesehen oder dir gedient."

Dieselbe wundervolle Stimme versicherte ihm, daß alles, was er dem geringsten seiner Brüder getan habe, ihm, dem König, getan habe. Freude und Erstaunen legte sich auf das Gesicht des Anderen Weisen - seine Reise war beendet; seine Schätze waren angenommen worden; er hatte den König gefunden.

Ich schämte mich der Tränen nicht, die mir die Wangen herunterliefen. Nur wenige Augen der Zuhörer blieben trocken. Als ich die Versammlung verließ, ging ich mit den Worten Artabans in ein neues Jahr: "Der König kommt, ich werde ihm entgegengehen!"

Kapitel 8

Es gab eine Zeit, in der allein die Erwähnung der Schocktruppen meinen Adrenalinspiegel ansteigen ließ. Nach unserer Ankunft in Kampili lernten wir einen anderen Namen fürchten - den der *Kempeitai*! Allein der Anblick der glänzenden schwarzen Limosine, die von der Geheimpolizei verwendet wurde, ließ uns das Blut in den Adern gefrieren. "Wen holen sie jetzt wieder?" Diese Frage beschäftigte uns immer, wenn wir den "Todeswagen" kommen sahen.

Die Kempeitai kamen direkt hinter den Schocktruppen nach Makassar und unterdrückten schon früh jeglichen Widerstand. Freunde, sowohl holländischer als auch indonesischer Herkunft, starben eines grausamen Todes. Geflüsterte Berichte von einem, der das zweifelhafte Privileg hatte, den *Modus Operandi* der Geheimpolizei mitanzusehen, bestätigten, daß sie wirklich ein unbezwingbarer Feind war. Sie taten es der deutschen Gestapo gleich, die sich darauf spezialisiert hatte, politische Opposition zu unterdrücken.

Von den Frauen, die von ihnen aus unserem Lager geholt wurden, kehrten einige zurück; andere wurden nie mehr gesehen. Diejenigen, die zurückkamen, sprachen niemals offen über ihre Erfahrungen. Ich sollte noch verstehen lernen, warum.

Eine amerikanische Frau und die holländischen Überlebenden der Bombenangriffe auf Ambon wurden in unser Lager gebracht. Sie wohnten im Ambon-Sektor. In unserem Sektor gab es nur drei Amerikanerinnen, Miss Kemp, Miss Seely und mich. Wir alle hatten in Makassar gelebt und gearbeitet. Wir waren dankbar, daß Ruth Presswood, eine Amerikanerin, durch den Pass ihres Mannes als Kanadierin registriert worden war.

An einem Tag im April 1944 wurde wieder einmal der Wagen der Kempeitai von Makassar kommend gesichtet. Automatisch hörte jede Aktivität auf, nur ein paar Frauen beugten sich zu ihrer Nachbarin und flüsterten: "Kempeitai." Die Limosine fuhr in das Lager und kam vor dem Verwaltungsgebäude zum Stehen. Wir alle taten so, als würden wir arbeiten, doch unser Blick war auf die Bürotür gerichtet. Sweet Seventeen kam heraus und eilte zum Nähraum. Hinter ihm erschien Margaret Kemp. Zusammen gingen sie schnell zum Wagen der Kempeitai, und Margaret wurde hineingeschoben. Dann rannte Sweet Seventeen zum Gartenbereich außerhalb des Lagers und kam mit Philoma Seely zurück. Bevor wir noch ganz begriffen, was vorging, kamen die beiden Beamten der Kempeitai aus dem Gebäude und fuhren mit

Margaret und Philoma davon. Wie betäubt beobachteten wir die Vorgänge.

Als wir uns von unserem Schrecken erholt hatten, stellten wir uns nur die eine Frage: "Aber warum ausgerechnet sie? Was haben sie getan? Wie lange werden sie sie wohl festhalten?" Die Frage, die mich am meisten bewegte, wagte ich gar nicht zu stellen: "Vielleicht weil sie Amerikanerinnen sind? Werde ich die nächste sein?" Ich hatte Angst, wenn ich sie laut stellen würde, könnte das Gefürchtete vielleicht eintreten. Von morgens bis abends bangten wir um die Sicherheit dieser beiden Frauen. Wir beteten ununterbrochen dafür, daß sie doch bald ins Lager zurückkämen.

Als Versuch, die Spannung zu verkleinern, planten die Frauen von Baracke 8 und andere meiner Lagerfreundinnen eine Überraschungsparty für meinen Geburtstag. Jeder steuerte etwas zum Gelingen des Festes bei. Reis war zu Mehl zerstampft worden, um einen Kuchen zu backen, der sogar mit Puderzucker überzogen war - Rohzucker und schwarzer Kaffee wurden schaumig geschlagen. Man nannte das *speug*, ein holländisches Wort, das "Spucke" bedeutet, doch es schmeckte unglaublich gut. Ich war überwältigt. Mir war klar, wie lang es gedauert hatte, den Zucker und Reis für diese Gelegenheit zu horten. Die Familien taten ihre Kaffeerationen zusammen, so daß wir sogar schwarzen Kaffee zum Geburtstagskuchen trinken konnten.

Dieses Fest war eine wundervolle Überraschung. Wir versuchten, es zu einem besonderen Abend für alle werden zu lassen. Einige der Jungen hatten sich sehr angestrengt, ein wunderschönes Geschenk für mich zu machen. Sie hatten sich aus der Küche des Kommandanten eine Kokusnuß geliehen (?) und eine Säge von dem Zimmermann des Lagers. Nachdem sie den oberen Teil der Schale als Deckel entfernt hatten, kratzten sie das Fruchtfleisch heraus und bekamen so einen wundervollen Behälter. Was mag wohl mit dem Fruchtfleisch passiert sein? Eine der Mütter hatte eine Bommel aus bunten Wollresten gefertigt. Ich mußte herzlich lachen und bedankte mich überschwenglich für die polierte Schale mit dem frechen Affengesicht und der Bommel auf der Kappe. Ich stellte es auf mein Bettgestell, von wo aus ich es jeden Morgen beim Aufwachen sehen konnte. Die Findigkeit meiner jungen Freunde vertrieb so manches Mal die düstere Stimmung des frühen Aufstehens.

Katie, meine deutsche Freundin, hatte mir einen leichten Wollpullover aus einem Mantel gemacht. Eine meiner Freundinnen strickte mir ein Paar wunderschöne blaue Knöchelsocken. Natürlich hatte ich keine Schuhe, doch trotzdem freute ich mich sehr über diese Socken.

Eine andere Frau machte mir ein rotes Haarband, das mir sehr gefiel; ich bekam auch noch eines in blau. Taschentücher, Bücher, Sketche, Bilder, gute Wünsche - die Liste der Geschenke war sehr lang. Diese Liebesbeweise erfreuten mich sehr und erinnerten mich daran, daß eines der größten Geschenke Gottes an uns Freunde sind.

Den Abend beschlossen wir mit Volksliedern und geistlichen Lieder in holländisch und englisch. Nachdem wir uns Gott im Gebet anbefohlen hatten, wünschten wir uns gegenseitig eine gute Nacht.

Zwei Tage nach meinem Geburtstag, am 12. Mai, bekamen wir erneut Besuch von der Kempeitai. Sofort waren wir alarmiert; wir bemühten uns herauszufinden, ob Margaret und Philoma vielleicht ins Lager zurückgebracht würden. Die Geheimpolizei stieg aus ihrem Wagen und ging in das Büro des Lagerkommandanten. Der Rücksitz war leer, und tief in meinem Innern wußte ich, daß diese Männer diesmal wegen mir gekommen waren. Ich stand wie gelähmt und beobachtete. Dann, wie durch ein Magnet angezogen, ging ich auf das Büro zu. Sweet Seventeen kam mir entgegen. Meine Befürchtungen wurden bestätigt; ich wurde in Yamajis Büro befohlen.

Sie mußten das Klopfen meines Herzens gehört haben. Ich versuchte, hochaufgerichtet zu stehen, tapfer zu erscheinen und ihre Bemerkungen, die immer von "Amerika, Amerika" unterbrochen wurden, zu ignorieren. Nachdem sie aufgehört hatten, um mich herumzulaufen, begann einer, auf den Tisch zu trommeln. Seine schwarzen Augen beobachteten mich genau, um herauszufinden, ob ich den Morsekode kannte. Dann legte er ein Stück Papier vor mich, auf dem mein Name geschrieben stand - DARLENE DEIBLER. "Sind Sie Darlene Deibler?" fragte er.

"Ja, Sir", antwortete ich. "Ich bin Darlene Deibler, doch das habe ich nicht geschrieben."

"Ich weiß, daß Sie das nicht geschrieben haben", gab er kurz zurück. "Wie gut kennen Sie das Morsealphabet?" Auch weiterhin klopfte er auf den Tisch. Ich erwiderte, daß ich das Morsealphabet nie gelernt hätte. Die Augen des Mannes verengten sich. Aufmerksam beobachtete er mich.

"Sir, ich kenne das Morsealphabet wirklich nicht", wiederholte ich.

"Wir werden sehen, was Sie über das Morsealphabet wissen", drohte er. "Holen Sie sich ein Kleid und kommen Sie wieder her. Wir werden Sie mitnehmen."

Wie betäubt rannte ich zu den Baracken zurück. Während ich lief, dankte ich dem Herrn, daß ich an diesem Tag ein Kleid angezogen hatte und nicht die ärmellose Bluse und die Shorts. Aus irgendeinem unerfindlichen Grund hatte ich das Gefühl gehabt, ich sollte diese Kleid heute tragen. Der Herr hatte mir das gesagt, denn ich hatte nicht die Gelegenheit, mich umzuziehen. Schnell nahm ich meine Bibel von meinem Bett, steckte sie zwischen ein Hauskleid, das ich mir in Benteng Tinggi gemacht hatte. Als ich herauskam, wartete die Mutter Oberin vor der Tür. Fest nahm sie mich in die Arme und flüsterte mir liebevoll zu: "Meine liebe *Mevrouw* Deibler, wir werden jeden Tag für Sie beten." Ich nahm ihre Hand und murmelte meinen Dank. Oh wie sehr ich das jetzt brauchte! Ich fühlte mich so jung, so verletzlich. Dann rannte ich los in die Fänge der Kempeitai.

Wir überquerten den Wassergraben und bogen auf die staubige Hauptstraße nach Makassar ab. Die Stadt lag fünfzehn Kilometer entfernt. Der Wagen drosselte seine Geschwindigkeit in der Nähe eines Gebäudes, das ich sofort als die ehemalige Irrenanstalt für Eingeborene erkannte. Es war in ein Gefängnis der Geheimpolizei umgewandelt worden. Der Wagen bog in eine Auffahrt ab, und als ich die vergitterten Fenster erblickte, bemerkte ich, daß wir beobachtet wurden. Wir hielten an, und mir wurde befohlen, auszusteigen. Mein Blick hing an dieser Zelle. Margaret Kemp befand sich darin, ihre Hände umklammerten ganz fest die Stäbe. Ihre Arme waren blau und grün. Als sie mich sah, sagte sie keinen Ton. Sie bewegte nur ihren Kopf hin und her, hin und her. Als ich Margaret sah, schrie mein Herz auf: "Herr, du hast mir Russell genommen. Muß ich das nun auch noch durchmachen?"

Mir war, als hörte ich ihn sagen: "*Wen ich liebe, mein Kind, den züchtige ich.*" Da ich wußte, wie sehr er mich liebte, beugte ich mich und flüsterte: "In Ordnung, Herr, in Ordnung - verlaß mich nur nicht." Ich schaute noch einmal zu Margaret hin, mein erster Blick auf die Schrecken der Kempeitai, und ich erkannte, daß sie nun nur noch Haut und Knochen war. Noch zwei Wochen zuvor, als sie von Kampili abgeholt worden war, hatte sie 170 Pfund gewogen.

Diese ehemalige Irrenanstalt bestand aus zu einem Rechteck angeordneten Gebäuden. Ich wurde in ein Büro geführt, das in der Mitte der beiden vorderen Zellenreihen lag. Eine junge Indonesierin saß am Tisch, und ein Gefängniswärter stand neben ihr. Er nahm meine Bibel und rief: "Die kannst du hier nicht behalten! Du würdest sonst nur über das nachdenken, was in diesem Buch steht anstatt über deine bösen Taten der Kaiserlich-japanischen Armee gegenüber." Er nahm auch meinen Ehering und gab ihn dem Mädchen. Die Bibel und der Ring wurden in eine Papiertüte gesteckt.

Als Margaret von Kampili abgeholt worden war, hatte sie keine Kleidung mitnehmen dürfen. Der Wärter verließ das Büro, und ich fragte die junge Frau, wie der Zustand von Miss Kemps Kleidung sei. Sie antwortete, ihr Kleid sähe übel aus. Ich gab ihr mein Hauskleid und fragte: "Würden Sie ihr das geben?" Sie rollte es zusammen und versteckte es unter dem Schreibtisch, damit der Wärter es nicht entdeckte.

Der Wärter kam zurück, und schweren Schrittes folgte ich ihm aus dem Büro über den Hof zu einem anderen Zellenblock. Ich hörte eine Frau eine Reihe zusammenhangloser Sätze schreien; die Stimme von Philoma Seely. Mit erschreckender Deutlichkeit wurde mir klar, daß sie innerhalb von nur zwei Wochen ihren Verstand verloren hatte. "Lieber Gott, was haben sie ihr angetan?"

"Lassie, was immer du tust, sei ein guter Streiter für Jesus Christus." Dr. Jaffrays letzten Worte kamen mir in den Sinn, und jeder Schritt wurde ein Flehen um Mut. "Oh Gott, was immer du tust, gib, daß ich ein guter Streiter für Jesus Christus sein kann."

Auf der Tür zu der Zelle, vor der der Wärter stehenblieb, stand in Kreide geschrieben: *Orang ini musti mati*, "Dieser Mensch muß sterben." Der Wärter schloß die Tür auf, öffnete sie und schob mich in die Zelle hinein. Die Tür schloß sich wieder hinter mir, und ich fiel auf meine Knie, den Blick fest auf das Schlüsselloch gerichtet. Als ich sah, daß der Schlüssel umgedreht wurde, wußte ich, daß ich nun ein Todeskandidat war, der auf eine Verhandlung und das Todesurteil wartete.

Ich hörte, wie die Schritte des Wärters auf dem Zementfußboden verklangen. Mein Gesicht und meine Hände waren feucht, noch nie hatte ich eine solche Angst gehabt. Auf einmal merkte ich, daß ich ein Lied sang, das ich als kleines Mädchen gelernt hatte:

Fürchte dich nicht, ich bin bei dir,
schaue dich nicht ängstlich um!
Ich stärke dich, ich helfe dir,
faß deine rechte Hand.

Wenn du durch tiefe Wasser gehst,
will ich schützend bei dir sein.
Selbst durch Feuer will ich mit dir gehn,
damit nichts dir schaden kann.

Weil du für mich so wertvoll bist,
gebe alles ich für dich.

Hab keine Angst, ich bin bei dir,
ich liebe dich.

Liebevoll nahm mich der Herr in seine starken Arme und gab mir Frieden und Zuversicht. Sie konnten mich zwar einsperren, doch meinen Herrn konnten sie nicht aussperren. Jesus war hier bei mir in der Zelle.

Ich schaute mich um. Die Zelle war etwa zwei Meter groß, die Wände gekalkt und der Fußboden mit Keramikfliesen ausgelegt. Das vergitterte Fenster war von außen vernagelt, so daß niemand hineinschauen konnte. Dies war das einzige vernagelte Fenster in diesem Block. Eine vergitterte Blende über der Tür war die einzige Öffnung in dem winzigen Raum, die ein wenig Licht gab. Am Spätnachmittag schob der Wärter einen Blechteller mit Reis, über den ein wenig Rohzucker gestreut war, in meine Zelle. Ich wollte essen, ich versuchte es, doch ich konnte nicht. So nahm er den Teller wieder an sich und brüllte: "Du magst also keinen Zucker? Gut, du wirst nie wieder welchen bekommen."

Zweiundsiebzig Stunden lang erlaubte man mir nicht, auf die Toilette zu gehen. Ich wußte von Gefangenen, die gezwungen worden waren, ihre eigenen Exkremente zu essen, wenn ihnen das Mißgeschick passiert war, daß sie sich auf den Zellenfußboden erleichtert hatten! Ich litt, ich betete. Am vierten Tag schließlich kam der Wärter und führte mich zu den Toiletten. Ich kam auf den sonnenbeschienenen Hof und durch einen offenen Gefängnisküchenbereich, in dem sich eine Menge männlicher Eingeborene drängten. Aller Augen folgten mir zu der Tür einer der Toiletten. Ich stand vor Fäkalien, die unter der Tür hindurchquollen, und als ich die Tür öffnete, war der ganze Boden knöchelhoch mit menschlichen Exkrementen bedeckt. Angeekelt schrak ich zurück und flüsterte: "Herr, wie kann ich da hineintreten? Was soll ich tun?"

In diesem Augenblick trat ein indonesischer Gefangener aus der Gruppe hervor und sagte: "Lassen Sie mich das für sie säubern." Der Wärter zuckte die Achseln, zog sich wegen des Gestanks ein wenig zurück und schaute zu, wie der Gefangene mehrere Eimer Wasser schöpfte und das Loch säuberte. Dann ließ er mich allein. Ich wurde in meine Zelle zurückgebracht.

Nicht lange danach hörte ich den Wärter kommen. Er schloß die Tür auf und stellte einen Blechteller mit Reis auf den Boden. Er hatte seine Drohung wahr gemacht, es war kein Zucker mehr darauf. Ich ließ mir den Reis durch die Finger laufen und entfernte einige kleine

Steinchen, dann aß ich. Ich wußte, ich mußte essen, um bei Kräften zu bleiben.

Nachdem ich alles aufgegessen hatte, leckte ich mir die Finger ab. Der Wärter kam zurück mit einem aufgeschnittenen Kerosinbehälter. Er stellte ihn auf den Boden; dann nahm er meinen Teller auf und ging. Ich untersuchte den Behälter und wünschte, er hätte nicht so schrecklich scharfe Kanten, doch ich war trotzdem sehr dankbar. Wenigstens brauchte ich nun die schmutzigen Toiletten nicht mehr zu benutzen.

Dunkelheit machte sich in dem winzigen Raum breit. Ich lehnte mich gegen die Wand und wartete darauf, daß der Schlaf kommen würde. Doch mein Herz war so schwer, daß ich mit dem Psalmisten ausrief: "Was bist du so aufgelöst, meine Seele, und was stöhnst du in mir?" Warum fühlte ich mich so niedergeschlagen? Hier war doch niemand, der meinen Kummer sehen oder hören konnte. Ich hatte keine Verantwortung, keine Arbeit zu tun - nichts hielt mich in Atem.

Meine Gedanken wanderten zu den Jaffrays, die nun getrennt waren, und zu Ruth, die körperlich geschwächt war und Ernie so schrecklich vermißte. Lilian war verängstigt und schwach geworden. Keiner dieser Missionare war Amerikaner wie wir drei, die die Kempeitai gefangengenommen hatte. Keiner von uns war in politische Aktivitäten verwickelt. Ich wußte nicht einmal, warum wir hier waren. Was hatten wir getan, das gerechtfertigt hätte, wie die Japaner mit Margaret und Philoma umgegangen waren?

Ich war verletzt; mein Kummer schien unerträglich. Dann brach der Damm meiner aufgestauten Tränen, ich rollte mich auf den Bauch und weinte hemmungslos. "Hilf mir, Herr", flehte ich. "Es ist so schwer für mich, die Tatsache zu akzeptieren, daß ich Russell hier auf der Erde nie mehr wiedersehen werde. In den Nächten träume ich von ihm, doch dann wache ich auf und muß feststellen, daß er tot ist - schon neun Monate."

Ich setzte mich auf und versuchte, die Flut meiner Tränen einzudämmen. Dann wußte ich, mein Herr war hier, und Hand in Hand wanderten wir die Korridore meiner Erinnerung entlang.

Ich erlebte einen Tag im Jahre 1936, an dem ein Jugendtreffen in Boone, Iowa, stattfand.

Ich war die letzte der jungen Leute, die sprechen sollten. Als ich das Podium verließ, fand ich einen Platz in der ersten Reihe. Der Hauptredner war ein Missionar aus Borneo, Reverend C. Russell Deibler. Er fesselte uns, und viele waren herausgefordert durch seine

Botschaft. Als die Versammlung zu Ende war, eilte ich zur Hintertür, wo eine Freundin auf mich wartete.

Ich hatte die Hälfte des Weges zurückgelegt, als eine Frau meiner Gemeinde mich aufhielt und sagte: "Mr. Deibler, hier ist eine junge Frau, die Sie kennenlernen sollten." Sie nannte ihm meinen Namen und erzählte, daß ich mich in der Bibelschule St. Paul auf den Missionarsdienst vorbereitete.

Ich drehte mich um, um ihn zu begrüßen und ihm zu sagen, wie sehr mir seine Predigt gefallen habe. Ob er es wohl einrichten könnte, bei einem unserer Missionsgottesdienste zu sprechen, die immer freitagabends in der Bibelschule abgehalten wurden? Er sagte, er würde es gern tun. Ich dankte ihm und eilte weiter, um meine Freundin zu treffen.

Ich hatte noch viel zu packen und mich von vielen Freunden zu verabschieden, da ich in dieser Woche in die Bibelschule zurückreiste.

Der Frühling 1937 war wundervoll. Besondere Veranstaltungen wurden überall in den Vereinigten Staaten und Kanada abgehalten aus Anlaß des Goldenen Jubiläums, dem fünfzigsten Geburtstag der Christlichen und Missionsallianz. Dr. Robert R. Brown gehörte zu den ganz besonderen Rednern, die in St. Paul und Minneapolis sprachen. Auch der Missionar aus Borneo stand auf der Liste. Ich erinnerte mich, ihn in Boone getroffen zu haben, hatte aber seither nicht mehr an ihn gedacht. Sie haben gute Redner ausgewählt, dachte ich.

Mama und Dad ermöglichten es mir, während der letzten beiden Wochen vor dem Ende des Schuljahres in der Schule zu übernachten, so daß ich an den Aktivitäten teilnehmen konnte. Im Speisesaal war es sehr laut, die Mädchen unterhielten sich über die Kleider, die sie zur Abschlußprüfung tragen würden und die Jungen sprachen über Sport. Auf einmal hatte ich das Gefühl, daß jemand mich beobachtete. Ich schaute mich um und erblickte Mr. Deibler. Er saß am anderen Ende des Saales am Tisch des Lehrpersonals, lächelte mich an und nickte mir zu. Nachdem er mir noch ein zweites Mal zugelächelt hatte, versuchte ich, nicht mehr in seine Richtung zu schauen. Nach dem Mittagessen lehnte er sich gegen eine Wand und wartete.

Ich weiß nicht, warum ich verärgert war, doch ich drehte mich um und steckte meinen Kopf in die Durchreiche zur Küche. Der Koch sah mich und kam zu mir, um sich mit mir zu unterhalten. Er war ein lieber Mann. Nachdem ich vorsichtig über die Schulter geschaut und gesehen hatte, daß sich der Speisesaal geleert hatte, dachte ich, daß die Luft rein sei und wollte mich schnell durch die Schwingtüren da-

vonmachen. Doch da wurde ich von einer festen Hand auf meinem Arm aufgehalten.

"Einen Augenblick, Miss McIntosh. Hier ist ein Herr, der sich gern mit Ihnen unterhalten möchte - Mr. Deibler, Miss McIntosh." Damit verschwand die Frau des Dekans. Ich fühlte mich gefangen. Warum nur wollte er sich mit mir unterhalten? Ich kannte ihn nicht und er mich nicht.

Doch Mr. Deibler erinnerte mich sofort daran, daß wir uns in Boone kennengelernt hatten. Er wollte mir sagen, daß er in Boone Station gemacht habe, um meine Eltern "wiederzusehen", bevor er zu Rev. Clarence Andersons Gemeinde in Meadow Grove, Nebraska, zur Missionskonferenz weitergereist sei. "Ich wußte gar nicht, daß Mrs. Anderson Ihre Schwester ist, bis ich Ihr Bild auf dem Klavier stehen sah. Ich habe meinen Aufenthalt dort sehr genossen. Ihre kleine Nichte Coralyn ist ein süßes Kind, und sie alle lassen Sie sehr herzlich grüßen."

Ich dankte ihm, daß er meine Familie besucht hatte und entschuldigte mich, ich hätte noch zu lernen. Er hielt mich zurück und fragte, ob ich eine Ahnung hätte, wer ihm aus Boone anonyme Briefe schreiben würde. Ich nahm an, er hätte mich im Verdacht und wurde wütend.

"Mr. Deibler, ich habe noch nie in meinem Leben einen anonymen Brief geschrieben, und ich habe auch nicht die Absicht, es jemals zu tun!" Schnell entfernte ich mich durch die Halle. Ganz offensichtlich hatte er eine sehr geringe Meinung von mir.

"Miss McIntosh, Miss McIntosh, ich weiß doch, daß Sie das nicht waren", sagte er, während er mir folgte und sich entschuldigte. "Ich dachte nur, daß Sie vielleicht wüßten, wer sie geschrieben haben könnte." Ich versicherte ihm, ich wüßte es nicht und ging davon.

Der Schulbus sollte die Studenten an diesem Abend nach Minneapolis bringen. Die Veranstaltung des Goldenen Jubiläums sollte in einem großen Theater stattfinden. Der große Chor sang, und für uns waren die ersten Reihen reserviert worden. Mr. Deibler saß auf dem Podium direkt vor mir. Er lächelte mich an und nickte. Was er dann sagte, rührte mich an. Er sprach sehr flüssig, und ich konnte verstehen, warum man seinen Heimaturlaub verlängert hatte, damit er an diesen besonderen Veranstaltungen teilnehmen konnte.

Als er zu seinem Platz auf dem Podium zurückkehrte, schaute er mich an und machte mir mit den Augen ein Zeichen, ich solle zum Ausgang kommen. Doch ich schlug die Augen nieder und gab vor, es nicht bemerkt zu haben.

Ich wollte den letzten Redner, Dr. Robert R. Brown von Omaha, nicht verpassen. Durch seinen Radiodienst hatte ich als neunjähriges Kind zum ersten Mal gehört, daß Jesus Christus für mich gestorben war. Er hatte in seiner Predigt den Namen einer Gemeinde in unserer Heimatstadt, die Midway Tabernacle, erwähnt, und Mutter und ich hatten uns an einem dunklen Abend mitten im Februar trotz Schneesturm auf den Weg gemacht, um diese Gemeinde zu suchen und Gott zu finden.

"Mein lieber Herr, in jener Nacht hast du das erste Mal zu mir gesprochen, mich dein Kind genannt und mir gesagt, daß meine Sünden vergeben seien. Wie sehr ich dich liebe. Wir haben zusammen schon eine weite Strecke zurückgelegt."

In dem folgenden Jahr, als ich zehn Jahre alt war, kam Dr. R. R. Brown zum Missionskonvent in unsere Stadt. An dem letzten Abend forderte er junge Erwachsene auf, ihr Leben Gott zum Missionsdienst zu weihen. Mein Herz brannte. Ich wünschte, ich wäre älter. Ich hätte mich gemeldet. Als ich eine Hand auf meiner Schulter spürte, drehte ich mich um, doch es war niemand da. Ich wußte, es war mein Herr. Leise flüsterte ich: "Was willst du, Herr?"

Es war mir, als würde er fragen: "Mein Kind, würdest du überall für mich hingehen, was immer es auch kostet?"

"Herr, ich würde überall für dich hingehen, was immer es auch kostet!" Meine Gabe war angenommen worden. Das Versprechen war gegeben, ich brauchte in bezug auf meine Zukunft nicht mehr unsicher oder enttäuscht zu sein. Die Schule in St. Paul besuchte ich nur aus dem einen Grund, mich auf den Missionsdienst vorzubereiten.

Dr. Browns Herz brannte immer noch für die Verlorenen, und viele wurden durch seine Botschaft gesegnet. Als ich nach dem Segen aufschaute, sah ich Mr. Deibler auf mich zukommen. Schnell mischte ich mich unter die Menge und verschwand durch den nächsten Ausgang in Richtung auf unseren Bus. Auf einmal zog mich jemand am Mantel. Ich drehte mich um und stand vor Mr. Deibler.

"Ich würde Sie morgen abend gern zum Abendessen ausführen", sagte er. Ich lehnte ab und sagte, ich müßte am nächsten Nachmittag eine Geburtstagsparty ausrichten und könnte auf keinen Fall vor halb sieben zurück sein.

Er sah mich entschlossen an und sagte: "Ich treffe Sie um halb sieben vor dem Haupteingang des Theaters." Meine Antwort wartete er gar nicht ab, sondern drehte sich um und ging.

"Das denken Sie sich wohl! Erst beleidigen Sie mich, dann wollen Sie mich zum Abendessen einladen. Anonyme Briefe, wirklich!" wütete ich und suchte mir im Bus einen Platz bei meinen Freundinnen.

Sie schwärmten von Mr. Deiblers gutem Aussehen. "So schöne braune Augen!"

"Mir gefällt sein welliges braunes Haar!"

"Sind dir seine Hände aufgefallen?"

Schließlich seufzte ein Mädchen: "Ich würde mein rechtes Bein dafür hergeben, mit ihm auszugehen!" Viele stimmten ihr zu.

"Hmm, sehr interessant! Ich könnte mit ihm ausgehen - wenn ich wollte", dachte ich. Aber in einem stimmte ich ihnen zu: "Er sieht wirklich sehr gut aus." Vielleicht wollte ich die anderen, die gern mit ihm ausgegangen wären, nur übertrumpfen, auf jeden Fall beendete ich die Geburtstagsparty in Rekordzeit und fuhr mit der Straßenbahn nach Minneapolis. Mr. Deibler wartete schon auf mich.

Wir setzten uns in die Empfangshalle eines Hotels und unterhielten uns. "Wie ich hörte, möchten Sie aufs Missionsfeld?"

Ich erzählte ihm von meinem Ruf in die Mission und sagte, es sei Dr. R. R. Brown gewesen, den Gott benutzt hatte, um mir diesen Ruf zukommen zu lassen.

"Haben Sie vor zu heiraten?" fragte er weiter. Prompt erwiderte ich, daß ich nicht die Absicht hätte.

"Darüber werden wir später reden", sagte er und erhob sich. "Wollen wir irgendwo zu Abend essen?"

In der Nähe fanden wir ein chinesisches Restaurant. Als wir fast zu Ende gegessen hatten, legte Mr. Deibler seine Gabel hin. Die Stille war beunruhigend. Ich fühlte mich äußerst unwohl und suchte nach einer oberflächlichen Bemerkung, mit der ich das Schweigen brechen konnte. "Einen Groschen für Ihre Gedanken."

"Möchten Sie wirklich wissen, was ich gerade denke?" Ich war nicht sicher, ob ich es wollte, doch das kümmerte ihn nicht, denn er erzählte mir von jenem Montag, an dem die Jugendveranstaltung in Boone stattgefunden hatte. "Sie trugen ein wunderhübsches braunes Kleid und einen Hut. Ich könnte Ihnen auch noch genau wiederholen, was Sie gesagt haben. Ich schaute auf und sah Ihr Gesicht, als sie das Podium verließen. Da sagte der Herr zu mir: 'Das ist das Mädchen für dich.' Ich wollte mit Ihnen sprechen, darum bin ich Ihnen gefolgt. Ich bin froh, daß diese Dame Sie aufgehalten und uns vorgestellt hat. Sie waren sicher in großer Eile. An diesem Nachmittag habe ich mir vorgenommen, Sie zu heiraten."

Ich war verwirrt und verlegen, entgegnete, er wisse doch gar nichts von mir, doch ich mußte erkennen, daß er dank meiner Familie und meiner Freunde in Boone eine ganze Menge über mich wußte.

"Ich weiß, das alles kommt sehr plötzlich", fuhr er fort. "Ich möchte gern im Sommer wiederkommen und Sie sehen." Mehr wurde nicht mehr gesagt.

Die Abendveranstaltung hatte bereits begonnen, als wir das Theater betraten und uns auf der letzten Bankreihe niederließen. Wenige Minuten später beugte sich Mr. Deibler zu mir herüber und flüsterte: "Sehen Sie nur." Ich schaute zur Tür auf der rechten Seite, konnte aber niemanden entdecken. "Nein, schauen Sie dorthin", sagte er und legte seine Hand auf meine. Ich schaute auf und sah in seine Augen. In diesem Augenblick geschah etwas in mir. Ich wußte, daß ich ihn auf einmal tief und innig liebte, aber ich sagte es ihm nicht.

Was wußte ich schon von diesem Mann? Ich mußte ihn kennenlernen. Doch vor allem mußte ich wissen, ob eine Beziehung zu ihm Gottes Wille für mich war. Vorher konnte ich ihm meine Liebe nicht gestehen. An der Tür dankte ich ihm für das Abendessen und eilte zum Bus.

Am nächsten Morgen um sechs Uhr wurde mir ein Eilbrief von Mr. Deibler überbracht. Er war bekümmert zu hören, daß ich erst neunzehn und er zwölf Jahre älter sei als ich. Er befürchtete, daß das Missionskommittee ein so junges Mädchen nicht annehmen würde. Er sei auf dem Weg, um mit Dr. H. J. Shuman zu sprechen, dem Präsident der Organisation. Das formelle "Miss McIntosh" war zu "meine liebste Darlene" geworden, und der Brief war unterschrieben mit "Russell".

Ich wußte, daß, wenn dies der Wille Gottes für unser Leben war, mein Alter kein Hindernis sein und ich angenommen würde. Wann immer es möglich war, besuchte mich Russell in Boone, oder wir trafen uns bei Verwandten, den Ewings, in Nordiowa. Dort fragte er offiziell, ob ich ihn heiraten wolle und gestand mir, daß er schon lange die Zustimmung meiner Eltern habe. Erst da erzählte ich ihm von meiner tiefen Liebe zu ihm.

Dr. Shuman hatte keine Zeit verloren und sich meine Zeugnisse, Charaktereinschätzungen und so weiter von dem Vorsitzenden, dem Dekan und meinen Lehrern in St. Paul kommen lassen. Offensichtlich war alles akzeptabel, und wir bekamen ihren Segen.

Russell bat mich, ihn in Ohio zu treffen. Dort befand sich das Auslandskommittee, um mich in Theologie und Lehre zu prüfen, mich über meine geistliche Erfahrung und meinen Ruf zu befragen. Als sie fertig waren, wurde ich gebeten, das Zimmer zu verlassen. Nur wenige Augenblicke später wurde ich schon wieder hereingerufen, und man sagte mir, daß ich ihren Segen hätte. Ich wurde am Missionary Training Institute in Nyack angenommen, um mein drittes Jahr zu beenden. Sie rieten uns, bald zu heiraten; Russell könnte so lange im Reisedienst tätig sein, bis ich meine Studien beendet hätte.

"Und", schloß Dr. Shuman, "Mrs. Shuman und ich haben bereits in unserem Haus eine Wohnung für Sie. Übrigens, Miss McIntosh, Dr. R. R. Brown kam, nachdem Sie das Zimmer verlassen hatten, herein, und er hat ein gutes Wort für Sie eingelegt."

Als Russell Dr. Brown später am Tag sah, rief er ihn: "R. R., was hältst du davon, daß ich ein Mädchen aus eurem Bezirk stehle?"

Er drehte sich um, nahm unsere beiden Hände und sagte in seinem wundervollen schottischen Dialekt: "Ich könnte mir keinen besseren Ort denken, um eines zu bekommen." Auch er gab uns seinen Segen.

Russell hatte seinen Wagen mitgebracht, weil er mich zu seiner Familie nach Harrison City, Pennsylvanien mitnehmen wollte. Es war schon spät, als wir ankamen, doch sie warteten auf uns, und ich wurde willkommen geheißen von einer großen und liebevollen Familie. Russells Vater Charles war ein weißhaariger Herr mit leiser Stimme. Er lebte bei Russells Schwester Margaret und ihrem Mann Henry Mull. "Marg", so wurde sie genannt, war Russell mehr als eine Schwester. Nach dem Tod ihrer Mutter hatte Marg ihn aufgezogen.

Es war schön, auch seine anderen beiden Schwestern Annie und Ella, und die drei Brüder Almas, Jim und Ralph kennenzulernen. Ich brauchte mehrere Tage, um die Namen der vielen Nichten und Neffen zu behalten.

Obwohl ich im Geiste zu Hause in den Vereinigten Staaten war, war mein Körper doch immer noch in der Gegenwart und im Gefängnis. Ich weinte, und da ich kein Taschentuch hatte, trocknete ich meine Tränen mit dem Rock meines Kleides. Es wurde ganz naß, darum stand ich auf und ging hin und her in der Hoffnung, er würde trocknen. Müde sank ich dann doch wieder auf den Boden und dachte daran, wie wundervoll unsere Verlobungszeit war. Es gab nichts, das die Erinnerung daran trübte. "Wie schön, Herr, daß ich mich ohne Bedauern daran zurückerinnern kann. Hilf mir, immer daran zu denken. Hilf mir, niemals mit Bedauern an etwas zurückzudenken."

Wieder dachte ich an Russells Vater und die anderen, und wie lieb sie mich verabschiedeten, als ich sie verließ. Ich wußte, ich hatte einen Platz in ihrem Herzen gefunden und wurde nun zur "Familie" gezählt. Dabei fiel mir ein, daß sie noch nichts von Russells Tod wußten. Wieder begannen die Tränen zu fließen, und ich konnte nichts tun, um sie zurückzuhalten.

Ich streckte mich auf dem Boden aus und preßte mein Gesicht in meinen Rock, damit der Wärter mein Schluchzen nicht hörte. Wieder dachte ich zurück an die vergangenen Jahre.

" - und ich komme zu dir, wenn diese Konferenz vorbei ist", rief Russell noch, als der Zug sich in Bewegung setzte. Mir wurde klar, wie gesegnet ich war. Wir hatten beschlossen, unsere Hochzeit nur im kleinen Kreis zu feiern. Ich wollte mir das Hochzeitskleid und den Schleier selbst nähen. In schönen Gedanken schwelgend kam ich in Boone an.

Es war eine wunderschöne Hochzeit. Unsere Freunde aus der Gemeinde baten uns, die Kirche dekorieren zu dürfen. Unser Pastor, Rev. J.H. Woodward, vollzog die Zeremonie, seine Frau Flossie, eine begnadete Pianistin, spielte die Orgel. Nina Knudsen, eine liebe Freundin, erklärte sich bereit, meine Brautjungfer zu sein. Die Kirche war bis auf den letzten Platz besetzt. Alle Angehörigen meiner Familie waren zugegen.

Zwar hatten wir schon elegantere Hochzeiten miterlebt, aber keine schönere. Meine Freunde und Familie haben viel dazu beigetragen, und das Wetter am 18. August 1937 war einfach wundervoll.

Noch in derselben Nacht fuhren wir zurück nach Pennsylvanien. Ich freute mich, wieder bei den Deiblers zu sein. Sie veranstalteten Abendessen und Feste, damit ich mehr von Russells Familie kennenlernte. Wir bekamen viele schöne Hochzeitsgeschenke, die wir mitnahmen in unser Appartment in Dr. Shumans Haus in Nyack-on-the-Hudson.

Russell war die meiste Zeit unterwegs, und die Shumans blieben während der Konferenzen des Vorstandes in New York. So war ich viel allein in dem großen, dreistöckigen Haus.

Wann immer mein Stundenplan es erlaubte, fuhr ich mit den Shumans nach New York City, um Russell zu sehen, wenn er von den Veranstaltungen zurückkehrte. Ich lernte dort viele Missionare kennen, alles Männer, die schon viele Jahre Erfahrung auf dem Missionsfeld hatten.

Jedes Gebetsanliegen wurde von den Männern ernstgenommen, und sie brachten es vor Gott "durch Gebet und Flehen" (Philipper 4,6). Es tat gut zu wissen, daß solche hervorragenden Männer und Frauen hinter uns standen.

Noch vor dem Ende des Herbstsemesters informierte uns Dr. Shuman darüber, daß wir sofort abreisen müßten. Alle Missionare, die nach Niederländisch-Ostindien ausreisten, sollten eine Zeitlang in den Niederlanden die Sprache erlernen. Man versicherte mir, meine Leistungen seien so gut, daß ich meinen Abschluß bekäme. Wir fuhren nach Hause, um zu packen und uns von unseren Familien zu verabschieden. Am 27. Januar 1938 sollte unser Schiff von New York aus in See stechen.

Von den Klängen des Schiffsorchesters begleitet, wurde der Anker gelichtet, die Leinen losgemacht, und das Schiff legte langsam ab. Unsere Freunde vom Hauptquartier, die gekommen waren, um uns zu verabschieden, wurden bald vom Nebel verschluckt. Während ich beobachtete, wie der Hafen und die Skyline von New York verschwanden, dachte ich nach über die Häfen, die ich in Zukunft anlaufen würde. Obwohl ich nicht wußte, was die Zukunft mir bringen würde, machte ich mir keine Sorgen, denn ich wußte, daß Gott bei mir war und alles in der Hand hatte. Mit überströmender Freude drehte ich mein Gesicht in den Wind.

Trotz der rauhen See war es eine sehr erholsame Reise und eine sehr wichtige Zeit für Russell und mich. Wir beteten viel um unseren zukünftigen Dienst, und während des Gebets und unserer Gespräche wanderten unsere Gedanken immer wieder nach Neuguinea.

Als wir in Holland ankamen, schrieben wir Dr. R. A. Jaffray von unserem Wunsch, in Neuguinea eingesetzt zu werden. Ein Brief von Dr. Jaffray, in dem er uns fragte, ob wir bereit seien, nach Neuguinea zu gehen, überschnitt sich mit unserem. Nie wieder stellten wir in Frage, daß Gott uns in Neuguinea haben wollte.

Mit unseren holländischen Sprachstudien kamen wir gut voran. Wir schlossen viele Freundschaften und nahmen wunderschöne Erinnerungen an diese Zeit mit uns. Über London und Paris reisten wir nach Marseille, um dort ein Schiff zu den Indischen Inseln zu besteigen.

Die Dämmerung brach an. Ich wischte mir mit der Hand die Tränen fort. Die Japaner sollten mich niemals weinen sehen oder hören. Ich wußte, ich mußte aufstehen und dafür sorgen, daß mein Kleid trocknete. Langsam ging ich hin und her, schwenkte meinen Rock in der Luft. Ich wagte nicht, mein Kleid auszuziehen, da ich keinen Slip hatte und nicht wußte, wann sich meine Zellentür öffnen würde. Wunderbarerweise war mein Kleid trocken, als ich mein Frühstück bekam. Ich hörte die Wache herankommen.

Nachdem ich gegessen hatte und mein Teller eingesammelt worden war, ließ ich mich wieder gegen die Wand sinken. Als ich in das Gefängnis der Kempeitai kam, wußte ich, daß ich die Ruhr hatte. Die

Krankheit zehrte bereits an meinen Kräften. Ich wünschte, ich hätte wenigstens einen Deckel für den Kerosinbehälter, der mir als Toilette diente. Immer mehr Fliegen kamen durch den Luftschaft hinein. Als die Krankheit in Kampili ausgebrochen war, hatte ich sie noch unterdrücken können, wegen der Arbeitsquoten.

Da ich keinen Deckel für den Kerosinbehälter hatte, wurden immer mehr dicke Fliegen angezogen. Als mein Teller mit Reis gebracht wurde, stürzten sich die Fliegen sofort darauf. Es hatte den Anschein, als würde ich nur eine Mahlzeit am Tag bekommen, und die Portionen waren klein - weniger als eine Tasse voll - darum beschloß ich, nicht mit ihnen zu teilen. Ich verscheuchte diese schmutzigen Fliegen - wie sehr ich sie haßte - und versteckte den Reis unter meinem Rock. Ich mag Reis sehr gern, und die Tatsache, daß sie mir weder Löffel noch Gabel gaben, störte mich wenig. Ich hatte gelernt, den Reis auf indonesische Art zu essen - mit den Fingern. Ich griff unter meinen Rock, rollte ein wenig Reis zu einer Kugel zusammen, wartete, bis die Fliegen anderweitig beschäftigt waren und stopfte ihn in den Mund. Dies wurde ein täglicher Wettkampf zwischen uns, doch in der Regel konnte ich sie überlisten.

Müde legte ich mich zurück und begann die Monate zu zählen, seit unsere mehr als sechsjährige Ehe durch Krankheit und Grausamkeit beendet worden war. Gern hatte ich die achtzehn Monate Trennung auf mich genommen, als Russell unsere Missionsstation in Neuguinea aufbaute. "Aber, Herr, von den Japanern der letzten achtzehn Monate unserer Ehe beraubt worden zu sein - das ist sehr, sehr bitter", schluchzte ich. "Bitte, Herr, nimm diese Bitterkeit fort. Ich habe so viele gute und schöne Erinnerungen, die mir nichts und niemand jemals rauben kann."

Der Schmerzensmann, der Eine, der Schmerz und Kummer kannte, umfing mich mit seinen liebenden Armen. Während er den Trost des heiligen Geistes in mich hineinströmen ließ, verschwanden Wut und Bitterkeit.

In der Nacht träumte ich von Russell. Wir waren zusammen auf dem Schiff, saßen auf dem Deck. Er hielt mich in den Armen, und wir unterhielten uns. Neben ihm stand ein Korb. Er holte ein Töpfchen mit Sonnencreme heraus. "Dies, meine Liebe, mußt du immer bei dir haben. Deine Haut ist so empfindlich. Und nun muß ich dich verlassen. Er erhob sich, befahl mich dem Einen an, der mich nie verlassen noch versäumen würde und verschwand. Nie mehr träumte ich von ihm.

Nachdem der Wärter am nächsten Tag den Toilettenbehälter geleert hatte, wußte er natürlich, daß ich die Ruhr hatte. Ich bekam ein Glas mit Epsomsalz. Wie ich dieses schrecklich schmeckende Zeug haßte! Außerdem bekam ich anstatt Reis nur noch Porridge. Dieser Brei bestand aus schmutzigem in Wasser gekochtem Reis ohne Zugabe von Salz, Zucker oder Milch. Am ersten Tag sah ich etwas darin schwimmen, das aussah wie geraspelte Kokosnuß. "Wie schön, ich liebe geraspelte Kokosnuß", dachte ich. Doch eine nähere Untersuchung machte meine Freude zunichte. Dies waren keine Kokosnußraspeln, sondern Würmer. Auch entdeckte ich kleine Steinchen und Spreu. Sorgfältig schob ich diese ungewollten Beigaben beiseite und ließ sie abfließen. Da ich wußte, daß man mich ebenso gut hätte hungern lassen können, dankte ich dem Herrn für das Essen, trotz der Würmer.

Die Fliegen waren überaus lästig. Den Porridge konnte ich nicht so unter meinem Kleid verstecken wie den Reis. Wenn ich die Würmer am Tellerrand gesammelt hatte, waren die Fliegen schon da. Um den Porridge essen zu können, brauchte ich beide Hände, so daß ich sie nicht wegscheuchen konnte. Doch in wenigen Tagen dachte ich mir, wenn die Fliegen die Würmer fressen konnten, dann konnte ich sie auch essen. So scheuchte ich mit einer Hand die Fliegen fort und puhlte mit der anderen nur die Steinchen heraus. Dann klatschte ich in die Hände und scheuchte die Quälgeister fort und verschlang den Porridge so schnell es ging mit Würmern und allem. Danach leckte ich meinen Teller und meine Hände ab, damit auch nicht ein Krümel übrigblieb.

Die Nächte an der Küste sind kühl. Da ich nichts zum Zudecken und auch kein Moskitonetz hatte, schlief ich in der Regel ziemlich schlecht.

Die ersten Nächte verbrachte ich damit, die Moskitos zu töten. Nachts wurde ich von ganzen Schwärmen gequält. Vollgesaugt mit meinem guten Blut hingen sie faul und träge an den Wänden. Wann immer ich eine erwischte, blieb ein Blutfleck an der Wand zurück. Eines Tages, als der Wärter meinen Reis brachte, bemerkte er auf einmal die Blutflecke an der Wand - an diesem Morgen war ich außergewöhnlich erfolgreich gewesen. Außer sich vor Wut befahl er mir, alle Flecken zu entfernen, und zwar bevor er zurückkehrte. Ich verschlang meinen Porridge, nahm mir nicht einmal die Zeit, nach Steinen zu suchen, dann leckte ich meinen Teller und die Finger ab. Ich aß zuerst, denn wenn er wiederkam, würde er meinen Teller holen. Falls ich geschlagen, wäre es mit halbvollem Magen viel besser zu ertragen. Die Furcht ist ein gutes Antriebsmittel: fieberhaft bemühte ich mich, alle Flecken fortzukratzen. Als er zurückkam, um meinen Teller zu holen, waren die Flecken fort - meine Fingernägel auch. Ich hatte meine Lektion gelernt, denn von nun an zerquetschte ich die Plagegeister zwischen den Fingern. Meine Fertigkeit in diesem Geschäft steigerte sich, und durch meine neue Technik blieb die Wand unbefleckt.

Der Wärter brachte mir zwei Bretter, die mir als Bett dienten. In der ersten Nacht auf meinem neuen Lager waren die Moskitos besonders schlimm. Sie schienen sogar unter den Brettern zu sitzen. Wer immer diese Koje gemacht hatte, er hatte eine einen Zentimeter breite Spalte zwischen den beiden Brettern gelassen; obwohl es unbequem war, war ich dafür dankbar. Die Bretter gaben mir wenigstens einen Schutz vor der Kälte der Keramikfliesen während der Nacht.

Da am nächsten Morgen mein Körper mit Bissen ganz übersät war, untersuchte ich die Bretter. Wie vermutet waren sie voller Wanzen. Mit einer Haarnadel löste ich das Ungeziefer von den Brettern und zerquetschte sie auf dem Fußboden. Als ich damit fertig war, fegte ich die Überreste ihrer Körper mit der Hand zusammen, warf sie in den Toilettenbehälter, dann spuckte ich auf den Boden und beseitigte alle Spuren meiner Aktion.

Ich war dankbar für den gefliesten Boden. Auf einem Lehmfußboden hätte ich die Wanzen nicht so leicht töten können, ich hätte ihn auch nicht sauberhalten können. Und wie schmutzig mein Kleid geworden wäre! Auch waren die Fliesen während der Hitze des Tages erfrischend kühl. Zwischen dem Fußboden und der Tür gab es einen Spalt, unter den hindurch ich den Staub blasen konnte, den ich zusammenfegte. Wenn ich alles Ungeziefer getötet und beseitigt hatte, spuckte ich auf meine Hände und rieb sie aneinander - eine Maßnahme, die ich von meinen Freunden in Neuguinea gelernt hatte. So konnte ich wenigstens meine Hände notdürftig sauberhalten, denn Seife oder einen Tropfen Wasser zum Waschen bekam ich nicht.

Die Tage vergingen sehr langsam. Ich dachte nach über die Güte Gottes und lauschte den Geräuschen der anderen Gefangenen. Ich hörte diejenigen, die in den Hof hinaus gehen durften, in der Sonne miteinander plaudern. Ich lauschte auf die Schritte auf dem Zementfußboden und lernte die leichten Schritte des Wärters in den Turnschuhen von den schweren der Offiziere in Lederstiefeln zu unterscheiden. Ich hörte den Wärter kommen und andere in die Todeszellen sperren. Ich hörte die Qualen, wenn Gefangene schrien und um Gnade flehten. Ich fiel auf meine Knie, hielt mir mit den Händen die

Ohren zu und flehte zu Gott, in seiner Gnade möge er ihr Leben verschonen. Ich hörte, wie ihre leblosen Körper wie nasse Säcke zu Boden fielen. Die Stille danach bedeutete, daß sie ohne Bewußtsein waren. Ich hörte, wenn Gefangene an meiner Zellentür vorbeigeschleppt wurden, hörte, wie die Zellentüren geöffnet und die Opfer hineingeworfen wurden, wo sie in der Einsamkeit ihrer Zellen wieder zu Bewußtsein kommen konnten. Ich hörte ihr Schluchzen und Stöhnen - Zeichen, daß sie wieder zu sich kamen.

Radioberichten zufolge verfügte die Kempeitai über viele Folterungsarten, um einem Menschen die gewünschten Informationen zu entlocken. Die schlimmste davon war die sogenannte Wasserbehandlung. Der Unglückliche wurde mit dem Gesicht nach oben flach auf den Boden gelegt. Man steckte ihm einen Gummischlauch in den Hals und führte ihn bis hinunter in den Magen. Durch diesen Schlauch wurde Wasser gegossen bis er dick aufgebläht war. Dann sprangen die Beamten auf den aufgeblähten Magen oder rammten ihre Stöcke hinein, bis sie die gewünschte Information bekamen oder das Opfer ohnmächtig wurde. Irreparable Schäden und innere Blutungen waren die Folge.

Einer unserer jungen Dyak Studenten war von der Kempeitai gefoltert worden. Er sagte, man hätte ihn gezwungen, einen fünfzehn-Liter-Behälter voll mit Wasser über dem Kopf zu halten, und während alle seine Muskeln angespannt waren, hätten sie ihm ihre Stöcke in den Magen gerammt. Er war vollkommen unschuldig und hatte keine jener subersiven Aktivitäten begangen, die sie ihm vorwarfen. Er litt furchtbare Schmerzen, doch er gehörte zu jenen, die Gott auch unter Schmerzen noch vertrauen. Trotz allem konnte er seinen Herrn preisen und denen vergeben, die seinen Tod verursacht hatten - denn er starb kurz darauf an seinen inneren Verletzungen.

Wenn die Gefangenen nicht sofort in ihre Zellen zurückgebracht wurden, mußte ich unwillkürlich an die Wasserbehandlung denken - ich konnte das nächste Opfer sein. Bei diesem Gedanken suchte ich immer Zuflucht zu Gottes Wort, besonders zu den Psalmen 27 und 91.

Was mich am meisten quälte, waren die Schreie von Miss Seely. Sie so zu hören und zu denken, daß sie wahrscheinlich gefoltert worden war, um ein Geständnis aus ihr herauszupressen, war für mich fast unerträglich. Tag und Nacht schrie sie unzusammenhängende Sätze auf indonesisch. Ich glaube, sie versuchte zu singen, doch sie brachte keine Melodie zustande, nur diese schrecklichen, rauhen Töne. Vier Tage lang wurde ich in Ruhe gelassen, damit ich diese Mißklänge des Schreckens in mir aufnehmen konnte - das sollte mich weichmachen.

Am nächsten Tag wurde ich zum ersten Mal zum Verhör gebracht. Die beiden Männer, die mich von Kampili abgeholt hatte, warteten auf mich. Der Wärter war der dritte in diesem Untersuchungsteam. Den großen, grausamen Mann nannte ich im stillen den "Kopf", denn er war der Kopf des Teams. Er formulierte die verbalen Kugeln, die der "Fragensteller" auf mich abschoß. Der Fragensteller war klein und dünn, hatte schwarzes, gewelltes Haar und eine große, kräftige Hand. Der Kopf sah gar nicht japanisch aus, nicht nur seine Größe, auch seine Gesichtszüge waren ungewöhnlich für einen Japaner. Seine Augen blitzten vor Haß.

Der Kopf und der Fragensteller saßen an Tischen; ich wurde auf einen Stuhl zwischen sie gesetzt. Der Kopf hatte Papier und einen Stift vor sich liegen, er setzte sich immer zu meiner Linken. Der Fragensteller saß direkt vor mir. Niemals sprach der Kopf mich direkt an. Er nannte dem Fragensteller seine Fragen auf japanisch, der sie dann auf indonesisch auf mich abschoß. Ich antwortete auf indonesisch. Vermutlich konnte der Kopf kein Indonesisch.

Wenn eine Antwort dem Kopf nicht gefiel, gab er einen kurzen Befehl, und der Fragensteller versetzte mir mit der Kante seiner Hand einen schnellen Karateschlag. Er konnte sehr fest und präzise schlagen, immer genau an den Halsansatz auf der Schulter. Ein gut plazierter Schlag konnte furchtbar schmerzhaft sein. Manchmal schnippte der Fragensteller mir auch mehrmals hintereinander mit seinem Mittelfinger genau zwischen die Augen, bis ich dachte, meine Nerven würden explodieren. Meine Stirn schwoll an. Oft hatte ich das Gefühl, ich könnte keine weitere Berührung ertragen, doch der Herr tröstete und stärkte mich. Ich erinnerte mich an Dr. Jaffrays letzte Sätze: "Lassie, was immer du tust, sei ein guter Streiter für Jesus Christus." Ich betete darum, daß Gott mir helfen möge.

Die Verhöre - denn dieses erste war nur eines von vielen - dauerten eine Stunde, zwei Stunden, manchmal auch länger. Alle Fragen drehten sich um meine vermeintliche Spionagetätigkeit. Welchen Kontakt ich zu den amerikanischen Militärangehörigen gehabt hätte, was ich vom Morsealphabet wüßte (da sie diese Frage so oft wiederholten, nahm ich an, daß irgendwo ein Sender existierte und sie versuchten, ihn zu finden), wer meine Vorgesetzten seien, wo ich als Spion angeworben worden sei, wo ich meinen Sender hätte, was ich damit gemacht hätte, als ich nach Kampili verlegt worden sei, wer mein Kontaktmann sei und wie ich die Informationen aus dem Lager schmuggelte, wenn ich keinen Sender hätte.

Immer weiter ging es, unendlich viele Fragen, die sich dauernd wiederholten. Ich betete unablässig, der Herr möge mir helfen, vorsichtig und kurz zu antworten. Sie wollten mich dazu bringen zu glauben, daß ich von den Amerikanern benutzt worden sei, für sie zu spionieren, und daß sie mich nun an die Japaner verraten hätten. Sie würden zufrieden sein, wenn ich gestehen würde, sagten sie, doch ich wußte, daß Spione in Kriegszeiten geköpft wurden. Es war ein psychologisches Spiel, in dem ich zwar verwundet wurde, aber nicht gebeugt. Ich biß die Zähne zusammen und schwor mir, Gott helfe mir, daß sie mich nicht zerbrechen würden. Sechs Wochen lang wiederholten sich diese Verhöre alle paar Tage. Ich wußte nie, wann sie mich wieder holen würden.

Während all der Verhöre vergoß ich vor ihnen niemals auch nur eine Träne. Doch wenn der Wärter mich in meine Zelle zurückgebracht hatte und seine Schritte verklungen waren - wenn ich sicher war, daß niemand mich hören würde - weinte ich ganze Eimer voll. In meiner Verzweiflung schüttete ich dem Herrn mein Herz aus. "Oh, Herr, ich kann nicht noch ein Verhör ertragen. Ich kann es einfach nicht, Herr. Bitte, nicht noch mehr, Herr."

Wenn ich dann keine Tränen mehr hatte, war es, als hörte ich ihn flüstern: "Aber, mein Kind, meine Gnade genügt für dich, nicht *hat genügt* oder *wird genügen*, sondern *genügt*."

Zwei Wochen bevor ich in dieses Gefängnis gebracht worden war, hatte der Herr mir aufs Herz gelegt, einen Liedvers auswendig zu lernen. Nun wußte ich, warum. Nachdem ich meine Tränen getrocknet und mit meinem Kleid die Tränen vom Fußboden aufgewischt hatte, setzte ich mich auf und sang dieses Lied. Es sprach davon, daß er uns Kraft gibt, wenn unsere Kraft nicht mehr ausreicht, wie schlimm auch die Situation sein mochte.

Ich bekam neue Kraft, und ich wußte, ich würde ein neues Verhör ertragen können und noch eins und noch eins. Ich war körperlich schwach und hatte unglaublich viel Angst, doch Gott gab mir den Mut, mich vor jenen grausamen Männern wie ein guter Streiter für meinen Herrn zu verhalten.

Eines Tages schaute ich verlangend auf den Luftschacht über der Tür. *Wenn ich doch nur ein wenig frische Luft bekommen könnte.* Langsam zog ich mich an den Gitterstäben des Fensters hoch, bis ich die Gitter über dem offenen Luftschacht zu fassen bekam. Es gelang mir, mit einem Fuß auf dem Türgriff, dem anderen auf dem Fenstersims stehend, hinaus in den offenen Hof zu schauen. Wegen des Dachüberstands konnte ich zwar hinaussehen, wurde aber nicht gesehen. Die kühle Brise vom Ozean her war sehr erfrischend, und ich genoß den Anblick von etwas anderem als meinen vier Wänden. "Das muß ich noch einmal machen", versprach ich mir, "doch nun muß ich meine Kräfte sparen."

Die Moskitos hatten ihre Rache. Ich bekam eine Form von Malaria, die häufig tödlich ausgeht. Abwechselnd schwitzte und fror ich. Wenn der Schüttelfrost kam, schlug ich meine Arme und mein Kleid um mich, um warm zu werden. Fast war es eine Erleichterung, in den Wellen des hohen Fiebers fortgerissen zu werden. Neben dem Epsomsalz für die Ruhr bekam ich nun noch ein Glas mit in Wasser aufgelöstem Chinin. Diese bittere Flüssigkeit zu schlucken, war ein Qual. Den widerlichen Geschmack des Chinins wurde ich den ganzen Tag nicht los. Wie sehnte ich mich nach einem Schluck klaren Wasser, doch der wurde mir verwehrt. Auch begann ich, unter den schwächenden Symptomen von Beriberi zu leiden, einer Krankheit, die vor allem durch Vitamin-B_1-Mangel in der Ernährung hervorgerufen wird. Meine Beine waren schrecklich angeschwollen. Täglich untersuchte ich sie, preßte meinen Daumen in mein Bein und tastete nach dem Schienbein. Ich zählte, wie lange es dauerte, bis der Abdruck verschwand und das Gewebe sich wieder mit Flüssigkeit vollgesogen hatte. Welch ein Gegensatz zwischen den aufgedunsenen Beinen und meinem abgemagerten Körper.

Unter dem Fenstersims, verborgen vor den Blicken des Wärters, hatte ich die Tage eingeritzt, die ich schon in diesem Gefängnis verbrachte. Mit jedem neuen Tag spürte ich meine Kräfte aufgrund der Beriberi mehr und mehr schwinden. Würde ich auch gelähmt werden und Anämie bekommen? Wenn ich mich morgens erhob, durchwanderte ich trotz der Schwindelgefühle meine kleine Zelle, um bei Kräften zu bleiben. Viel Zeit verbrachte ich damit, Bibelstellen zu wiederholen. Ich begann mit dem Buchstaben A und sagte mir Verse auf, die mit diesem Buchstaben begannen. So machte ich das ganze Alphabet durch. Ich entdeckte, daß ich von den meisten Liedern, die wir als Kinder gesungen hatten, den Text noch wußte, obwohl ich bewußt keines von ihnen auswendig gelernt hatte.

Als Kind und junge Erwachsene hatte ich den Drang gehabt, das geschriebene Wort auswendig zu lernen. In der Zelle war ich nun dankbar für jene Tage in der Ferienbibelschule, in denen ich so viele Verse, ganze Kapitel und Psalmen gelernt hatte. In den Jahren, die folgten, habe ich das Gelernte immer wieder aufgefrischt. Der Herr speiste mich nun mit dem lebendigen Brot, das aufgehoben worden war für den Tag, da ich aufgrund des Verlustes meiner Bibel keine frische Nahrung mehr bekam. Täglich tröstete und ermutigte er mich - ja, er erfreute sogar mein Herz durch sein kostbares Wort.

Der Apostel Paulus schreibt, daß er durch den Trost der Schriften Hoffnung und Festigkeit des Herzens bekommen habe. Nie habe ich den Trost der Bibel mehr gebraucht als in jenen Monaten in der Todeszelle, doch da Gottes Wort in meinem Herzen wohnte, konnte die Kempeitai mich durch das Fortnehmen meiner Bibel gar nicht bestrafen.

Spät am Nachmittag eines Tages, an dem ich nicht verhört worden war, hörte ich Gelächter und angeregte Unterhaltung. Ich dachte: "Ist das nicht das Mädchen, das sich an dem Tag, als ich von Kampili abgeholt worden war, im Büro aufgehalten hatte? Sie war so nett, Margaret Kemp mein Kleid zu bringen. Sie hört sich so fröhlich an. Wer in dieser Umgebung kann einen Menschen so fröhlich machen?" Die Neugier trieb mich auf meinen Aussichtsposten. Ich freute mich, daß jemand so fröhlich war und sehnte mich danach, Zeuge dieser Fröhlichkeit zu sein, auch wenn ich sie nicht teilen konnte. Ich kletterte und zog mich hoch. Auf dem Fenstersims lag ein Messer! Unter Aufbietung aller Kräfte hielt ich mich fest, während meine Gedanken sich überschlugen. "Lieber Gott, wo kommt das nur her? Wer hat das da hingelegt? Wann? Vielleicht, während ich beim Verhör war?"

Ich ließ mich zu Boden gleiten, die lachenden Menschen hatte ich vollkommen vergessen. Wer? Wann? Warum? Wollten die Leute, die mich gefangenhielten, daß ich Selbstmord beging? Dann brauchten sie die Verhöre nicht fortzusetzen - all jene lächerlichen, von weit hergeholten Beschuldigungen. Oder sollte das Messer vielleicht der Beweis sein, daß ich im Kontakt zu jemandem von draußen stand, der mir das Messer ins Gefängnis geschmuggelt hatte? Ich versuchte, mich an alles zu erinnern, was ich über den Umgang der Kempeitai mit Gefangenen gelesen und gehört hatte. Viele Möglichkeiten mußten in Betracht gezogen werden. Ich könnte den Wärter angreifen und versuchen zu fliehen - oh, es gab so viele Möglichkeiten.

Ich legte mich flach auf den Rücken und atmete tief durch. "Herr", betete ich, "ich brauche deinen Rat. Soll ich das Messer verstecken? Wenn ja, wo?" Nein, sie würden die Zelle ganz sicher durchsuchen, und hier gab es keine Verstecke. Wenn sie das Messer fänden, hätte ich noch mehr Probleme. "Soll ich bis zum Abend warten und das Messer in den Hof werfen?" Auch nicht gut. Sie würden bestimmt meine Fingerabdrücke darauf finden. Fingerabdrücke befanden sich überall auf den Gittern, auf dem Türgriff und dem Fenster. Überaus sorgfältig wischte ich mit dem Rock meines Kleides alle Spuren fort.

Dann fiel ich mit dem Gesicht zur Tür auf die Knie und erklärte dem Herrn meine Situation. Nachdem ich mich ausgesprochen hatte, wurde ich ruhig, und ich pries den Gott Abrahams, Isaaks und Jakobs, den Gott Elias und Daniels, den Gott, der Wunder tut. "Herr, wenn du das Rote Meer für dein Volk trockenlegen konntest, und wenn du deine Engel schicken konntest, um den Mund der Löwen zu verschließen, damit sie Daniel nicht töteten - dann, Herr, ist es dir ein leichtes, das Messer zu entfernen. Danke, Vater."

Drei Tage lang verließ ich die Zelle nicht ein einziges Mal. Niemand kam oder ging, ohne daß ich es merkte. Niemand hätte das Messer erreichen können, ohne daß ich es gemerkt hätte. Am Spätnachmittag des dritten Tages kletterte ich hinauf und fand das Fenstersims leer vor. Das Messer war fort! Ich brauchte nicht darüber nachzudenken, wer es vielleicht genommen haben könnte, ich wußte einfach, daß es der Herr gewesen war. Wieder einmal hatte er mir gezeigt, daß ihm alle Dinge möglich waren.

Die Nachtwache wurde verstärkt durch einen älteren Indonesier. Das Mädchen aus dem Büro hatte sich mit ihm unterhalten an dem Nachmittag, an dem ich das Messer gefunden hatte. Die Zeit würde zeigen, was für ein Mensch er war. Ich begann für ihn zu beten.

Einige Tage später hörte ich, wie die Zellentüren neben meiner aufgeschlossen wurden. Wer oder wie viele hineingebracht wurden, konnte ich nicht sagen. Nachdem der Wärter gegangen war, hörte ich, wie die Gefangenen sich unterhielten. Zwei von ihnen kannte ich: Saartje Seth-Paul und ihre Schwester Bea aus Baracke 8. Die Stimme der dritten Person kannte ich nicht. Vorsichtig nahm ich meinen Lauscherposten am Luftschacht ein. Ich hatte Angst, mich bemerkbar zu machen, da die dritte Frau ja auch eine Informantin hätte sein können. Als ich jedoch hörte, wie Saartje sie mit "Joop" ansprach, wußte ich, daß sie die holländische Schwester war, die Ruth Ernies Stift mit dem Brief gebracht hatte, als sie über Benteng Tinggi nach Malino gebracht worden war. Damals hatte sie mir auch erzählt, sie habe Russell in Makassar gesehen und mir Grüße von ihm ausgerichtet. Ich war in fieberhafter Aufregung; hier waren Freunde, mit denen ich sprechen konnte, ohne Angst zu haben, mich dadurch in Schwierigkeiten zu bringen. Doch meine Freude wurde getrübt durch den Gedanken an Oma de Graaf und an Saartjes Kinder - wie schrecklich für die Familie!

Die Japaner versuchten, einer großen Summe Geld auf die Spur zu kommen, die die Seth-Pauls, wie ihnen von einem Informanten berichtet worden war, versteckt haben sollten. Ich fragte nie, ob diese

Anschuldigung der Wahrheit entsprach. Mit üblen Stockschlägen versuchten die Japaner, etwas über den Verbleib des angeblichen Schatzes herauszufinden. Die Verletzungen an Saartjes und Beas Armen und Gesichtern waren deutlich zu sehen. Sie standen unter meinem Luftschacht und zeigten mir die schrecklichen Prellungen auf ihrem Rücken und ihren Beinen. Schreckliche, grausame, boshafte unmoralische, unmenschliche Bestien - mein Repertoire an geeigneten Adjektiven, um ihre Grausamkeiten zu beschreiben, nahm in jenen Tagen beträchtlich zu.

Ich war sehr stolz auf Saartje und Bea, wenn sie von den Verhören mit hoch erhobenem Kopf zurückkamen - blutverschmiert, doch ungebeugt. Eines Nachmittags wurde mir erlaubt, ein Bad zu nehmen. Die drei Holländerinnen badeten zur selben Zeit. Ich hatte fast vergessen, wie angenehm ein Bad sein konnte. Während der Zeit, als die drei Frauen in der Todeszelle saßen, wurde ich nicht zum Verhör geholt. Wie die Anschuldigung gegen Joop lautete, wußte ich nicht, doch noch bevor die Woche um war, wurden die drei wieder nach Kampili zurückgebracht.

Die durch die Ruhr hervorgerufene Schwäche war eine große Belastung für mich. Der Geschmack des Chinins und des Epsomsalzes war unerträglich. "Herr, ich werde durch die Fliegen immer wieder neu infiziert. Wenn du willst, so heile du mich doch." Ich bekam die Gewißheit, daß der Herr meine Not gesehen und mein Gebet gehört hatte. Als der Wärter an diesem Tag meine tägliche Ration Chinin und Epsomsalz brachte, weigerte ich mich, sie zu trinken. Statt dessen erzählte ich ihm von dem Frieden, den Gott denen schenkt, die an ihn glauben. Ich erklärte ihm auch, daß ich Gott vertraute und er mich geheilt hätte. Er bestand darauf, daß ich die Medizin trank, also nahm ich die Gläser, doch ich trank sie nicht. Im Laufe des Tages war ich überzeugt davon, daß ich durch die heilende Kraft Gottes die Ruhr überwunden hatte.

Als der Wärter zurückkam, um die Gläser zu holen, schimpfte er, weil ich die Medizin nicht genommen hatte. Ich erwiderte: "Ich habe Ihnen doch gesagt, daß ich sie nicht mehr brauche. Gott hat mich geheilt." Er nahm eine Stuhlprobe mit und ließ sie untersuchen. Das Ergebnis: keine Spur mehr von der Ruhr! Erst später wurde mir klar, daß Gott mich nicht nur von der Ruhr, sondern auch von der Malaria und der Beriberi geheilt hatte. Ich bekam keine Fieber- und Schüttelfrostanfälle mehr, und die Schwellungen meiner Beine gingen auch zurück. Es war eine solche Erleichterung, körperlich wieder gesund zu sein.

Nach mehreren Wochen im Gefängnis der Kempeitai und unzähligen Verhören wurde ich auf einmal einem Chinesen gegenübergestellt, der mir überraschend bekannt vorkam! Ich erinnerte mich: das war der Mann, der Margaret Jaffray und mir an jenem Tag begegnet war, als wir von dem Berg aus nachgesehen hatten, ob in Benteng Tinggi alles in Ordnung war. Ich wußte auch noch, daß ich bei dieser Begegnung gedacht hatte - *diesen Mann wirst du noch einmal wiedersehen.* Und da war er nun. Er beschuldigte mich, für die Amerikaner spioniert zu haben. Er sagte, er hätte mich im Dschungel gesehen. Ich hätte die Truppenbewegungen beobachtet. Er hätte mit eigenen Augen das Funkgerät in meinen Händen gesehen. Ich war verblüfft! An jenem Tag hatte ich doch gar nichts bei mir gehabt.

Ich versuchte zu erklären, warum ich jenen unseligen Spaziergang unternommen habe. Ich sei neugierig gewesen, ich hätte einfach nur sehen wollen, ob die Häuser in Benteng Tinggi noch stünden. "Neugierig" war ein Wort, das im Wortschatz der Japaner nicht mehr existierte. Es mußte einen subversiven Grund für mein unerklärliches Verhalten geben.

Von da an drehten sich die Verhöre um das Zeugnis jenes Mannes, der, wie ich vermutete, für seine falsche Aussage bezahlt worden war. "Warum wollten Sie wissen, ob wir Soldaten dort hatten?" "Warum haben Sie beobachtet?" "Warum hatten Sie sich von den anderen Frauen entfernt?" "Wo befindet sich das Funkgerät jetzt?" "Haben Sie es an einen Untergrundagenten weitergegeben?" "Wenn Sie kein Funkgerät haben, wer ist Ihr Kontaktmann?" "Wie haben Sie die Informationen bezüglich der Truppenbewegungen an die Alliierten weitergegeben?" Immer wieder dasselbe. Hatte ich dieselbe Geschichte erzählt wie vorher? Keine meiner Antworten stellte sie zufrieden. Schließlich, etwa in der sechsten Woche, wurde ich darüber in Kenntnis gesetzt, daß die Kempeitai endlich Beweise für meine Spionagetätigkeit gefunden habe. Sie glaubten mir nichts von dem, was ich sagte.

Der Fragensteller schaute mich an: "Sie wissen, welche Strafe auf Spionage in Kriegszeiten steht, nicht wahr?"

Ich wußte es: Ich war verurteilt, ohne Gerichtsverhandlung, als amerikanische Spionin geköpft zu werden.

An diesem Nachmittag flossen die Tränen reichlicher als je zuvor. Ich spürte den liebevollen Druck von Gottes Hand; die Angst wich, und das Gefühl des Friedens breitete sich in mir aus. Ich wußte, seine Gnade würde mich erhalten.

Nach dieser Sitzung wurde ich nicht mehr zum Verhör geholt. Ich war dankbar und pries Gott, daß er mir die Kraft gegeben hatte, geduldig zu sein. Er hatte mir geholfen, ein guter Streiter für Jesus Christus zu sein. Was die Zukunft bringen würde, legte ich vollkommen in seine Hände. Sogar in meiner Zelle hatte ich einen Zufluchtsort gefunden - ich brauchte nicht mehr in den Verhörraum zu gehen.

Etwa eine Woche später, als der Wärter die Frauen in den Hof brachte, beschloß ich nachzusehen, wie es Margaret Kemp ging. Da war sie, bekleidet mit meinem Hauskleid. Ich freute mich so, daß sie es hatte und wünschte, ich würde es wagen, sie anzurufen. Zusammen mit ihr waren einige eingeborene Gefangene auf dem Hof. Sie waren alle wegen kleineren Vergehen eingesperrt worden und durften nach draußen gehen, wann immer es dem Wärter gefiel.

Vor allem eine Frau fesselte meine Aufmerksamkeit. Jedesmal wenn der Wärter ihr den Rücken zudrehte und zur anderen Seite des Hofes ging, bewegte sie sich auf einen Zaun zu, der mit einem Klettergewächs bewachsen war. Sobald der Wärter seine Stiefel zusammenschlug und wieder auf sie zukam, blieb sie stehen. Wenn er wieder in die andere Richtung ging, schlich sie sich auch weiter. "Aha, ein Komplott. Wahrscheinlich nimmt sie Kontakt auf zu jemandem, der sich im Gebüsch versteckt hat. Wie aufregend! Oh, sei bloß vorsichtig! Da ich keine Bücher zu lesen habe, beobachte ich ein Schauspiel, das sich direkt vor meinen Augen abspielt." Ich fühlte mit ihr; ich wollte, daß sie erfolgreich war, daß sie nicht gefaßt würde. Als sie schließlich den mit Wein bewachsenen Zaun erreichte, blieb sie stehen. Der Wärter drehte sich wieder um und ging davon. In diesem Augenblick sah ich, wie eine Hand hervorschnellte; sie hielt ein dikkes Bündel Bananen. Schnell packte sie die Bananen, versteckte sie in den Falten ihres Sarong und schlenderte unauffällig zu den anderen Frauen zurück. Niemand wußte, daß sie die Bananen hatte. Nur ich - *Bananen!*

Ich kletterte herunter und ließ mich auf den Fußboden meiner Zelle sinken. Ich zitterte vor Erschöpfung. Und, was noch schlimmer war, ich hatte einen Heißhunger auf Bananen. Ich konnte sie sehen, sie riechen, sie schmecken. Ich fiel auf die Knie und sagte: "Herr, ich bitte dich ja nicht um ein ganzes Bündel, wie es diese Frau hat. Ich möchte nur eine einzige Banane." Ich schaute auf und flehte: "Herr, nur *eine* Banane."

Dann begann ich zu überlegen - wie konnte Gott mir durch diese Gefängnismauern eine Banane zukommen lassen? Niemals könnte ich den Wärter danach fragen. Wenn er mir half und entdeckt würde, bekäme er eine schwere Strafe. Ganz sicher würde ich den Fragensteller oder den Kopf nicht um eine solche Vergünstigung bitten. Außer ihnen fiel mir niemand mehr ein. Sie waren die einzigen. Natürlich war da immer noch der indonesische Nachtwächter. "Laß ihn nicht auf die Idee kommen, mir eine Banane zu bringen. Er würde erschossen werden, wenn er es täte."

Ich beugte den Kopf und betete: "Herr, mir fällt niemand ein, der mir eine Banane bringen könnte. Es gibt keinen Weg. Bitte denke nicht, ich sei nicht dankbar für den Reisporridge. Es ist nur - nun, die Bananen sahen so lecker aus!"

Ich hätte nur meine Ohnmacht mit Gottes Allmacht zu verbinden brauchen, doch ich konnte keinen Weg sehen, wie Gott mir in diesen Gefängnismauern eine Banane hätte zukommen lassen können. Ich traute es ihm nicht zu, nicht einmal nach meiner Heilung und der Sache mit dem Messer.

Wenn die japanischen Offiziere der Schiffe, die in Makassar vor Anker lagen, das Gefängnis besuchten, bedeutete das für die Gefangenen viel Not. Wir wurden ausgelacht, beschimpft und beleidigt. Wenn unsere Zellentüren geöffnet wurden, erwartete man von uns, daß wir eine tiefe Verbeugung machten. Wenn die Verbeugung nicht tief genug ausfiel, wurden wir mit einem Stock auf den Rücken geschlagen. Dies waren sehr demütigende und schlimme Erfahrungen.

An dem Morgen nach der Sache mit den Bananen hörte ich Offiziersschritte auf dem Gang. Die Vorstellung, aufstehen und eine tiefe Verbeugung machen zu müssen, war äußerst lästig. Während der Monate im Gefängnis hatte ich beträchtlich abgenommen, ich war nur noch Haut und Knochen. Ein Gutes hatte jedoch auch das, je dünner ich wurde, desto länger wurde mein Kleid, und ich konnte mich nachts besser zudecken. Oft streckte ich meine Hände aus und lachte über meine Klauen. Die dürftigen Mahlzeiten waren nicht dazu angetan, Gewicht anzusetzen. Zwar war ich geheilt worden, doch um zu Kräften zu kommen, brauchte ich eine bessere Ernährung. Ich fragte mich, ob ich es wohl schaffen würde, aufzustehen und aufrecht stehen zu bleiben.

Die Offiziere hatten meine Tür fast erreicht. Ich griff hoch, faßte den Fenstersims und zog mich hoch. "Nun, Herr", betete ich, "die Offiziere kommen. Gib mir die Kraft, eine angemessene Verbeugung zu machen." Ich hörte, wie der Wärter einen Schlüssel ins Schloß steckte, doch er hatte den falschen erwischt und rannte zum Büro zurück, um den richtigen zu holen. Ich ließ mich wieder zu Boden sinken, um mich auszuruhen, stand aber wieder auf, als ich seine

Turnschuhe hörte. Meine Beine zitterten, und ich umklammerte die Fenstergitter, um mein Gleichgewicht zu halten. "Herr, bitte hilf mir, mich richtig zu verbeugen."

Schließlich öffnete sich die Tür, und ich schaute in das lächelnde Gesicht von Mr. Yamaji, dem Lagerkommandanten von Kampili. Es war Anfang Juli, und es war so lange her, seit ich ein lächelndes oder bekanntes Gesicht gesehen hatte. Ich klatschte in die Hände und rief: *Tuan Yamaji, seperti lihat sobat jang lama,* "Mr. Yamaji, es ist, als würde ich einen alten Freund sehen!"

Tränen stiegen in seine Augen. Er sagte nicht ein einziges Wort, drehte sich um und ging hinaus in den Hof. Dort sprach er mit den beiden Offizieren, die mich verhört hatten. Beim Appell in Kampili hatte ich einige Befehle auf japanisch zu geben, doch ich hatte bewußt vermieden, die japanische Sprache zu lernen. Es war besser, sie nicht zu können. Ich konnte nicht verstehen, was Yamaji sagte - doch er sprach sehr lange mit ihnen. Wo waren ihr Hochmut und ihre Herablassung geblieben, mit der sie mich während der Verhöre behandelt hatten? Ich konnte beobachten, wie ihre Köpfe immer tiefer sanken. Vielleicht erzählte er ihnen von meiner Arbeit als Missionarin, vielleicht aber auch von dem Nachmittag in seinem Büro, als ich ihm von Christus, meinem Retter, erzählt hatte, der uns Liebe für andere schenkt - sogar für unsere Feinde, die uns übel mitspielen.

Schließlich kam Mr. Yamaji zu meiner Zelle zurück. "Sie sind sehr krank, nicht wahr?" fragte er mitleidvoll.

"Ja, Mr. Yamaji, das stimmt."

"Ich fahre nun zum Lager zurück. Haben Sie eine Nachricht für die Frauen?"

Ich antwortete: "Ja, Sir, wenn Sie zurückfahren, sagen Sie ihnen bitte, daß es mir gut geht. Ich vertraue immer noch auf den Herrn. Die Frauen werden verstehen, was ich meine, und ich glaube, Sie auch."

"In Ordnung", erwiderte er. Dann drehte er sich um und ging.

Als Mr. Yamaji und die Kempeitai-Offiziere gegangen waren und der Wärter die Tür hinter ihnen verschlossen hatte, fiel mir auf, daß ich mich gar nicht vor ihnen verbeugt hatte. "Oh, Herr", weinte ich, "warum hast du mich nicht daran erinnert? Sie werden zurückkommen und mich schlagen. Herr, bitte nicht wieder in den Verhörraum. Nicht jetzt, Herr. Ich kann nicht, Herr, ich kann einfach nicht."

Ich hörte den Wärter zurückkommen und wußte, daß er zu mir wollte. Mühsam stand ich auf, bereit, abgeführt zu werden. Er öffnete die Tür, kam herein und legte etwas vor meine Füße - *Bananen!* "Die sind für Sie", sagte er, "und sie sind alle von Mr. Yamaji." In betäubtem Schweigen setzte ich mich hin und zählte sie. *Es waren zweiundneunzig Bananen!*

In meinem ganzen Leben habe ich mich noch nie so geschämt. Ich schob die Bananen in die Ecke und weinte. "Herr, vergib mir, ich schäme mich so. Ich habe nicht geglaubt, daß du mir auch nur eine Banane beschaffen könntest. Und nun hast du mir sogar fast hundert geschenkt."

In der Stille meiner dunklen Zelle tröstete er mich: "*Ich vermag über alles hinaus zu tun, über die Maßen mehr, als du erbittest oder erdenkst.*" Von da an wußte ich, daß meinem Gott nichts unmöglich war.

Nachdem ich wußte, daß es Gott eine Freude gewesen war, mir diese Bananen zu schicken, konnte ich meine Betrübnis ablegen, und ich mußte mich sehr zusammennehmen, nicht alle zweiundneunzig Bananen auf einmal zu essen. Nach Monaten, in denen ich nur magere Reisportionen bekommen hatte, würde ich todkrank werden, wenn ich zu viele auf einmal aß. Darum teilte ich mir die Bananen ein, wobei ich die grünen bis zum Schluß verwahrte. So sorgte Gott für mich, und ich bekam wieder neue Kraft. "Du bereitest vor mir einen Tisch angesichts meiner Feinde" (Psalm 23,5).

Am Spätnachmittag des Tages nach Yamajis Besuch hörte ich, wie der indonesische Nachtwächter vor meiner Tür stehenblieb. Er rief mich leise.

"Ja, Sir?" Ich sprang auf und preßte mein Ohr an die Tür.

Njonja suka pisan gorengkah? "Mögen Sie gebackene Bananen?"

"Oh ja, ich mag alles Eßbare!" Ich hörte ihn fortgehen und wußte, daß er es nicht riskieren würde, die Tür zu öffnen. Vor Erregung zitternd, kletterte ich zu dem Luftschacht hinauf und sah ihn zurückkommen. Der Dachüberhang verbarg ihn vor den Blicken der andern. Fröhlich baumelten die gebackenen Bananen in einem Getreidebehälter an seinem aufgepflanzten Bajonett. Unmerklich verlangsamte er seine Schritte vor meiner Zelle, damit ich durch die Gitter fassen und den Behälter packen konnte. Ich bedankte mich sehr herzlich und kletterte wieder hinunter. Sofort verzehrte ich genüßlich diese unerwartete Mahlzeit. War es vielleicht Mr. Yamajis Freundlichkeit, die dem Nachtwächter Mut gemacht hatten oder vielleicht einfach nur Mitleid für mich? Vielleicht beides.

Am nächsten Tag packte ich mit den Fingern in meinen Reis, um etwas Schwarzes zu entfernen und entdeckte ein Fischauge, das mich anstarrte - tatsächlich waren es sogar zehn kleine Fischaugen. Das war sehr aufregend. Hatte der Koch sie vielleicht für mich in den Porridge geschmuggelt? Oder jemand anderes? Ich habe es nie erfahren, doch es erwärmte mein Herz, wie Dr. Jaffray sagen würde, zu wissen, daß jemand da draußen an mich dachte.

Einige Tage später, nachdem der Wärter meinen Teller entfernt hatte und die Sonne bereits unterging, saß ich auf dem Fußboden und dachte über meine Situation nach. Warum hatten sie mich noch nicht exekutiert? Warum hatten sie Margaret und Philoma nicht ins Lager zurückgebracht? Wollte die Kempeitai vielleicht nicht, daß die Leute in Kampili sahen, was sie ihnen angetan hatten? Wenigstens wußte ich, daß Philoma immer noch hier war. Ich beschloß, am nächsten Tag noch einmal durch den Luftschacht hinauszusehen, um zu erfahren, ob sie Margaret mit den anderen Frauen zusammen hinausführten. Wenn das nicht der Fall war, hatten sie sie vielleicht schon zurückgebracht. Wie stand es eigentlich mit dem Krieg? War die US-Flotte bereits versenkt worden, wie uns die japanischen Admiräle, die uns gelegentlich besuchten, glauben machen wollten? Aber dann hätten sie die komplette US-Flotte in den vergangenen zwei Jahren dreimal versenkt! Ich lachte über das gute, alte Amerika. Es schien Schiffe aus Kork zu haben, die immer wieder auftauchten, um erneut versenkt zu werden. "Paßt nur auf; sie werden wieder auftauchen", sagte ich zu mir.

Ganz allmählich rutschte ich ab in das geistlich niederdrückende Spiel des "angenommen"! *Angenommen*, die Japaner würden den Krieg gewinnen, was dann? Das konnte ich mir nicht vorstellen, doch wir hatten uns auch nicht vorstellen können, daß Hongkong oder Singapur fallen könnten. Aber sie waren gefallen, und das in nur wenigen Tagen. Kamikaze-Flieger sind schreckliche Feinde.

Angenommen, meine Brüder Ray und Donald wären hier irgendwo im Südpazifik und müßten sich demselben Feind stellen, der Flammenwerfer gegen Krankenschwestern richtete, die sich in einer Höhle zusammenkauerten; diesen Menschen, die unschuldigen Missionarinnen wie Philoma und Margaret solche Grausamkeiten antaten! Auch ich war unschuldig, und doch hatten sie einen Zeugen für meine angebliche Schuld. Vielleicht hatte man ihn erwischt, wie er sich in den Bergen versteckte, so daß er mit seiner Aussage nur seine eigene Haut retten wollte. Wir hatten gehört, daß einige der Chinesen in Makassar sehr schlecht behandelt worden waren, und ich hatte Mitgefühl mit dem Mann. "Du armer Chinese, du mußt lügen, um deine Haut zu retten." Ich betete für ihn.

Angenommen, Don und Ray würden getötet, was würde aus ihren Familien werden? Was aus Mama und Dad?

Angenommen, keiner von uns würde nach Hause zurückkehren?

Nichts kann einen Menschen mehr in Verzweiflung stürzen, als darüber nachzudenken, was alles passieren könnte! Dies ist das beste Beispiel für die Sorge um ein Morgen, das vielleicht nie kommt, uns aber die Freude am Heute raubt.

Verzweiflung ergriff mich um den Schmerz anderer, und die Tränen strömten wieder. Ich war allein und hatte Zeit zu weinen, doch mit den Tränen setzte auch die Heilung ein. Mitten in meine schreckliche Einsamkeit, in meinen Schmerz um eine vom Krieg erschütterte Welt hinein, hörte ich eine wundervolle klare Stimme vor meiner Zellentür singen "Jesu Name, nie verklinget." Er sang in Indonesisch: "Kostbar ist dein Name, ein sicherer Schutz!" Mein Herz wurde mit Hoffnung erfüllt! Die "Zeit zu weinen" war vorüber; nun war es "Zeit zu lachen."

"Oh Herr", weinte ich, "vergib mir meine Zweifel. Es war falsch von mir, so zu denken. Ich lebe doch in dem sicheren Wissen, daß der Name des Herrn ein fester Turm ist; "zu ihm läuft der Gerechte und ist in Sicherheit" (Sprüche 18,10). Der Name Jesu, dein kostbarer Name ist mein fester Turm gegen den Angriff des Feindes und der Verzweiflung. Er ist mein sicherer Schutz. Ich berge mich in ihm und bin in Sicherheit."

Doch wer hatte da gesungen? Wie hatte er wissen können, daß ich in diesem Augenblick genau dieses Lied brauchte? Natürlich hatte er das nicht wissen können, doch er liebte Gott, das war klar. Ich mußte ihn sehen.

Ich kletterte zum Luftschacht hinauf. Es stand niemand in der Nähe der Tür, und außer dem Wärter und dem Nachtwächter war auch niemand im Hof. Sie unterhielten sich, und ich wußte, daß sie das Singen nicht einmal gehört hatten. Dieses Lied hatte mir Hoffnung und neuen Mut gegeben. Überwältigt ließ ich mich auf den Boden sinken und dankte Gott.[1]

Kurz nach Mitternacht wachte ich plötzlich auf und lauschte. Jemand in Turnschuhen eilte den Gang entlang. Dann höre ich, wie die Türen der leeren Zellen hastig geschlossen und abgeschlossen wurden. Mir gefror das Blut in den Adern. Der Eindringling atmete heftig vor meiner Tür. Im fahlen Licht des Mondes sah ich, wie der Türgriff heruntergedrückt wurde. Dann versuchte jemand, die Tür zu öffnen. Die Tür war aber verschlossen, und fasziniert beobachtete ich, wie der

[1] Als ich dies später Dr. A. W. Tozer erzählte - dem Mystiker der Modernen, wie man ihn nannte - sagte er: "Mädchen, hast du schon einmal daran gedacht, daß Gott vielleicht einen Engel geschickt hat?" "Ja, Dr. Tozer, das habe ich tatsächlich."

Türgriff wieder in die richtige Position gebracht wurde. Mein mitternächtlicher Besucher ging weiter, um die restlichen Zellen zu verschließen. Ich atmete auf und überlegte. War es vielleicht der Nachtwächter? Aber warum? In der Ferne hörte ich Stimmen und Gelächter, und als der Lärm lauter wurde, erkannte ich, daß eine Gruppe japanischer Offiziere den Gefängnisbereich betrat. Als sie auf den Hof kamen, merkte ich an ihrem Grölen und ihrem Gelächter, daß sie betrunken waren. Einer von ihnen brüllte: "Wärter!" Der Nachtwächter kam angerannt und antwortete: "Ja, Sir." Mir brach der kalte Schweiß aus, als ich hörte, wie die Japaner fragten, wo die Frauen aus Kampili seien.

"Sir, sie wurden alle nach Kampili zurückgebracht", versicherte der Nachtwächter. Darauf folgte eine Auseinandersetzung der Japaner. Ich hörte das Wort "Amerika", das mich wie ein Dolch durchbohrte. Wußte einer von ihnen vielleicht, daß ich immer noch hier war?

Wieder versicherte der Nachtwächter, daß die Frauen nach Kampili zurückgebracht worden seien. Die Japaner waren nicht so leicht zu überzeugen. Da sie so beharrlich waren, begann der Nachtwächter, die Zellentüren zu öffnen, anfangend mit der Tür am hintersten Ende des Blocks. Die Betrunkenen rüttelten an den Zellentüren und versuchten, sie aus den Angeln zu reißen.

Auch an meiner Tür wurde gerüttelt. Ich hörte das schwere Atmen und nahm den widerlichen Geruch von Alkohol und Schweiß wahr. Ich hatte Angst, mein Herzschlag würde meine Anwesenheit verraten. Geräuschlos glitt ich zu Boden, um Kräfte zu sparen, denn ich hatte die Absicht, mich zu wehren. Meine Hände waren fest auf meinen Mund gepreßt, damit ich nicht aufschrie.

Ich hörte den Nachtwächter wiederholen: "Die Frauen sind nach Kampili zurückgebracht worden. Sehen Sie nur, die Zellen sind leer. Anscheinend glaubten sie ihm endlich, oder sie waren es leid, weiterzusuchen, denn jemand aus der Gruppe bellte einen Befehl auf japanisch, und unter brüllendem Gelächter und Gegröle verließen sie das Gefängnis.

Als ihr Lärm in der Nacht verklungen war, dachte ich über den Vorfall nach. Sie könnten im Gefängnisbüro der Kempeitai nachfragen und erfahren, daß ich mich immer noch in der Todeszelle befand, dann zurückkehren. Wahrscheinlich hätten sie in der Zwischenzeit noch mehr Alkohol getrunken; es könnte auch sein, daß sie, wenn sie wieder nüchtern waren, erfuhren, daß ich noch da war und zurückkamen, um den indonesischen Wächter zu töten, weil er sie angelogen hatte.

So dankbar ich auch war, daß Gott mich bewahrt hatte, der Schrecken der Nacht saß mir noch in den Gliedern. Auch mußte ich immerfort an die Gefahr denken, in der sich der Wärter nun befand. Ich betete, daß Gott ihn vor diesen lüsternen und böswilligen Menschen beschützen möge, daß er alle Erinnerung an die heutige Nacht bei ihnen auslöschen möge. Gott sei Dank waren Saartje und die anderen aus den Todeszellen nach Kampili zurückgekehrt, es war gut um ihretwillen, aber auch um meinetwillen. Obwohl er gemerkt haben mußte, daß ich den nächtlichen Aufruhr mitbekommen hatte, reagierte der Wächter nicht auf meinen geflüsterten Dank vom Luftschacht aus, als er unten vorbeiging. Vielleicht traute auch er keinem Menschen. Es war eine sehr mutige Tat gewesen, die ihn in äußerste Gefahr gebracht hatte.

Der siebenundzwanzigste Psalm war mir in dieser Nacht ein großer Trost. Ich hatte ihn in Benteng Tinggi auswendig gelernt. Jeder Vers war passend, doch besonders die Verse drei und acht. "Wenn sich ein Heer gegen mich lagert, so fürchtet sich mein Herz nicht; wenn sich auch Krieg gegen mich erhebt, trotzdem bin ich vertrauensvoll. ... Mein Herz erinnert sich: 'Suche mein Angesicht!' - Dein Angesicht, Herr, suche ich."

Im sanften Licht der frühen Morgenstunden wiederholte ich diese Verse laut. Ich hatte eine schlaflose Nacht verbracht und mich gefragt, ob diese Betrunkenen wohl zurückkommen würden. Ich wußte, daß ich es ohne Gott, ohne das Bewußtsein seiner Gegenwart in jener schwierigen Stunde nie geschafft hätte. "Herr, verlaß und versäume mich nie. Deine wundervolle Gegenwart hat diese Zelle zu einem Ort der Schönheit, zu einem heiligen Ort gemacht, wie eine Kapelle, die durch deine Gegenwart erleuchtet wird."

Doch ganz plötzlich und unerwartet fühlte ich mich in ein geistliches Vakuum gehüllt. "Herr, wo bist du hingegangen? Was habe ich gesagt oder getan, das dich betrübt hat? Warum hast du mich alleingelassen? Oh, Vater - " In Panik sprang ich auf, suchte nach einer verborgenen Sünde, nach einem unbedachten Gedanken, nach irgendeinem Grund, warum der Herr sich von mir zurückgezogen haben könnte. Meine Gebete, meine Anbetung schien nicht mehr höher zu steigen als an die Decke. Es schien keine Antwort mehr zu kommen. Ich betete um Vergebung, daß der heilige Geist mein Herz durchforschen möge. Doch auf keine meiner Bitten kam eine Antwort.

Ich sank auf den Boden und dachte an Schriftstellen, die mir einfielen. "In meinem Herzen habe ich dein Wort verwahrt, *damit ich nicht gegen dich sündige*" (Psalm 119,11). Gottes Wort ist mir immer eine Leuchte für meinen Fuß gewesen, "ein Licht für meinen Pfad" (Psalm 119,105). Ich war mir bewußt, daß, wenn ich die Ungerechtigkeit meines Herzens betrachtete, er mich nicht hören konnte. Ich wußte von keiner nicht bekannten Sünde in meinem Herzen. Ich glaubte an 1. Johannes 1,9: "wenn wir unsere Sünden bekennen, ist er treu und gerecht, daß er uns die Sünden vergibt und uns reinigt von jeder Ungerechtigkeit." Ich wußte, daß meine Sünden ausgelöscht waren und mir nicht mehr vorgehalten werden würden (Jesaja 43,25). Hieß es nicht in 1. Johannes 3,21, daß, wenn unsere Herzen uns nicht verurteilten, wir Freimütigkeit zu Gott hätten? Mein Herz verdammte mich nicht, und meine Zuversicht war mein Herr, der niemals log, der treu zu seinem Wort stand. Ich sagte mir 4.Mose 23,19 auf: "Nicht ein Mensch ist Gott, daß er lüge, noch der Sohn eines Menschen, daß er bereue. Sollte *er* gesprochen haben und es nicht tun und geredet haben und es nicht aufrechthalten?"

"Herr, ich glaube alles, was in der Bibel steht. Ich wandle im Glauben und nicht im Schauen. Ich brauche deine Nähe nicht zu spüren, weil dein Wort versprochen hat, daß du mich niemals verlassen noch versäumen würdest. Herr, ich bestätige meinen Glauben; ich glaube an dich." Die Worte von Hebräer 11,1 kamen mir in den Sinn: "Der Glaube aber ist eine Verwirklichung dessen, was man hofft, *ein Überführtsein von Dingen, die man nicht sieht.*" Das Überführtsein von Dingen, die man nicht sieht - darauf vertraute ich - nicht auf Gefühle oder Augenblicke der Begeisterung, sondern auf die unveränderliche Person Jesus Christus.

In gewisser Weise verstand ich nun, was Hiob meinte, als er sagte: "Siehe, er wird mich töten, ich will auf ihn warten" (13,15). Hiob wußte, daß er Gott vertrauen konnte, weil er das Wesen des Einen kannte, auf den er sein Vertrauen gesetzt hatte. Es war ein Glaube bar jeder Gefühle, ein Glaube ohne Putz. Mehr denn je zuvor wußte ich, daß ich mein Vertrauen auf den Herrn setzen konnte. Ich ermutigte mich selbst, auf den Herrn und sein Wort zu vertrauen.[1]

---

[1] Dies war eine wertvolle geistliche Erfahrung, die ich durch den Krieg gemacht hatte. Um so wertvoller wurde sie durch Dr. A. W. Tozer, dem ich dieses Erlebnis erzählte. Nachdem mir mehrmals mit Psalm 66,18 gesagt worden war: "Nein, es muß eine verborgene Sünde gegeben haben, sonst hättest du seine Gegenwart gespürt", hatte ich Hemmungen, das überhaupt zu erzählen.
Doch Dr. Tozer meinte: "Mädchen, heutzutage gibt es auf geistlichenm Gebiet viele unwissende Leute. Wir stehen in einem geistlichen Kampf. Wissen diese Leute denn nicht, daß Gott wegen dem Widerstand des Fürsten von Persien, Satan, einundzwanzig Tage brauchte, um Daniel eine Antwort zukommen zu lassen? Gott sandte Michael, um gegen ihn zu kämpfen und den Feind zu überwinden. Wir müssen unbedingt begreifen, daß der Satan als Fürst der Mächte der Luft seine Aktivitäten verstärkt, weil er weiß, daß seine Zeit begrenzt ist."

Der Herr sprach zu mir durch 2. Korinther 1,10: "Und der hat uns aus so großer Todesgefahr errettet und wird uns erretten; auf ihn hoffen wir, daß er uns auch ferner erretten werde."

"Ein wundervoller Vers, Herr", antwortete ich und sagte ihn mir noch einmal ganz auf.

Sofort meldete sich wieder eine sanfte Stimme in mir, die sagte: "Der uns errettet hat ... wird uns erretten ... *und wird uns auch ferner erretten.*"

Ich wußte, daß der Herr zu mir sprach, und freudig antwortete ich: "Ja, danke Herr, ich bin frei - frei vom Gesetz der Sünde und des Todes!"

Wie eine Welle, die sich immer wieder am Strand bricht, wiederholte sich der Satz: "Der uns *errettet* hat ... *wird uns erretten* ... und wird uns auch ferner *erretten.*"

"Herr, ich weiß das und glaube es. Ich bin frei. Ich lebe in Christus; ich bin errettet worden."

Wieder klangen die Worte in mir: "Der uns errettet hat ... wird uns erretten ... und wird uns auch ferner erretten." Schließlich fragte ich zaghaft: "Herr, wie könntest du mich hier herausholen?" Ich überlegte, ob der Herr mir vielleicht zu verstehen geben wollte, daß er mich aus dem Gefängnis der Kempeitai befreien wollte. "Und wird uns auch ferner erretten."

Ich erhob mich früh, nahm die Haarnadeln aus meinem Haar, schüttelte es, kämmte es wie üblich mit meinen Fingern und steckte es erneut fest.

Sehr sorgfältig und überaus dankbar schälte ich die schwarze, verschrumpelte Schale von der *letzten Banane.* Sie aufzuessen glich einem Ritual - ich nahm nur kleine Bisse und kaute sie sehr langsam und genüßlich. Ich dachte gerade darüber nach, wie Gott für mich gesorgt hatte, als ich den Wärter an der Tür hörte. "Stehen Sie schnell auf. Wir bringen Sie woanders hin." Ich folgte ihm den Gang entlang, über den Hof, an dem Verhörraum vorbei und durch das Portal. Der Wärter ging noch einmal fort, um Miss Kemp und Miss Seely zu holen, darum betrat ich das Büro. Dieselbe junge Indonesierin saß am Tisch. "Ich möchte meine Ringe und meine Bibel haben." Sie holte eine Papiertüte aus einem Schrank hinter ihr und gab sie mir. Meine Ringe versteckte ich in meinem Büstenhalter, meine Bibel in den Falten meines weiten Rockes. Als ich aus der Tür trat, sah ich die schwarze Limosine auf dem Rundweg warten. Ich wurde auf den Rücksitz geschoben, eingerahmt von jeweils einer Wache. Mittlerweile waren auch Margaret und Philoma geholt worden. Sie nahmen auf dem Vordersitz Platz. Arme Margaret, sie war wirklich übel dran; doch Philoma - dieses unnatürliche Grinsen auf dem Gesicht machte mich krank.

Um nach Kampili zurückzufahren, hätten wir nach links auf die Hauptstraße abbiegen müssen. Statt dessen bogen wir nach rechts ab. Der Wagen fuhr zum Hauptquartier der Geheimpolizei. Ein Offizier forderte uns auf, ihm zu folgen. Margaret und Philoma wurden bald in den Raum gebracht, in dem ich wartete. Jeder von uns bekam einen Teller mit dem weißesten ... dem langkörnigsten ... dem schönsten Reis, den ich je gesehen hatte und ein kleines Stück gekochten Kürbis. Ich hatte schon von den "Henkersmahlzeiten" gehört und fragte mich, warum sie sich überhaupt diese Mühe machten.

Wir drei wurden in einen Raum auf der anderen Seite des Korridors geführt. Auf einem Tisch sah ich ein Blatt Papier, eine Feder und Tinte. Der Fragensteller befahl, eine von uns solle sich hinsetzen und schreiben, was er diktierte. Ich schaute Margaret an, und sie nickte: "Darlene, schreib du. Schreib, was immer er will."

Er diktierte eine Erklärung, daß wir der Kaiserlich-japanischen Armee sehr dankbar seien für ihre Güte, uns unsere üblen Taten gegen sie zu vergeben. (Was diese üblen Taten waren, wurde nicht näher erläutert.) Wir versprachen, mit niemandem außerhalb des Konzentrationslagers mehr Kontakt aufzunehmen. Jeder von uns mußte diese Erklärung unterschreiben und seinen Daumenabdruck unter seine Unterschrift setzen.

Wie hinterlistig. Sobald wir diese Dokument unterzeichnet hatten, wurde ich gegen eine Wand auf dem Hinrichtungsplatz gestellt. Der Kopf stand vor mir. Er hielt einen Stapel Blätter in der Hand - sein handschriftliches Protokoll der Verhöre und ihre Beschuldigungen gegen mich. Er begann, sie mir auf japanisch vorzulesen, der Fragensteller übersetzte sie mir in Indonesisch. Er warf mir vor: "Sie haben dies und dies und dies getan, und als amerikanische Spionin haben Sie den Tod verdient." Mit seinen Fingern fuhr er über seinen Hals, dann faßte er den Griff des Degens, der an seiner Seite hing.

Die Zeit schien stehenzubleiben. Vor Angst wie gelähmt beobachtete ich, wie die Hand des Mannes sich um den Griff schloß.

Auf einmal dachte ich an den Liedvers: "Ich werde für ihn leben, der für mich gestorben ist!" Ich war verwirrt über diese Botschaft. "Herr, ist das die Befreiung - die Befreiung durch das Schwert in deine Gegenwart? Ist dies nicht ein seltsames Lied, wo ich doch sterben werde?" Weiter sang mein Herz: "Wie glücklich wird mein Leben dann sein."

Wie hypnotisiert sah ich, wie der Kopf langsam sein Schwert herauszog. In diesem Augenblick fuhr ein Wagen mit quietschenden Bremsen vor dem Hauptquartier vor. Da war Geschrei und Gerenne, Lederstiefel knallten auf den Fliesen. Offensichtlich hatte jemand nach dem Kopf gerufen, denn er verschwand. Ich konnte aufgeregtes Reden hören, Streiten. Er kam zurück, packte mich beim Arm und zog mich zum Vordereingang des Gebäudes. Mir wurde befohlen, mich in den wartenden Wagen neben den Fahrer zu setzen, Philoma wurde auf den Platz neben mir geschoben. Zwei Soldaten sprangen in den Fond, Margaret saß hinter dem Fahrer und der Kopf und der Fragensteller auf dem Rücksitz.

Wir rasten los, die Straße entlang in Richtung Kampili. Ich entdeckte zwei Flaschen Wein auf meinem Schoß, und irgendwie wußte ich, daß ich sie Mr. Yamaji geben sollte. Alles ging so rasch, daß ich keine Vorstellung davon hatte, was eigentlich passiert war. Ich saß auf meinem Sitz und starrte auf die Straße, konnte sie jedoch kaum erkennen. Ich war emotional vollkommen ausgelaugt.

"Herr, was ist passiert?" Mir kam ein Vers ins Gedächtnis. Ich konnte mich gar nicht erinnern, ihn auswendig gelernt zu haben. "Es flieht der Gottlose, ohne daß ihm einer nachjagt."

Die freudige Erwartung, dem Kopf und dem Fragensteller bald entkommen zu können, war nur von kurzer Dauer. Kaum hatten wir den Wassergraben überquert und fuhren auf das Gelände von Kampili, als mein abgemagerter Arm mit eisernem Griff gepackt und umgedreht wurde. Der Schmerz war so groß, daß ich mir auf die Unterlippe biß, um nicht aufzuschreien. "Lieber Gott, er bricht mir den Arm!"

Der Kopf zischte: "Wenn Sie jemals Kontakt zu jemandem außerhalb des Lagers aufnehmen, werde ich Sie kriegen; und wenn Sie jemals irgendeinem Menschen erzählen, was Ihnen passiert ist, werden Sie mir nicht mehr entkommen!"

Ich hatte schreckliche Angst, als der Wagen die Geschwindigkeit drosselte und zum Stehen kam. Die Offziere und Soldaten sprangen heraus und gingen in das Büro des Lagerkommandanten. Sweet Seventeen, der herausgekommen war, um uns zu begrüßen, nahm den Wein für Mr. Yamaji in Empfang.

Margaret, Philoma und ich waren sehr verwirrt. Wir waren noch nicht entlassen worden, doch als einige Frauen vorsichtig herankamen, bat ich sie, Margaret und Philoma zur Krankenstation zu bringen. Ruth kam aus dem Nähzimmer, und ich rannte auf sie zu. Einen Arm um meine Taille gelegt, führte sie mich zur Baracke 8. Bei dem

Spiegel, der an ihrem Fußende hing, blieb ich stehen, um zu sehen, wie gut ich mein Haar mit den Fingern gekämmt hatte. Schockiert rief ich aus: "Ruth, sieh nur, meine Haare! Sie sind ganz weiß!" Ich sah ihre Tränen, als sie nickte und sich abwandte. Lilian hatte Margaret und Philoma gesehen. Schnell kam sie angelaufen, umarmte mich und rief: "Gott sei Dank, du bist wieder da!" Ihre und Ruths Verfassung waren kaum besser als meine.

Bevor ich noch die anderen begrüßen konnte, die auf mich warteten, rief eine Frau: *"Mevrouw* Deibler, ich muß sofort mit Ihnen sprechen." Ich folgte ihr in den Eßbereich. Aus ihrer Tasche zog sie einen Waschlappen, auf dem "Darlene" gestickt war. Sie flüsterte mir zu: "Ich war im Gefängnis in Makassar mit einer Freundin von Ihnen, Wiesje Kandou, zusammen. Sie bat mich, Ihnen dies zu geben. Hier, nehmen Sie es!"

Ich wich zurück, als würde sie mir eine Giftschlange hinhalten. Die Drohung von eben klang mir noch in den Ohren. Mir fiel ein, daß es damals in Benteng Tinggi auf dem Weg nach Malino jene Frau gewesen war, die sich so gesträubt hatte, nach Makassar zurückgebracht zu werden.

"Nein", rief ich, "ich werde es nicht nehmen!"

Ihr Gesicht verzerrte sich vor Wut, als sie schrie: "Sie werden es nehmen! Ich habe mein Leben aufs Spiel gesetzt, um es Ihnen zu bringen!"

Ich ging noch weiter zurück und rief: "Nein! Ich werde es nicht nehmen! Sie versuchen nur, mich in Schwierigkeiten zu bringen. Wenn Sie nicht sofort hier verschwinden, werde ich zu Mr. Yamaji gehen und es ihm erzählen. Ich weiß, er wird mir glauben."

Als ich Ruth die Baracke betreten sah, schluchzte ich: "Gott sei Dank, du bist hier!" Dann erzählte ich ihr, was geschehen war und von der Drohung, die der Kopf ausgesprochen hatte.

Ruth wandte sich an die Frau. "Sie verschwinden hier sofort, und wagen Sie sich nicht noch einmal in die Nähe von Mrs. Deibler!"

Die Frau floh, als sie bemerkte, daß sich immer mehr Frauen um sie drängten. "Sie soll im Gefängnis gewesen sein? Pah! Sie war nur wenige Tage fort!" rief eine Frau.

Ich mußte mich hinlegen. Meine Kraft war erschöpft.

Die Angst hielt mich umfangen wie etwas, das ich nicht abschütteln konnte. Fragen stürmten auf mich ein. Was würde die Kempeitai als nächstes versuchen, da dieses Komplott fehlgeschlagen war? Woher hatte die Frau den Waschlappen, Faden und Nadel - wenn nicht von der Kempeitai? Wartete die Kempeitai nur auf ein Zeichen von ihr, daß sich der Waschlappen in meinen Händen befand? Würde das erklären, warum sie wollte, daß ich ihn so schnell annahm? Der "Todeswagen" fuhr ab.

Die Angst, noch einmal in die Hände der Kempeitai zu geraten, verfolgte mich bei Tag und Nacht. Ich hatte Angst, mich schlafenzulegen, weil ich mich vor den Träumen der Nacht fürchtete. Ich wagte auch nicht, mich jemandem anzuvertrauen. Der Kopf hatte mich strikt davor gewarnt.

Tagsüber arbeitete ich, wo immer ich gebraucht wurde; nachts betete ich um Befreiung. Am sechsten Tag nach meiner Rückkehr ging ich zu dem Grasstück hinter der Baracke, wo wir immer aßen. "Herr, ich habe dich um Befreiung von dieser schrecklichen Angst gebeten; ich brauche Schlaf, doch ich habe Angst, mich schlafenzulegen. Ich habe keine Kraft mehr!" Verzweifelt streckte ich meine Hände aus und rief: "Herr, ich bin so leer!" In diesem Augenblick spürte ich Arme unter mir, die mich stützten.

Ich barg mich in seinen Armen und erlebte, daß der Herr mich von meiner Furcht befreite. Alle Ängste waren fort. "Denn Gott hat uns nicht einen Geist der Furchtsamkeit gegeben, sondern der Kraft und der Liebe und der Besonnenheit" (2.Timotheus 1,7).

Kapitel 9

Margaret Kemps Erinnerungsvermögen hatte sich noch nicht gebessert, doch mit der Zeit verschwanden die Prellungen von ihren Armen, ihrem Rücken und den Beinen, und nach einigen Wochen waren die Ärzte der Meinung, sie sei körperlich kräftig genug, um in den Nähraum zurückzukehren. Philomas körperliche Probleme waren behandelt worden, doch ihr geistiger Zustand war so, daß sie entweder in eine Zwangsjacke gesteckt oder eingeschlossen werden mußte. In tropischer Hitze wäre eine Zwangsjacke unmenschlich gewesen, darum wurde sie in einer kleinen Hütte am Rande des Lagers eingeschlossen. Der Raum war so groß, daß sie sich darin bewegen konnte. Die Tür wurde verschlossen gehalten, doch die Hütte hatte ein vergittertes Fenster, von dem aus sie nach draußen schauen konnte. Die Hütte befand sich ganz in der Nähe des Hühnerstalls. Vielleicht bekam ich die Erlaubnis, für die Hühner zu sorgen. Dann könnte ich in Philomas Nähe sein und sie vor und nach der Arbeit besuchen. (Meine Aufgabe als Barackensprecherin hatte ich noch nicht wieder übernommen. Ich sprang für die Kranken ein.)

Ich ging zu der für die Hühner zuständigen Schwester. Sie war mir sehr dankbar, und weder Mr. Yamaji noch Mrs. Joustra erhoben Einwände.

Die Arbeit bei den Hühnern gefiel mir. Eine Glucke mit etwa einem Dutzend Küken wurde richtig anhänglich. Jeden Morgen führten wir die Hühner nach draußen zur Futtersuche. Am Spätnachmittag, wenn es für uns Zeit war zu gehen, pfiffen wir und lockten sie in den Hühnerstall zurück. Die Glucke wartete, bis sich alle ihre Küken um sie versammelt hatten, dann führte sie sie in den Stall.

Eines Morgens, kurz nachdem ich begonnen hatte, bei den Hühnern zu arbeiten, stellten die Schwester und ich fest, daß die Glucke noch nicht im Freigehege war. Sie saß noch im Hühnerstall, die Küken immer noch unter ihren Flügeln. Sie sah uns, erhob sich und gakkerte in 'Hennensprache': "In Ordnung, laßt uns nach draußen gehen." Als sie zur Tür des Geheges kamen, entdeckten wir, daß der Hals der Henne gerupft und blutig war. Offensichtlich war sie angegriffen worden; die Haut hielt den Hals nur noch an einer kleinen Stelle zusammen. Schnell zählten wir ihre Küken, doch sie waren alle da. Irgendwie hatte sie den Angreifer abwehren können, dabei jedoch fast ihr Leben verloren. Sie mußte sofort genäht werden. Die Schwester holte Nadel, Faden und Salbe. Abwechelnd schoben wir die Haut zusammen und nähten sie, während wir ihr immer gut zuredeten, was für eine tapfere Mutter sie sei. Jedesmal wenn wir die Nadel einstachen, gackerte sie los, doch nicht ein einziges Mal versuchte sie, fortzulaufen. Wir rieben den ganzen Hals mit Salbe ein, um die Fliegen fernzuhalten und einer Entzündung vorzubeugen. Der Eingriff war erfolgreich, der Patient überlebte.

Während die Hühner herumliefen und ihr Futter pickten, sammelten wir ihren Mist auf Bambusmatten, um ihn in der Sonne zu trocknen. Der getrocknete Mist wurde in einem großen Holzbottich mit einem fast zwei Meter langen Stößel zermahlen. Mit den Händen holten wir ihn aus dem Bottich und siebten ihn durch, damit keine Klumpen zurückblieben. Dieser zerkleinerte Dünger wurde in Säcke gefüllt und nach Makassar geschickt, um dort in den japanischen Blumengärten zu landen. Da wir die Eier für die ernstlich Kranken in der Krankenstation sammeln konnten, machte uns diese Arbeit nicht so viel aus.

Eines Mittags, als ich von den Baracken zurückkam, stattete ich Philoma wie üblich einen Besuch ab. Sie hielt sich an den Gittern vor dem Fenster fest und wiegte sich mit geschlossenen Augen hin und her. Ich schaute ihre grauen Haare an, die ihr ungekämmt ums Gesicht hingen. Sie war teilweise angezogen, doch ihr unzusammenhängendes Gebrabbel brach mir fast das Herz. Welche Demütigungen und Schmerzen mußte sie durchlitten haben. Ich wandte mich ab und ließ mich auf einen Holzklotz neben der Hütte sinken. Ich hielt mir die Ohren zu und begann zu schluchzen: "Herr, wie kann das sein? Wie kann so etwas Philoma passieren, einer Frau von solchem Glauben? Warum mußte sie eine so schreckliche Demütigung erfahren?"

Auf einmal spürte ich eine Hand auf meiner Schulter. Es war Mr. Yamaji. Ich weiß nicht, wann er gekommen war und wie lange er schon da war. Ich sprang auf und versuchte, meine Tränen fortzuwischen.

"Weinen Sie nicht, *Njonja*. Sie weiß nicht, was sie tut oder sagt. Und warum trauern Sie so? Sie vertrauen doch auf den Herrn." Dieser Vorwurf von ihm war genau das, was ich im Augenblick brauchte.

"Es tut mir leid, *Tuan*. Sie haben recht, aber es ist so schrecklich, *Nona* Seely so zu sehen." Er setzte sich einen Augenblick neben mich, schaute in die Ferne, nickte mit dem Kopf und radelte dann weiter. Ich ging zurück zu Philoma, legte meine Hand auf ihre und sagte leise ihren Namen. Sie wurde ganz ruhig, als ich für sie betete. Dann schaute sie mich an und lächelte. Ich wußte, sie hatte mich erkannt. Ich kehrte zu meiner Arbeit zurück und fragte mich, ob Mr. Yamaji wirklich verstand, was es bedeutete, auf den Herrn zu vertrauen.

Als Philoma psychisch stabil genug war, zusammen mit Margaret, Mrs. Jaffray und drei anderen Frauen in eines der Steinhäuser zu ziehen, hatte ich keinen Grund mehr, noch länger bei den Hühnern zu arbeiten. Philoma half, die mehr als zweihundert Enten außerhalb des Lagergeländes zu hüten.

Ich freute mich über Philomas Fortschritte, und als Rose David mich bat, die Aufgabe der Barackensprecherin wieder zu übernehmen, stimmte ich zu. Rose fühlte sich nicht wohl, und der Arzt vermutete eine Herzschwäche. Ich hatte wieder etwas zugenommen und fühlte mich besser. Auch weiterhin übernahm ich die Arbeiten der Kranken und fungierte als Barackenschwester.

In den ersten Monaten des Jahres 1945 fand verstärkte Luftaktivität über dem Lager statt. Immer mehr Nächte mußten wir in den Schützengräben verbringen. Auch tagsüber gab es häufig Fliegeralarm. Wir wurden Zeugen eines zweiten Zweikampfes über dem Lagergelände. Ein japanisches Flugzeug wurde abgeschossen und ging in Flammen auf. Doch wir hatten gelernt, unseren Jubel zu unterdrükken.

Nacht für Nacht beobachteten wir von unseren Schützengräben aus, wie die alliierten Flugzeuge kamen, um ihre Bomben abzuwerfen. Verzweifelt beteten wir, die Flugzeuge möchten doch den Abwehrraketen entkommen, die auf sie abgeschossen wurden. Wenn eine Formation ihnen wieder einmal entkommen war, ließen wir uns erleichtert zurücksinken und schlossen unsere Augen, um zu schlafen. Auch wenn es während eines Luftangriffs regnete, wagten wir nicht, in die Baracken zurückzukehren. In den Schützengräben war es so eng, daß wir uns nicht bewegen oder drehen konnten. Wenn der Morgen kam, waren wir natürlich fürchterlich müde und zerschlagen.

Dies waren sehr spannungsgeladene, an den Nerven zehrende Nächte. Mittlerweile konnten wir an der Position der Milchstraße und dem Kreuz des Südens die Zeit ablesen. Oft dachte ich an 1. Mose 1,16, wo es heißt: "Und Gott machte auch ... die Sterne." An dem Ursprung der Sterne konnte also kein Zweifel bestehen; sie waren das Werk seiner Hände. Ihre Schönheit faszinierte mich, und ich pries ihren Schöpfer. Gespannt warteten wir auf das Aufgehen des hellen Morgensterns, wie wir auch auf das Kommen des hellen Morgensterns, unseres Herrn Jesus Christus, warteten.

Immer häufiger fanden die Luftangriffe auch tagsüber statt. Eines Nachmittags, als alle Schulkinder und die meisten Frauen außerhalb der Baracken arbeiteten, flog ein Flugzeug über das äußerste Ende des Lagers - so tief, daß wir tatsächlich den Piloten im Cockpit und die amerikanische Flagge am Flugzeugrumpf erkennen konnten. Es war, als hätte die Mannschaft bewußt vermieden, direkt über das Lager zu fliegen. Anscheinend wußten sie, daß es sich um ein Lager für Frauen und Kinder handelte. Als das Flugzeug jedoch abdrehte und das Lager ein zweites Mal überflog, standen wir in ehrfürchtigem Schweigen und beobachteten es. Über einem großen freien Teil des Lagers warf der Pilot auf einmal einen großen Metallgegenstand ab. Er drehte ab und flog mit den Flügeln wackelnd davon. Der Gegenstand explodierte nicht, aber was war es nur? Ärger stieg in mir hoch. Wie leicht hätte er eines der Kinder treffen können. War er vielleicht blind oder betrunken? Hatte er die Frauen und Kinder nicht gesehen? Der Gegenstand entpuppte sich als ein Reservekanister.

Was ging eigentlich vor? Was sollte das bedeuten, einen leeren Reservekanister abzuwerfen? Nie in den mehr als drei Jahren, die wir nun schon hier waren, hatten wir Briefe von zu Hause oder Pakete des Roten Kreuzes erhalten, auch hatten keine Flugblätter den Weg ins Lager gefunden, durch die wir über den Stand des Krieges informiert worden wären. Jedes Jahr hatte es eine Reihe von Luftangriffen gegeben. Manchmal hatte es den Anschein, als würden wir den Rest unseres Lebens hinter Stacheldraht verbringen müssen. Die Arbeit an dem Luftschutzbunker, der sich zwischen der Krankenstation und dem Büro des Lagerkommandanten befand, war beschleunigt worden. Doch wir mieden die Nähe der eingeborenen Arbeiter und stellten keine Fragen. Wir ließen den Reservekanister verschwinden, und das normale Lagerleben nahm seinen Lauf.

Zwei Tage später, am frühen Nachmittag des 17. Juli hörten wir das Geräusch von mehreren Flugzeugen. Fliegeralarm wurde gegeben. Wir alle rannten zu den Schützengräben und beobachteten den Himmel. Die Flugzeuge flogen direkt auf unser Lager zu. Sie glänzten in der Sonne und warfen silberfarbene Gegenstände ab. Einige von uns schrien: "Schokoladenriegel!" Andere: "Lebensmittel!" Wieder andere: "Flugblätter!" Wir alle sahen darin Dinge, die wir uns am meisten wünschten - Nahrung und Neuigkeiten! Doch unsere Freude war nur von kurzer Dauer, denn auf einmal nahmen wir Detonationen wahr; innerhalb von wenigen Minuten stand unser ganzes Lager in Flammen. Ich sprang in den Schützengraben zurück, doch in dem Augenblick, als meine Füße den Boden berührten, erinnerte der Herr mich: "Du hast dir Mrs. Lies Bibel ausgeborgt!" (Meine war auseinandergefallen.)

"Oh, Herr! Ich darf ihre Bibel nicht verbrennen lassen." Ich sprang wieder aus dem Graben und rannte zu den brennenden Baracken, kletterte die Leiter zu meinem Bett hoch, holte ihre Bibel und rannte wieder nach draußen. Auf einmal stand Rose David vor mir.

"Darlene, in welche Richtung sollen wir laufen?" rief sie. Wo wir auch hinschauten, alles brannte.

"Ich weiß es nicht, Rose."

"Oh mein Gott, wenn du es nicht weißt, wer dann?"

In dem Augenblick sah ich, daß das Tor geöffnet worden war; Frauen und Kinder flohen über den Wassergraben. "Rose, das Tor ist offen. Komm, lauf!" Als wir uns dem Tor näherten, sah ich, daß es der Kopf gewesen war, der das Tor geöffnet hatte. Nun stand er daneben und hielt Wache. Mir wurde ganz elend zumute. "Nein, Herr, bitte laß ihn mich nicht erkennen." Ich wandte mein Gesicht ab und lief an ihm vorbei im Vertrauen darauf, daß er mich nicht erkennen würde.

Nachdem wir den Wassergraben überquert hatten, sahen wir, daß das Lager von Hunderten von japanischen Soldaten umstellt war. Sie hatten ihre Maschinengewehre in Position gebracht für den Fall, daß die amerikanischen Flugzeuge zurückkehrten und das Lager ein zweites Mal bombardierten. (Später erfuhren wir, daß es Tausende von japanischen Soldaten waren, die sich von den anderen Inseln zurückgezogen hatten, um die Insel Celebes zu halten.)

Als wir mitten durch die Soldaten liefen, dachten wir nur daran, so schnell wie möglich zu den angrenzenden Reisfeldern zu gelangen, wo wir die anderen Frauen und Kinder sahen.

Tidur! "Hinlegen!" schrien die Japaner und richteten ihre Gewehre auf uns. Wir gehorchten ihnen aufs Wort. Keinen Schritt weiter. Wo wir gingen und standen ließen wir uns hinfallen. Das auf mich gerichtete Bajonett hatte große Überzeugungskraft. Wenn wir den Soldaten im Weg waren, liefen sie einfach über uns hinweg und begannen, auf die Flugzeuge zu feuern. Die Flugzeuge machten kehrt und flogen so tief, daß sie die Japaner und ihre Gewehre ausschalten konnten. Es folgte ein regelrechter Kugelhagel, als dreiundzwanzig Flugzeuge über uns hinwegdonnerten. Wie leicht konnten wir von einer Kugel getroffen werden. Ich ließ meinen Kopf auf meine Arme sinken und flüsterte: "Herr, wenn am Ende dieses Tages noch irgend jemand am Leben ist, so ist das ein Wunder."

Und Gott half mir wunderbar hindurch.

Auf einmal hörte der Beschuß auf, doch niemand rührte sich. Ich schaute auf und konnte sehen, wie die Flugzeuge im Osten verschwanden. "Lieber Gott, es ist ein Wunder, ich bin noch am Leben! Danke, daß du mich beschützt hast!"

Bei den Japanern herrschte reges Treiben. Sie ergriffen ihre Maschinengewehre und verschwanden durch das Reisfeld. Als ich aufstand, sah ich Ruth zusammen mit den anderen Frauen aus unserer Baracke. Sie hatten sich im hohen Gras versteckt. Ruth hatte ihre Bibel und einen Beutel mit ihren Sachen aus der Baracke holen können, bevor sie getroffen worden war. Ich schlug vor, daß wir zurückkehren und schauen sollten, ob wir unsere Löffel, Teller und anderen Sachen in der Asche finden konnten. Von Margaret Kemp oder Lilian war keine Spur zu sehen. Wir drängten uns durchs Tor und kehrten zu der Stelle zurück, wo einmal Baracke 8 gestanden hatte.

Ich blieb vor meinem Bett stehen. Es fiel gerade brennend in sich zusammen. Da, oben auf der Asche lag mein Brautbuch - mein wundervolles Brautbuch, das ich die ganzen Jahre über bei mir gehabt hatte. Es war in eine Schlafmatte eingenäht gewesen. Irgendwie - *nein, nicht irgendwie, sondern auf Wunsch meines himmlischen Vaters* - war zwar die Matte dem Feuer zum Opfer gefallen, auch die Seiten, nur meine Heiratsurkunde in der Mitte des Buches war noch da, zwar angekohlt, aber noch erhalten. Ich war außer mir ... es war so wundervoll, diese goldene Tinte auf der verkohlten Seite - Gold, geläutert durchs Feuer und in der Nachmittagssonne funkelnd. Ich ließ mich auf die Knie sinken und streckte meine Hand aus, doch in dem Augenblick, als ich das Buch berührte, fiel es in sich zusammen. Schmerzerfüllt schrie ich auf: "Herr, das war das einzige, was mir geblieben ist! Hätte ich nicht wenigstens das behalten können? Nur das eine?" Ich preßte mir die Hand auf den Mund, um nicht loszuschreien. Ich schloß die Augen und sagte leise: "Vater! Oh, Vater!"

Es war, als hörte ich eine leise Stimme: "Mein Kind, so sollst du auch werden - Gold, wie durch Feuer geläutert - auch wenn ich dich siebenmal durchs Feuer bringen muß."

Ich war aufs Tiefste erschüttert, als ich das ganze Ausmaß dieser Aussage begriff. "Oh, Vater, siebenmal? Ich habe nichts mehr, was ich dir geben kann ... außer mir selbst." Ich spürte, wie seine Liebesarme mich umfaßten. Ich stand auf und wischte mir die Tränen ab, da ich Ruth nach mir rufen hörte. Sie hatte eine grüne Papaya gefunden, die im Feuer gekocht worden war. Sie brach sie auf, und mit den Händen schälten wir sie und aßen sie auf. Als ich die Asche durchsuchte, fand ich noch einen kleinen Teelöffel, ein Geburtstagsgeschenk meiner Freunde aus der Baracke, die Uhr, die Russell mir geschenkt hatte, und drei Medaillons, Geschenke von den Jaffrays. Danach waren wir sehr schmutzig von dem Saft der Papaya und der Asche. Wir hatten kein Wasser, da die Seile und die Eimer verbrannt waren. So gut wir konnte, wischten wir uns die Hände an unserer Arbeitskleidung ab.

Ich hörte jemanden schluchzen, und als ich mich umschaute, sah ich die Sprecherin von Baracke 7 hinter mir. Ich ging zu ihr hin und legte meinen Arm um sie. "Meine Matratze ist verbrannt", weinte sie. Die Matratze war nur sehr dünn gewesen, doch weil sie schon älter war, hatte sie sie behalten dürfen.

"Oh ja, alles ist verbrannt, doch wir sind noch am Leben. Wir haben sehr vieles, wofür wir Gott danken können!" erinnerte ich sie.

"Aber ich habe sie doch gar nicht in der Baracke gelassen. Ich warf sie in den Schützengraben, dahin, wo Sie immer gelegen haben."

Ein Schauder lief mir den Rücken herunter. Ich ging zu dem Schützengraben hinüber und schaute hinunter. Da, wo ich mich immer hingekauert hatte, lagen die Überreste einer Bombe und die Asche ihrer Matratze! Ich wandte mich ab, unfähig zu sprechen, so überwältigt war ich. "Herr, es war gár nicht Mrs. Lies Bibel, um die du dir Sorgen gemacht hast, nicht wahr? Du wußtest, daß du mich auf diese Weise aus dem Graben bekommen würdest ... um mir das Leben zu retten! Vater, was noch von meinem Leben übrig ist, es gehört dir. Es gehört ganz dir!"

"*Mevrouw* Deibler! Freddie ist getroffen worden. Sie bringen ihn nach Makassar!" rief einer unserer Jungen. Ruth und ich liefen hinüber zu der Gruppe junger Leute. Sie redeten alle auf einmal los, erzählten mir, wie sie mit einer ihrer Lehrerinnen, einer älteren Dame, in einem Schützengraben gelegen hatten, als die Flugzeuge mit der Bombardierung begannen. Freddie hatte mit dem Gesicht nach unten neben der Lehrerin gelegen, die sich, als sie die Flugzeuge kommen hörte, über seinen Oberkörper geworfen hatte. Die Bombe hatte jedoch Freddie getroffen und sein rechtes Bein von dem Körper fast abgetrennt. Zum Glück war die Bombe nicht explodiert, sonst wären alle tot gewesen. Der Wagen, der das Lager gerade verließ, brachte Freddie nach Makassar, zusammen mit einer anderen Frau, deren Bein verletzt worden war. Freddies Mutter Serah war nicht erlaubt worden, ihn zu begleiten. Sie und Freddies Schwester Dolly taten mir so leid. Wir schauten uns nur an und weinten lautlos.

Die Ärzte und Schwestern, die bei den Patienten geblieben waren, Mr. Yamaji und sein Stellvertreter gingen durch die Schützengräben und verteilten Beruhigungsmittel an die Patienten, die Verbrennungen erlitten hatten. Dann tauchten sie sie in den langen Wassertank der Krankenstation, um ihre Schmerzen zu lindern. Die Verletzten gaben keinen Laut von sich. Nach mehr als drei Jahren hatten wir es gelernt,

Schmerzen zu ertragen. "Lieber Gott, tröste diese Menschen, lindere ihren Schmerz", betete ich still für mich.

Die Stille wurde durchbrochen von japanischen Soldaten, die riefen: *Pigi! Pigi!* "Geht!" Gehen? Wohin? Alle Bambusbaracken waren verbrannt, und auch die Zementhäuser hatten großen Schaden erlitten. Sie fuchtelten mit den Armen und versuchten, uns klarzumachen, daß wir in die Richtung gehen sollten, wo die Baracken 1 bis 6 gestanden hatten. Der Stacheldrahtzaun war aufgeschnitten worden. Wir wurden durch die Öffnung getrieben, über ein Reisfeld und hinein in den Dschungel. Sehr zu unserem Erstaunen standen zwischen den hohen Bäumen neue Bambushütten mit Grasdächern!

"Die Japaner hatten also erwartet, daß unser Lager bombardiert würde!" sagten wir zueinander. Der Bereich war nur wenig gerodet worden, damit die Hütten vom alten Lager aus und vor allem von der Luft aus nicht sichtbar waren.

Den Insassen von Baracke 8 wurde eine ein-Zimmer-Hütte zugewiesen. Glücklicherweise waren die Hütten nicht direkt auf dem Boden gebaut worden, da es im Dschungel sehr feucht war. Emotional ausgelaugt und körperlich vollkommen erschöpft krochen wir hinein, setzten uns und warteten darauf, daß Familien und Freunde sich wiederfanden. Margaret Kemp und Lilian warteten schon auf uns. Sie sahen sehr blaß und müde aus. Jede von ihnen hatte eine kleine Tasche mit wenigen Dingen bei sich, die sie jeden Morgen mit zur Arbeit genommen hatte. Ich schaute mich um und versuchte mir vorzustellen, wie wir alle in diesen kleinen Raum passen sollten. Wenigstens würden wir etwas mehr Platz haben als in den Schützengräben. Vielleicht konnten wir uns zum Schlafen sogar ausstrecken. Das wäre ein Segen. Der Fußboden bestand aus zwei Zentimeter breiten Bambuslatten, die mit Rattan zusammengebunden waren und jeweils etwa einen Zentimeter auseinanderstanden. So konnten Wind, Moskitos und all die anderen Krabbeltiere des Dschungels leicht hereinkriechen. Wenn der Boden als Folterbett gedacht war, so hatten die Hüttenbauer sich selbst übertroffen.

Jemand verbreitete die Nachricht, das Küchenpersonal bereite etwas zu essen vor. Reis, Gemüse und was immer aus der ausgebrannten Küche zu retten war, war in einen Topf geworfen und zu einem Gemüsebrei verarbeitet worden. Wir waren dankbar, überhaupt etwas zu bekommen, und wieder einmal bestätigte sich, was wir schon lange wußten, daß unsere Köchin, Mrs. de Jong, aus allem ein wohlschmekkendes Gericht zubereiten konnte.

Nachdem wir gegessen hatten, stellten wir unsere Teller, Behälter und was immer wir aus der Asche hatten retten können, beiseite und gingen zu den sich nun im Freien befindlichen Latrinen. Wasser war schwerlich zu bekommen. Wir zuckten die Achseln und sagten: "Kein Wasser, keine Handtücher ... dann baden wir eben morgen - oder wann auch immer!"

Margaret Jaffray, ihre Mutter und Philoma hatten ihre wenigen Besitztümer behalten. Ihr Steinhaus war zwar beschädigt worden, aber nicht verbrannt. Margaret schnitt ihre Decke in drei Teile. Ein Drittel gab sie Margaret Kemp und Lilian, ein Drittel Ruth und mir, und ein Drittel behielt sie für sich selbst. Dafür waren wir ihr sehr dankbar, denn unsere Decken waren verbrannt.

Da es bald dunkel werden würde, schlug ich vor, daß wir hineingehen und unseren Schlafplatz markieren sollten. Es war wichtig, daß diejenigen, die nachts aufstehen mußten und Familien mit kleinen Kindern in der Nähe der Tür schliefen, falls sie hinausmußten oder es Fliegeralarm geben würde. Wir hatten keine Lampen und keine Bambusnachttöpfe.

Nie haben wir so einmütig gebetet wie an diesem Abend. Ich hatte noch Mrs. Lies Bibel, doch es war zu dunkel, um daraus vorzulesen. Darum sagte ich einen der Psalmen auf, die mir während jener schwierigen Jahre so häufig über die Lippen gekommen waren, Psalm 27:

Der Herr ist mein Licht und mein Heil, vor wem sollte ich mich fürchten? Der Herr ist meines Lebens Zuflucht, vor wem sollte ich erschrecken? Wenn Übeltäter mir nahen, mein Fleisch zu fressen, meine Bedränger und meine Feinde, so sind sie es, die straucheln und fallen. Wenn sich ein Heer gegen mich lagert, so fürchtet sich mein Herz nicht, wenn sich auch Krieg gegen mich erhebt, trotzdem bin ich vertrauensvoll. Eins habe ich vom Herrn erbeten, danach trachte ich: zu wohnen im Haus des Herrn alle Tage meines Lebens, um anzuschauen die Freundlichkeit des Herrn und nachzudenken in seinem Tempel. Denn er wird mich bergen in seiner Hütte am Tag des Unheils, er wird mich verbergen im Versteck seines Zeltes; auf einen Felsen wird er mich heben (V. 1-5).

"Herr, wenn wir jemals ein Versteck brauchten, dann jetzt!" Unterdrücktes Schluchzen war hier und da zu hören, als ich den Psalm zu Ende aufgesagt hatte und wir für die Verletzten - vor allem aber für Freddie und seine Familie - beteten. "Und bitte, Herr, gib, um der Kinder willen, daß heute nacht kein Fliegerangriff stattfindet. Der Mond scheint nicht, und wir kennen die Gegend noch nicht, wo sollten wir uns also verstecken? Bitte, Herr, laß die Flugzeuge heute nacht nicht kommen." Alle stimmten in das Amen mit ein.

Obwohl wir alle sehr mager waren, fanden wir nur wenig Ruhe, wie sehr wir uns auch drehten und wendeten. Es war so eng. Fast alle trugen wir noch unsere Arbeitskleidung, die Shorts und die ärmellosen Blusen. Ohne Netze hatten wir keinen Schutz vor den ganzen Scharen von Moskitos, die über uns herfielen. Meine Arme und Beine brannten, und am Kratzen hörte ich, daß auch andere unter den Moskitos litten. Das Wimmern der Kleinen nahm uns sehr mit, doch, Gott sei Dank, gab es keinen Fliegeralarm, nicht einmal das Brummen von Flugzeugen in der Ferne. Schließlich erkannte ich jedoch an den tiefen Atemzügen, daß die meisten eingeschlafen waren. Dieser Tag hatte sie körperlich und emotional vollkommen ausgelaugt.

Dort, in jenen dunklen Nachtstunden, sprach ich mit meinem Herrn. "Mein lieber Vater, ich will dich preisen und anbeten. Dies war ein Tag, wie ich ihn noch nie erlebt habe. An diesem Tag habe ich alles verloren, was ich noch an vergänglichen Schätzen besessen hatte. Ich habe nun nichts mehr als diese schmutzige, verschlissene Arbeitskluft, doch nie habe ich mich gesegneter und reicher gefühlt!"

Ich dachte an die vielen Nächte, die wir in den Schützengräben verbracht hatten und schaute in den Nachthimmel hinauf. Ich bestaunte die wunderbaren Lichter am Himmel, die Sterne, die Planeten - und ich fragte mich, wie der Eine, der große Schöpfer, ein so großes persönliches Interesse an mir, einer jungen Frau ohne besondere Gaben, Talente oder Schönheit, haben konnte. Das Wunder seiner Liebe und sein persönliches Sorgen für mich überwältigte mich immer wieder.

Noch einmal ließ ich die Ereignisse des Tages an mir vorüberziehen. Ich hörte die Eindringlichkeit seiner Stimme, als er mich an Mrs. Lies Bibel - nicht an mein Brautbuch oder mein Tagebuch - erinnerte. Es hatte Mrs. Lies Bibel sein müssen, die griffbereit auf meinem Bett lag. Dann wurde mir klar, warum er mich an keines der beiden unersetzlichen Bücher erinnert hatte. Ich hätte auf mein Bett klettern und die Matte aufreißen müssen, um sie zu holen, und zweifellos wäre das brennende Gebäude über mir zusammengestürzt. Ich war gerade noch entkommen. "Oh, Herr, du hast mir das Leben gerettet! Danke, daß du mich an diese Bibel erinnert hast!" Ich preßte sie an mich, denn Mrs. Lie hatte gesagt, ich könnte sie behalten.

Ich durfte für so vieles dankbar sein. Von allen Japanern, mit denen ich schon zu tun gehabt hatte, machte mir keiner so viel Angst wie der Kopf. Ich dankte Gott noch einmal, daß er mich nicht bemerkt hatte, als ich durch das Tor gegangen war. Ich dankte ihm für das Wunder, daß während des Maschinengewehrfeuers keiner von uns getötet oder verletzt worden war.

Im Geiste kniete ich wieder vor meinem Brautbuch, das aufgeschlagen auf der Asche lag. Ich sah, wie hell und glänzend die goldene Tinte geworden war. Das Gold hatte durchs Feuer geläutert werden müssen, um richtig glänzen zu können, und die schwarze, verkohlte Seite brachte seine Schönheit erst richtig zur Geltung - eine Schönheit, die mir auf der weißen Seite, umgeben von all den hübschen Blumen, niemals aufgefallen war. "Ich verstehe nun, Herr, ich verstehe wirklich, was du mir hierdurch sagen willst. Vergib mir, daß ich über den Verlust geweint habe!" Ich durfte auch wissen, daß meine Tränen eine Gabe Gottes waren, um den Schmerz zu lindern. Sollte ich nicht sogar mit den Weinenden weinen (Römer 12,15)? "Wenn ich anfange, trüb zu werden, führ mich durchs Feuer, Herr. Ich stehe dir zur Verfügung."

Bibelverse kamen mir wieder in Erinnerung, die anscheinend nur für eine solche Gelegenheit in der hintersten Kammer meiner Erinnerung verborgen waren. "Ich habe dich geprüft im Schmelzofen des Elends" (Jesaja 48,10). Dieser Vers erinnerte mich an meinen Herrn, zusammen mit drei jungen Israeliten im Feuerofen. Diese drei Männer hatten das Vorrecht gehabt, mit ihrem Herrn frei im Feuer umherzuwandeln. Wegen des Zeugnisses, des Glaubens und des Mutes von drei jungen Männern erhaschten der König und die Volksmenge einen Blick auf Jesus. Als sie aus dem Ofen kamen, rochen sie nicht einmal nach Feuer.

"Das ist sehr wichtig, nicht wahr, Herr? Ich bete darum, daß ich, falls ich diesen Krieg lebendig überstehen sollte, nicht bitter oder zynisch werde, sondern dir ein Wohlgeruch sein kann. Diese ganze lange Zeit über hast du mich nicht verlassen, nicht einen Augenblick lang hast du deinen Blick von mir abgewandt. Das hast du mich immer spüren lassen."

Auch sah ich vor mir die Bombe im Schützengraben liegen auf der Asche der Matratze, und ich wußte, wie sehr mein Herr mich liebte.

Beim Aufwachen stellte Ruth fest, daß sie ganz im Besitz unseres gemeinsamen Deckenstückes war. "Oh, es tut mir leid. Vermutlich war mir nicht klar, wie schmal das Stück war", entschuldigte sie sich.

"Das ist schon in Ordnung, Ruth, du hast dich stärker als ich herumgeworfen, und ich habe es nicht über mich gebracht, dich aufzuwecken." Es tat so gut, lachen zu können. Von da an schliefen wir Rücken an Rücken ein und deckten unseren Oberkörper mit der

Decke zu. Wer sich zuerst umdrehte, blieb im Besitz der Decke bis zum Morgen.

Decken waren nicht die einzige Mangelware. Durchschnittlich neun Leute mußten sich einen Kamm teilen. Da wir immer mehr mit Kopfläusen zu kämpfen hatten, beschloß Ruth, es sei das beste, unsere Haare abzuschneiden. Ruth besaß noch eine Schere, so schnitt ich ihre Haare, und sie schnitt meine.

Die meisten Frauen wurden zur Arbeit im Garten und der alten Lagerküche eingeteilt. Die Hühner und Schweine waren verbrannt. Allerdings wagten wir nicht, das Schweinefleisch zu essen.

Drei Tage später kehrten die Flugzeuge zurück, um das alte Lager mit Schrapnellbomben zu bombardieren. Sie wollten alle Steinhäuser und das Büro des Lagerkommandanten zerstören. Während des Luftangriffs versteckten wir uns zwischen den Bäumen in der Nähe unserer Hütte.

Bei Einbruch der Dunkelheit des folgenden Abends kam Sweet Seventeen, um mir zu sagen, daß der Lagerkommandant mich zu sehen wünsche. Ich rannte über das Reisfeld zum alten Lager hinüber. Gerade sah ich noch, wie ein Wagen abfuhr. Aus Makassar war die Nachricht gekommen, daß Freddie gestorben sei und am folgenden Tag herübergebracht würde. Sie hatten das Bein zwar amputiert, doch die Benzingallerte hatte sich in seine Eingeweide gefressen und sie zerstört. Es war ihnen unmöglich gewesen, sein Leben zu retten. "Ich möchte, daß Sie es *Njonja* Paul sagen. Sie haben eine ähnliche Nachricht erhalten und werden wissen, wie Sie ihr helfen können. Die Lehrerin liegt immer noch im Hospital. Sie haben ihr das Bein oberhalb des Knies amputiert. Werden Sie es ihr sagen?"

Ich versicherte, ich würde es tun, obwohl ich so etwas noch nie zuvor getan hatte. "Und ich werde mit ihr und seiner Schwester beten, denn nur Gott allein kann einem Menschen in einer solchen Situation helfen. Es wird sehr schwer sein für *Njonja* Paul; Freddie war ihr einziger Sohn."

"Das verstehe ich, doch Sie sind die einzige, die ihr helfen kann. Er wird morgen hergebracht; dann können Sie es ihr sagen." Er verbeugte sich und sagte: "Gute Nacht. Danke, *Njonja*."

Ich erwiderte seine Verbeugung und verließ das Büro. Ich fragte mich, was ich sagen sollte, falls sie mich fragen würde, was der Kommandant gewollt hätte. Freddie war Serahs Augapfel gewesen. Was konnte ich sagen, um ihren Schmerz zu lindern? Wie traurig - traurig für die ganze Familie. Es war ein ziemlich langer Gang durch das Reisfeld bis hin zu unserem Dschungellager. Als ich an der Hütte ankam, waren alle schon eingeschlafen, und ich hielt es für das beste, sie zur Andacht nicht noch einmal aufzuwecken. Leise ging ich zu meinem Schlafplatz neben Ruth, doch ich konnte nicht einschlafen, weil ich mir Sorgen um Serah und Dolly machte. Plötzlich wurden alle vom Ertönen der Fliegeralarmglocke aus dem Schlaf gerissen. Schon hörten wir das leise Brummen der Flugzeuge. Große Verwirrung entstand, Kinder und Mütter begannen zu schreien, um sich in der Dunkelheit zu finden. Es gab einen Verkehrsstau, als alle auf einmal versuchten, die kleine Hütte zu verlassen. Ich inspizierte die Hütte, um sicherzugehen, daß alle nach draußen gegangen waren. Dann tastete ich mich zusammen mit den anderen von Baum zu Baum vor, um in sicherer Entfernung von den Hütten Schutz zu suchen.

Die schreckliche Dunkelheit steigerte nur noch unsere Angst. Sie ließ unseren Puls rasen und unsere Kehle trocken werden. Wir wußten, die Flugzeuge würden sich bald genau über uns befinden. War vielleicht unser neues Lager das Ziel. Welche Art von Bomben würden sie abwerfen? Wieder einmal schauten wir dem Tod ins Gesicht und befahlen uns Gottes Schutz an. Mit angehaltenem Atem warteten wir auf das Pfeifen der Bomben; doch Wunder über Wunder, die Flugzeuge flogen über uns hinweg - oder suchten sie einfach nur das Dschungellager? Nein, sie flogen weiter in Richtung Westen. Genauso inbrünstig, wie wir um Schutz gebetet hatten, drückten wir Gott nun unseren Dank aus. Dieser Fliegerangriff galt einer japanischen Stellung nicht weit von uns entfernt. Keiner rührte sich, bis die Flugzeuge nicht mehr zu hören waren und Entwarnung gegeben wurde. Erst dann begaben wir uns in unsere Hütte zurück.

Ich überprüfte, ob alle da waren. Am anderen Ende der Hütte erhob sich eine Diskussion. Schließlich rief eine Frau herüber: "*Mevrouw* Deibler, wir müssen mit Ihnen sprechen. Jeden Abend haben Sie während der Abendandacht dafür gebetet, daß die Flugzeuge nicht kommen, vor allem wegen der Kinder und weil es draußen so dunkel ist und so schwierig, irgendwo Schutz zu finden. Und die Flugzeuge sind auch wirklich nicht gekommen. Doch heute abend waren Sie nicht da, und da sind die Flugzeuge gekommen. Wir wollten Ihnen sagen, daß Sie, falls Sie noch einmal zum Lagerkommandanten gerufen werden sollten, uns auf jeden Fall wecken müssen, damit Sie mit uns beten können, daß die Flugzeuge nicht kommen, egal, wie spät es ist."

Aber ich brauchte sie nie aufzuwecken; sie warteten immer auf mich. Nie wieder hatten wir nachts einen Luftangriff, noch störte auch nur das Brummen herannahender Flugzeuge unseren Schlaf.

Ich vermißte Serah, als ich am folgenden Morgen den Porridge für uns holte. Sobald ich die Frauen für die Arbeit eingeteilt hatte, suchte ich nach ihr. Sie begegnete mir, als sie gerade vom Gemüsegarten zurückkehrte. Ich gesellte mich zu ihr. Wir gingen langsam, so daß die anderen, die im Garten gearbeitet hatten, uns überholen konnten. Als ich ihr die Hand auf den Arm legte, wich alle Farbe aus ihrem Gesicht. "Oh Gott", flehte mein Herz, "gib mir die richtigen Worte." Dann erzählte ich ihr so schonend wie möglich von Freddie. Sie erfaßte meine Hände, und wir beide konnten die Tränen nicht zurückhalten. "Serah, es tut mir so leid für dich und Dolly. Es tut mir so leid für uns alle. Wir werden Freddie sehr vermissen. Ich verstehe deinen Kummer. Glaub mir, ich verstehe dich wirklich." Ich hielt sie umschlungen, und wir beteten, bis Frieden und die Bereitschaft, Gottes Willen zu akzeptieren, uns die Kraft gaben, zur Hütte zurückzukehren. Auf ihren Wunsch erzählte ich Dolly und den anderen von Freddies Tod. Liebevoll traten die Leute zu Serah und Dolly, um ihren Schmerz zu teilen. Es war sehr schwierig für die jungen Leute zu akzeptieren, daß Freddie gestorben war. Sie hatten sich sehr gut verstanden, und ohne sich zu schämen, weinten sie über den Tod ihres Freundes. Zusammen gingen wir zum Verwaltungsgebäude, um auf die Ambulanz zu warten, die Freddie zurückbringen sollte. Ich schlug Serah vor, daß ich in dieser Nacht bei ihm wachen wollte, da sie und Dolly Ruhe brauchten. Sie war einverstanden, da sie wußte, daß Dolly nicht allein in die Hütte zurückkehren würde.

Als die Ambulanz eintraf, wurde Freddie in das Büro des Lagerkommandanten gebracht und auf ein Bambusbett gelegt, das Mr. Yamaji vorbereitet hatte. Serah und Dolly gingen hinein. Wir anderen, die wir sie begleitet hatten, warteten draußen. Schließlich kam Serah zur Tür und nickte uns zu. Wir konnten hereinkommen. Schweigend trauerten wir mit ihnen. Der untere Teil von Freddies Körper war mit einem Laken bedeckt. Er sah sehr friedlich aus, und ich war dankbar, daß sein Gesicht nicht verriet, wieviel er gelitten haben mußte. Mit einer Umarmung oder einem Wort der Anteilnahme verabschiedeten sich die anderen von Serah und Dolly. Ich flüsterte Serah zu, daß ich sie und Dolly ablösen würde, sobald wir unsere Abendandacht gehalten hätten. Sie nickte, und ich verließ das Gebäude in dem Wissen, daß diejenigen, die den beiden sehr nahestanden, sie nicht alleinlassen würden, bis ich wieder zurückkam.

Als ich dann allein war mit Freddie, stellte ich mir einen Stuhl neben das Kopfende des Bettes. Eine kleine Öllampe brannte. Es war eine Nacht, in der ich viel nachdachte und zuhörte. Noch nie zuvor war ich allein gewesen mit einem Toten. Ich stellte den Stuhl so, daß ich Freddies Gesicht sehen konnte; auf einmal mußte ich an den Vers aus Prediger denken, wo es heißt: "Für jedes Vorhaben unter dem Himmel gibt es eine Zeit: Zeit fürs Gebären und Zeit fürs Sterben" (Pred. 3,2). Beides ist begleitet von Schmerzen: der Schmerz der Geburt, vermischt mit der überwältigenden Freude, daß ein Kind geboren worden ist; und der Schmerz des Todes, gemischt mit dem bitteren Schmerz der Trauer, daß ein Kind gestorben ist. Serahs Freude über ihren Sohn und ihr Stolz auf ihn hatte sich in Schmerz verwandelt.

Ich dachte über Freddie nach; ein großer, hübscher junger Mann, der sich auf ein glückliches Leben gefreut hatte, "wenn der Krieg vorüber ist". Ich fragte mich, ob er sich wohl mit dem Verlust seines Beines hätte abfinden können, wenn er am Leben geblieben wäre, oder ob er bitter geworden wäre. Gott allein wußte das, und in seiner unendlichen Weisheit hatte er Freddie zu sich genommen, der noch so jung war, während viele ältere immer noch unter uns waren. Aber ich wußte, daß mein Herr keinen Fehler macht.

In meiner Einsamkeit weinte ich und erinnerte mich an jenen Tag vor einem Jahr, als ich den Becher der Trauer an meine Lippen gehalten und daraus getrunken hatte. Doch in jenen dunklen Nachtstunden kam er zu mir, der Schöpfer des Lebens, um mich an seine Worte zu erinnern: "Ich bin die Auferstehung und das Leben; wer an mich glaubt, wird leben, auch wenn er gestorben ist" (Joh. 11,25). Wieder einmal durchströmte mich Frieden und Trost wie ein großer Strom. "Wo ist, o Tod, dein Sieg? Wo ist, o Tod, dein Stachel" (1. Kor. 15,55). Ich betete für Freddies Vater in Pare Pare und fragte mich, ob auch bei ihm Monate vergehen würden, bevor er von dem Tod seines einzigen Sohnes erfuhr. Ich dachte auch an die anderen Familien, die noch nichts erfahren hatten vom Ableben ihres Mannes, Vaters oder Bruders.

Als die Dämmerung anbrach, schaute ich auf und sah Mr. Yamaji im Türrahmen stehen. "*Njonja*, Sie gehen. Ich werde Wache halten." Ich nickte und ging. Ich betete, daß Gott ihm unsere Unterhaltung von vor zwei Jahren ins Gedächtnis zurückbringen möge, als wir über Tod, Leid, Hoffnung und ewiges Leben gesprochen hatten.

Nur wenige von uns werden je den Gottesdienst auf dem Gelände des alten Lagers vergessen. Er wurde von dem katholischen Priester und dem evangelischen Pastor abgehalten. Der Lagerkommendant und sein Stellvertreter nahmen in voller Uniform daran teil. Nachdem der Gottesdienst vorüber war, gingen wir schweigend an den Särgen vorüber, die mit weißem Tuch ausgeschlagen waren. Die Opfer der

Bombardierung wurden neben den schon früher Verstorbenen beigesetzt. Die Reihe der einfachen Gräber wurde immer länger.

Eine seltsame Stille durchdrang unser Dschungellager. Es war wie ein atemloses Warten, aber worauf? Wir wußten es nicht. Wir erinnerten uns an die Bombardierungen des vergangenen Jahres, die Monate, in denen wir viele Nächte im Regen und in den schlammigen Schützengräben verbracht hatten. Nach vielen Monaten hatten die Fliegerangriffe aufgehört; und wir konnten uns entspannen und wagten darauf zu hoffen, daß Friedensverhandlungen geführt wurden und das Ende unserer Internierung bevorstand.

Dann, ein Jahr später, hatte sich das Ganze wiederholt, Monate, in denen wir Tage und Nächte im Schützengraben verbrachten. Doch hier hörten die Ähnlichkeiten schon auf. Unser Lager - ein Lager mit Frauen und Kindern - war das Ziel eines Bombenangriffs geworden - nicht nur einmal, sondern sogar zweimal! Warum nur?

Wir begruben unsere Toten und begaben uns dann an die mühselige Aufgabe, die Kanister der Brandbomben zu entfernen und das alte Lagergelände zu säubern. Der stinkende Schlamm der Gärten verschlimmerte unsere tropischen Geschwüre. Unsere Augen suchten den Himmel nach herannahenden Flugzeugen ab. Wir merkten uns den jeweils nächsten Schützengraben, wenn wir uns auf dem Gelände bewegten, damit wir wußten, in welche Richtung wir laufen mußten, wenn es wieder Fliegeralarm gab.

Die Ärzte und Schwestern richteten sich mit den Patienten in der beschädigten Krankenstation wieder ein. Sie lag neben dem Schutzbunker des Kommandanten. Die Flugzeuge flogen nicht mehr über das Lager, doch nördlich unseres Lagers herrschte rege Aktivität. Wir fragten uns, ob jetzt wohl Pare Pare bombardiert wurde und machten uns große Gedanken um die Männer, darum schlossen wir sie in unser Nachtgebet ein.

Wir überlegten, ob unser Lager wohl wieder hergerichtet würde, oder ob wir in unserem Dschungellager bleiben mußten. Eine schreckliche Apathie ergriff Besitz von uns. Man hörte keine Spekulationen mehr über die Zeit nach dem Krieg, keiner sagte mehr, was er tun würde, wenn er wieder frei wäre. Sogar die Kinder wurden lustlos. Außerdem ließen die Grasdächer unserer Hütten den Regen durch, was nicht gerade zur Steigerung der Moral beitrug.

Die meisten von uns hatten keine Kleider zum Wechseln mehr. In unseren Kleidern badeten wir ohne Seife im Regen, und - ob nun naß oder nicht - wir schliefen auch darin. "Herr, wir brauchen irgendeine Abwechslung! Wir werden zu einem Stamm von Zombies."

Die Ablenkung kam! Sie kam in Gestalt einer riesigen Eidechse. Die jungen Leute entdeckten sie eines Morgens und versuchten, sie in die Enge zu treiben. Sie hatten sich mit Knüppeln bewaffnet und riefen uns Frauen im Innern der Hütte zu: "Können Sie sie nicht sehen?" Oh ja, wir hatten keine Schwierigkeiten, durch den Fußboden das Drama zu verfolgen, das sich unter uns abspielte. Die Eidechse hatte sich hoch auf ihre Beine gestellt, ihr Mund stand offen, und die Zunge schnellte unentwegt vor, während sie zischte und ihre scharfen Zähne zeigte. Sie suchte eine Stelle, um durch den Boden zu brechen. Wenn die Knüppel sie zu dem einen Ende der Hütte trieben, flohen wir zur anderen, um ihren scharfen Zähnen zu entkommen, die am Bambus und dem Rattan rissen.

Die Eidechse folgte uns, wenn wir riefen: "Sie ist hier! Sie ist hier!" Wir sprangen hoch, damit wir nicht gebissen wurden. Die Knüppel wurden von allen Seiten geworfen. Die Kinder schrien, während sie ihre Knüppel unter der Hütte hervorholten. Wir Frauen schrien und lachten, während wir von einem Ende der Hütte zum anderen liefen und uns vorstellten, welch wundervolle Ergänzung die Eidechse zu unserem Reis mit Gemüse sein würde. (Eidechsen schmekken sehr gut. Und was hätte uns zu jener Zeit *nicht* geschmeckt?)

Doch leider entkam die Eidechse und lief mit erstaunlicher Geschwindigkeit in den Dschungel zurück. Wir rannten nach draußen, holten uns Knüppel und verfolgten sie. Doch schließlich mußten wir aufgeben. Sie war uns entkommen.

Langsam gingen wir zur Hütte zurück, warfen uns auf den Boden und lachten immer noch, während jeder erzählte, welche Rolle er im "Kampf mit dem Ungeheuer" gespielt hatte. Als wir uns langsam beruhigten, schauten wir uns an und lächelten. Wie gut hatte uns die Aufregung, das Schreien, das Gelächter getan. Aufgestaute Gefühle hatten sich entladen können. Für eine halbe Stunde waren wir zu Wilden geworden, die eine Beute gewittert hatten, die sich vom Jagdfieber hatten treiben lassen. Eine halbe Stunden lang hatten wir die Schrecken vergessen können, die wir während der vergangenen Wochen erlebt hatten, und das gewohnte Einerlei der dahinschleichenden Tage.

Schon bald holte der Lagerkommandant eingeborene Arbeiter, um ein neues Schulhaus auf dem alten Lagergelände zu errichten. Eines Nachmittags kam Cor Voskuil, um uns mitzuteilen, daß alle Barackensprecherinnen gebeten wurden, sich in dem halbfertigen Gebäude zu versammeln. Mr. Yamaji habe eine Ankündigung zu machen.

Als wir das Gebäude betraten, stand Mrs. Joustra vor Mr. Yamaji. Er sagte: "Von jetzt an ist nicht mehr Mrs. Joustra die Leiterin des Lagers, sondern *Njonja* Deibler." Sprachlos starrten wir ihn an. Ich konnte nicht glauben, was ich gehört hatte. Die anderen auch nicht.

Als ich mich ein wenig von meinem Schrecken erholt hatte, erwiderte ich: "Oh nein, *Tuan*, ich kann *Njonja* Joustras Platz nicht einnehmen. Ich weiß doch nichts über die Leitung eines Lagers wie dieses." Noch bevor er antworten konnte, beklagte sich eine der anderen Barackensprecherinnen, ich sei noch viel zu jung, und eine von ihnen hätte gewählt werden müssen. Ich war dankbar für ihren Einwand, denn ich wollte diese Position wirklich nicht.

Mr. Yamaji war wütend über den Aufruhr. Er ließ seinen Stock auf den Tisch knallen, und sofort schwiegen alle. "Genug! Verstanden? Ich habe gesagt, *Njonja* Deibler ist die neue Lagerleiterin." Er drehte sich um und verließ das Gebäude.

Als er außer Hörweite war, sprachen alle auf mich ein. "Wie konnten Sie nur?"

"Sie sind doch noch viel zu jung!"

"Wir sind älter und haben mehr Erfahrung!"

"Bitte, hören Sie mir doch zu! Ich wußte nichts davon. Ich habe nicht um diese Aufgabe gebeten! Ich möchte Mrs. Joustras Platz nicht einnehmen, und das werde ich Mr. Yamaji jetzt auch sagen." Mir fiel auf, daß niemand Einwände erhob gegen Mrs. Joustras Ablösung!

Ich sah, wie Mrs. Joustra das Gebäude verließ und rannte hinter ihr her. "Mrs. Joustra, es tut mir so leid. Sie sind eine so gute Lagerleiterin; ich könnte Ihre Stelle niemals einnehmen."

"Doch, *Mevrouw* Deibler, Sie können es. Sie sind eine gute Barackensprecherin gewesen, und ich habe mit dem Kommandanten darüber gesprochen. Ich habe darum gebeten, abgelöst zu werden, *Mevrouw* Deibler. Ich bin so müde. Ich werde Sie unterstützen, wo ich nur kann, aber Sie werden es auch allein schaffen. Mr. Yamaji hat großen Respekt vor Ihnen und achtet Sie sehr. Er sagte, Sie wären vertrauenswürdig, Ihr Ja sei ein Ja, Ihr Nein ein Nein. Sie können mit meiner Unterstützung rechnen."

Sie sah so müde aus, als sie meine Hand schüttelte, daß ich keine Einwände mehr erheben konnte. Während ich ins Dschungellager zurückeilte, betete ich um Weisheit. Ich wollte Ruth, Lilian und Margaret erzählen, was passiert war. Ich brauchte ihren Rat. Ruth saß in der Tür. "Ruth, hör zu! Mr. Yamaji hat mich zur Lagerleiterin gemacht!"

Noch bevor ich erzählen konnte, was passiert war, sagte sie: "Das habe ich erwartet."

"Ruth, du bist mir keine Hilfe. Warum sagst du das?"

"Weil er dich respektiert."

"Aber Ruth, einige der anderen Barackensprecherinnen sind böse. Sie scheinen nicht glauben zu wollen, daß ich nichts mit Mr. Yamajis Entscheidung zu tun habe und auch nichts davon wußte."

Einige der anderen, die sich um uns gesammelt hatten, sagten, daß Ruth recht hätte. Ob ich denn nicht wüßte, daß der Kommandant, nachdem die Kempeitai Margaret, Philoma und mich abgeholt hatten, jedesmal ärgerlich aufgesprungen und mit seinem Fahrrad davongeradelt sei, wenn der Wagen der Kempeitai gesichtet wurde? Er sei immer erst zurückgekehrt, wenn er sicher sein konnte, daß sie wieder fort waren. Nein, das wußte ich nicht. Eine andere Frau, die in der Nähe des Büros arbeitete, erzählte, daß Mr. Yamaji auf die Nachricht hin, *Njonja* Deibler sei an Tuberkulose gestorben und würde nicht mehr ins Lager zurückkehren, sofort nach Makassar gefahren sei. Drei Tage lang sei er von Büro zu Büro gelaufen, bis er schließlich die Erlaubnis erhalten hätte, mich zu sehen. Die Frauen - nicht nur die von meiner Baracke -, sondern auch die von den anderen Baracken machten mir Mut, die Aufgabe zu übernehmen. Ich hatte immer noch Vorbehalte.

"Rüste dich; da kommt die Opposition!" sagte jemand. Tatsächlich kam die Sprecherin der Frauen, die mich mit Worten angegriffen hatten. Immer mehr kamen zusammen, und Mrs. Heiden versuchte der Menge einzureden, wie ungeeignet ich für diese Aufgabe sei. Ich sei viel zu jung. "Außerdem ist dies ein holländisches Lager, und wir wollen nicht, daß eine Amerikanerin die Leitung hat!" Die acht holländischen Familien aus meiner Baracke gingen gegen sie an. Sie hielten sich auf eigenen Wunsch in meiner Baracke auf, und wir schätzten sie sehr.

Die ganze Szene war höchst lächerlich. Eine der Frauen hatte genau erfaßt, worum es ging. Mrs. Heiden war einfach eiferüchtig auf mich und wollte diese Stellung für sich selbst.

Ich weiß nicht, wer Mrs. Joustra von dem Vorfall erzählt hatte, auf jeden Fall kam sie eine Weile später zu mir und sagte, sie hätte gehört, was passiert sei. Sie und die andere Frau seien schon seit langem befreundet. "Aber ich habe ihr gesagt, daß unsere Freundschaft beendet sei und ich kein Wort mehr mit ihr reden würde, wenn sie sich nicht vor Ablauf des Nachmittags bei Ihnen entschuldigen würde. Ich werde zurückkommen und fragen, ob sie sich entschuldigt hat!" Ich war sehr traurig zu hören, daß an einer solchen Nebensächlichkeit eine Freundschaft in die Brüche gehen sollte.

Etwa eine Stunde später kam die Frau, sehr kleinlaut und aufgeregt. Sie sagte, ihre Worte täten ihr leid, sie wüßte, daß ich nichts zu tun hätte mit der Ernennung des Lagerkommandanten, und es sei auch nicht wichtig, daß ich die Jüngste und noch dazu Amerikanerin sei, da ich sowohl holländisch als auch indonesisch spräche. Das war sicher ein sehr schwieriger Gang für sie, und ich war froh, daß ihr Mrs. Joustras Freundschaft so viel wert war.

Nachdem der Aufruhr abgeklungen war und alles wieder in geordneten Bahnen lief, hatte ich das Gefühl, es sei an der Zeit, mit Mr. Yamaji zu sprechen. Ich dankte ihm für die Ehre, mich als Mrs. Joustras Nachfolgerin zu bestimmen. Dann machte ich den Vorschlag, auch eine Holländerin als Lagerleiterin zu bestimmen, da sich so viele Holländer im Lager befänden. Er fragte mich, ob ich jemand im Auge hätte. "Ja, das habe ich tatsächlich - *Njonja* Bartstra. Sie ist körperlich gesund und sehr kräftig. Ich bin sicher, sie könnte mit allem fertig werden, genau wie Mrs. Joustra."

"Haben Sie schon mit ihr gesprochen?"

"Nein, *Tuan*, ich wollte ihr nichts sagen, bevor ich nicht Ihre Erlaubnis hatte. Wenn es in Ordnung ist, werde ich gleich mit ihr sprechen."

Er schwieg und schaute gedankenverloren in die Ferne. Schließlich antwortete er. "In Ordnung, sprechen Sie mit ihr. Doch Sie brauche ich später noch."

Ich suchte Annie Bartstra und erzählte ihr von ihrer neuen Aufgabe. Sie war einverstanden, und ich war sehr dankbar. Seltsam fand ich allerdings Mr. Yamajis Äußerung: "Sie brauche ich später noch."

So vieles war in den vergangenen Wochen passiert. Ich öffnete die Schublade meiner Erinnerung. Der Monat Juli 1945 lag ganz oben auf. "Eines Tages, Vater, werden wir uns das noch einmal gemeinsam anschauen. Bis dahin sollst du wissen, daß ich mich über nichts beklage. Es gibt so vieles, das ich nicht verstehe, doch mein Herz sagt mir, daß du alles richtig machst." Der August brach an, der achte Monat unseres vierten Jahres in Gefangenschaft.

Die Schule war fertiggestellt und wurde benutzt. Die Reparaturen an dem alten Nähraum schritten voran. Die Nähmaschinen wurden überholt, und die Arbeit konnte wahrscheinlich in etwa einer Woche wieder aufgenommen werden. Zweifellos brauchten die Japaner dringend neue Uniformen. "Das erklärt, warum sie den Nähraum wieder instandsetzen", schlossen wir.

Würden die Japaner auch die Baracken wieder aufbauen? Bis jetzt war noch kein Material gelagert worden. Was immer sie auch bauen würden, ganz sicher wäre es eine Verbesserung gegenüber dem Dschungellager, ganz zu schweigen von der Annehmlichkeit, wieder näher bei den Latrinen und den Brunnen zu sein.

Eines Nachmittags, nachdem wir die Gefäße für die Krankenstation mit Wasser gefüllt hatten, ging ich zum Brunnen, um Wasser für ein Bad zu schöpfen. Drei Damen kamen auf mich zu. Vorsichtig schauten sie sich um, um sicherzugehen, daß sie nicht beobachtet wurden. "*Mevrouw* Deibler, wer ist Truman?"

"Truman? Truman wer? Ich kenne niemanden dieses Namens."

"Er ist der Präsident der Vereinigten Staaten", flüsterten sie.

"Ach der! Er ist unser Vizepräsident, Harry Truman aus Missouri. Unser Präsident ist Franklin Delano Roosevelt."

"Präsident Roosevelt ist tot, und dieser Truman ist nun Ihr Präsident. Haben Sie das noch nicht gehört?"

Ich war wie betäubt von dieser Nachricht. "Nein, das hatte ich noch nicht gehört. Ich wußte, daß Truman Vizepräsident war, habe aber nie viel über ihn erfahren. Vielen Dank", flüsterte ich schnell und eilte zum Brunnen. Ich wollte nicht wissen, wer, wann oder wo. Was man nicht wußte, konnte auch nicht aus einem herausgeprügelt werden! Das Gesicht von dem "Kopf" stand mir immer noch vor Augen, und ich konnte den Schmerz noch spüren, als er mir meinen Arm verdrehte und hörte ihn noch sagen: "Wenn Sie jemals Kontakt zu jemandem außerhalb des Lagers aufnehmen, werde ich Sie kriegen; und wenn Sie jemals jemandem erzählen, was Ihnen passiert ist, werden Sie mir nicht mehr entkommen!"

Als sie sich zum Gehen wandten, sagte die eine Frau noch: "Flugblatt von draußen."

Mein Puls raste vor Angst. Ich beeilte mich mit meinem Bad und betete die ganze Zeit, Gott möge mich davor beschützen, in diese Flugblattaffäre verwickelt zu werden und alle Frauen im Lager vor der Kempeitai. Als ich herauskam, schaute ich mich um; niemand in Sicht! Schnell ging ich zurück zum Dschungellager; auf dem Weg dorthin sagte ich mir den siebenundzwanzigsten Psalm auf.

Als wir allein waren, erzählte ich Lilian, Margaret und Ruth die Neuigkeiten. Es wurde nichts mehr weiter gesagt; aber anscheinend wußte jeder, daß ein Flugblatt ins Lager geschmuggelt worden war.

Es kam Material für den Nähraum, doch es war nicht für japanische Uniformen, auch nicht der grobe dunkelblaue Stoff für unsere Arbeitskleidung. Jemandem war der erbärmliche Zustand unserer Kleider aufgefallen. Wir sollten neue bekommen! Es waren wundervolle Stoffe in zarten Pastelltönen, hellblau, rosa, gelb, grün und mauve. Mein Kleid war rosa. Sie waren uns fast zu schade zum Anziehen, doch wir brauchten sie wirklich dringend. Ganz sicher gab es keine besonderen Gelegenheiten, für die wir sie aufheben mußten. Nach der Arbeit badeten wir und zogen dann unsere neuen Kleider an. Zum Schlafen legten wir wieder unsere Arbeitskleidung an. Wir gingen sehr vorsichtig mit ihnen um, doch dann kam der Augenblick, wo sie gewaschen werden mußten. Unsere wunderschönen Kleider sahen aus wie Seihtücher, die ganz dringend hätten gebügelt werden müssen. Doch die Farben waren noch genauso prächtig. Wir sahen aus wie Spinnen in durchsichtigen, bunten Netzen. Da der Stoff mit jedem Waschen durchsichtiger wurde, trugen diejenigen, die keinen Slip besaßen, ihre Arbeitskleidung darunter.

Und dann kamen die Schuhe! Spät am Nachmittag fuhren Lastwagen auf das Gelände, die weiße Stoffturnschuhe abluden. "Sucht euch ein Paar heraus", wurde uns gesagt, als die Wagen wieder abfuhren.

"Schuhe! Schuhe!" hallte es durch das ganze Lager. Frauen und Kinder kamen angerannt, und die große Suche begann. Die Schuhe waren nicht in Paaren zusammengebunden, auch nicht nach Größen sortiert. Ganz sicher hatte es nicht in der Absicht der Japaner gelegen, uns isolierten, kriegsmüden Frauen und Kindern einen so vergnüglichen Nachmittag zu bereiten!

Die Suche wurde zu einem Spiel. Mehr als 1.600 Frauen und Kinder suchten in 3.200 Turnschuhen wie wild nach einem Paar, das paßte! Wenn wir einen einzelnen Schuh fanden, der paßte, zogen wir ihn an. Dann brauchten wir nur noch das Gegenstück zu finden. Eine der Frauen fand sich schließlich damit ab, zwei rechte Schuhe zu tragen. Sie zog sie an und fragte grinsend, ob sie mir gefielen. "Nun", antwortete ich, "Sie halten sie besser fest, vielleicht finden Sie noch so ein Paar!" Wir mußten loslachen. Sie sah so lustig aus mit ihren zwei rechten Schuhen. Wir lachten so heftig, daß wir uns hinsetzen mußten. Andere stimmten in unser ansteckendes Gelächter mit ein. Ich glaube, sie hat ihre "lachenden Schuhe" behalten. Ich fand kein Gegenstück zu meinem rechten Schuh, darum ließ ich ihn stehen.

Es gab auch einige Auseinandersetzungen, wenn zwei Frauen denselben Schuh haben wollten, doch sie verließen das "Schlachtfeld" als die besten Freunde. Auch wenn wir nicht die hochmodernsten Schuhe bekamen, so war es doch ein wundervoller Nachmittag gewesen.

Jeden Morgen flogen Flugzeuge über unser Lager hinweg in Richtung Westen und kehrten nachmittags zurück. Jedoch war kein Geräusch zu hören, das auf eine Bombardierung oder Flugzeugbeschuß schließen ließ. Wir registrierten eine steigende Anzahl von japanischen Fahrzeugen und Besuchern, die in das Lager kamen. Es waren alles Offiziere. Wir waren gespannt. Nach der Arbeit und nachdem wir gegessen und gebadet hatten, unterhielten wir uns darüber, was diese Besuche wohl zu bedeuten hatten.

"Kann es sein, daß sie unser Lager verlegen wollen?"

"Könnte sein. Sie bauen ja keine neuen Baracken."

"Vielleicht planen sie auch eine neue Offensive."

"Auch das ist möglich. Erinnert ihr euch noch an vergangenes Jahr? Da war es genauso wie jetzt - monatelange Fliegerangriffe - natürlich haben sie uns nicht bombardiert, doch die Angriffe hörten auf, die Flugzeuge verschwanden und bis vor drei Monaten blieb alles ruhig. Nun? So weit wir wissen, hat es in letzter Zeit keine Fliegerangriffe gegeben."

"Das stimmt, aber ... wir wissen nicht einmal, zu wem die Flugzeuge gehören. Diese Besucher könnten von Schiffen kommen, die im Hafen liegen. Erinnert ihr euch an all diese *hooge bezoeken* Besuche der japanischen Offiziere?"

"Nein, ich glaube nicht, daß sie *hooge bezoeken* sind. Wenn dem so wäre, müßten wir uns sicher aufstellen und vor ihnen verbeugen."

"Kann es möglich sein, daß der Krieg vorüber ist - oder fast vorüber?"

"Macht euch nicht zu große Hoffnungen. Wenn er sich wirklich dem Ende nähert, dann hätten sie bestimmt Flugblätter abgeworfen, um uns darüber zu informieren. Außerdem hätten sie uns erlaubt, unseren Männern zu schreiben und Briefe zu bekommen. Und sie hätten etwas an unserer Nahrungssituation getan."

"Was ist mit den Kleidern und den Schuhen? Sie wollten bestimmt, daß wir nicht so abgerissen aussehen, wenn die Alliierten kommen."

Wenn eine solche Äußerung fiel, schauten wir an uns herunter, auf durchsichtige Kleider und die Turnschuhe, die nicht paßten, und sagten einstimmig: "Ganz bestimmt!" Jedesmal brachen wir in Gelächter aus.

Nachdem wir diese Angelegenheit nach allen Seiten beleuchtet hatten, gingen wir hinein. Wie gerne hätten wir geglaubt, daß es nicht mehr lange dauern würde, bis sich uns das Tor in die Freiheit öffnen würde, bis wir wieder frei sein würden - frei von aller Furcht vor der Kempeitai, von Krankheit und Tod. Wir würden wieder mit unseren Lieben vereint sein. Der Verlust der Freiheit und die Unmöglichkeit, mit der Welt außerhalb des Stacheldrahtzauns und des Wassergrabens Kontakt aufzunehmen, war fast das Schlimmste überhaupt. Wir lenkten unsere Gedanken auf den Einen, der uns bis jetzt erhalten hatte. Wir beteten zusammen und fanden Ruhe und Mut, uns der Zukunft zu stellen.

Der August ging zu Ende. Dann kam der langersehnte Tag. Die meisten von uns rechneten mit der Ankündigung, daß wir verlegt würden, als wir gebeten wurden, uns auf dem großen freien Platz zu versammeln, wo der Gedenkgottesdienst für Freddie und die anderen Opfer des Bombenangriffs auf unser Lager stattgefunden hatte. "Sie sagen uns jetzt bestimmt, daß wir verlegt werden."

Kommandant Yamaji und sein Stellvertreter erschienen in ihrer Uniform. Mr. Yamaji informierte uns darüber, daß seine kaiserliche Hoheit, der Kaiser Hirohito, im Rundfunk verkündet habe, der Krieg sei vorüber, und Japan habe die Bedingungen des Postdamer Abkommens angenommen und bedingungslos kapituliert!

Dieses Lager stehe nun unter australischer Kontrolle. Es würden Vorbereitungen getroffen, die in Kampili Internierten nach Makassar zu evakuieren, sobald geeignete Unterkünfte gefunden seien. Frauen, deren Männer in Pare Pare interniert seien, hätten den Vorrang. Die anderen würden so bald wie möglich folgen. Mr. Yamaji bat uns um unsere Zusammenarbeit, damit die Evakuierung in geordneten Bahnen ablaufen konnte. Mr. Yamaji dankte uns, salutierte, drehte sich um und ging davon.

Ich habe Bilder gesehen von den wilden Siegesfeiern in New York, San Francisco und anderen Städten, nachdem die Kapitulation Japans über Rundfunk gesendet worden war - die Massen sangen, tanzten, tranken und küßten (wen auch immer) auf den breiten, hell erleuchteten Straßen.

In Kampili war es ganz anders. Wir waren nicht auf heimatlichem Boden, auch befanden wir uns immer noch hinter Stacheldraht und ganz in der Nähe der Schlachtfelder, die noch getränkt waren von dem Blut der Väter, Söhne oder Brüder. Wir befanden uns immer noch in unserem Gefängnis, waren immer noch getrennt von unseren Familien. Fast vier Jahre lang hatten wir *vollkommen isoliert gelebt vom Rest der Welt*, und wir fragten uns, inwieweit sich diese Welt wohl verändert hatte, und wer von unseren Lieben noch da war. Nicht einen Soldaten bekamen wir zu Gesicht, dem wir hätten danken, dessen Hände wir hätten küssen können. Die ganze Bedeutung dessen, was uns gesagt worden war, würde uns erst später aufgehen.

Es war eine stille Feier. Tränen rannen uns über die Gesichter, die während der Arbeit an den Straßen, in den Reisfeldern, im Hühnerstall, beim Be- und Entladen von Lastwagen und der Reinigung der

Latrinen von der Sonne ganz verbrannt waren. Gesichter, auf denen Kummer und Leid tiefe Linien hinterlassen hatten. Denn wir haben einen stummen Krieg geführt, einen Krieg des Wartens, und unser Mut wurde gemessen am einfachen Erdulden!

Es gab kein ausschweifendes Gelage. Wir waren ein Volk, das viel von dem bitteren Wasser von Mara getrunken hatte, von dem Becher der Isolation, Trennung und dem Verlust der Lieben - ein Volk, dessen durstige Seele gerade die ersten wenigen kühlen, erfrischenden Tropfen der Freiheit geschmeckt hatte!

Keine fröhlichen Lieder ertönten, die unterbrochen wurden von Siegesrufen. Doch ich denke, die Engel im Himmel mußten die leisen Lobgesänge gehört haben, die unserem Gott und König erklangen, und das leise Flüstern unserer Lippen: "Danke, Vater. Aus tiefstem Herzen danken wir dir!"

Wir feierten nicht ausgelassen, gingen nur schweigend umher, faßten uns an den Händen, umarmten uns, flüsterten unseren Dank den Menschen zu, die uns ihre Freundschaft erwiesen hatten. Es gab Kollaborateure und Frauen, die ihren Männern untreu gewesen waren. Ich hatte Mitleid mit ihnen, doch vor allem taten mir die Kinder leid. Scheidungen und ein zerbrochenes Elternhaus waren unausweichlich.

Vielleicht war es gut, daß die Szene nie fotografiert wurde. Nur wenige hätten die Bedeutung unserer Siegesfeier verstehen können.

Als wir zu unserem Dschungellager zurückgingen, dachte ich an jene, mit denen ich in so engem Kontakt dieselbe Baracke geteilt hatte. Ich dachte an Ruth und Philoma, Margaret und Lilian. Ich hatte sie lieben und schätzen gelernt. In all den Jahren hat es zwischen uns nie eine Auseinandersetzung oder auch nur eine Meinungsverschiedenheit gegeben. Ich war die Jüngste, und ich brauchte ihren Rat, den sie mir gern hatten zukommen lassen. Sie hatten mich geliebt, ermutigt und auf jede erdenkliche Art und Weise unterstützt. Diese Frauen lebten im Wort Gottes. Ich bin sehr gesegnet worden durch sie. "Siehe, wie gut und wie lieblich ist es, wenn Brüder einträchtig beieinander wohnen" (Psalm 133,1).

Wie lieb, mitfühlend und hilfsbereit waren die Frauen von Baracke 8 gewesen. Im Lager gab es viele, die mir wirkliche Freunde waren. Ich schätzte die Frauen von der Heilsarmee, Pater Bell, die Mutter Oberin und die Schwestern und alle anderen, die für Margaret, Philoma und mich gebetet hatten, als wir uns in den Händen der Kempeitai befanden. Wenn diese Jahre nicht gewesen wären, hätte ich diese lieben Menschen vielleicht nie kennengelernt, von denen ich mich nun bald verabschieden mußte. Die Franzosen haben ein Sprichwort, das lautet: *Partir, c'est de mourir un peu*, "Abschiednehmen ist ein Stückchen Sterben."

Der Höhepunkt dieses wundervollen Tages war ein Lob- und Dankgottesdienst! Wie eine Familie lobten wir Gott und dankten ihm dafür, daß er uns in dieser schwierigen Zeit, die nun hinter uns lag, bewahrt hatte. Wir befahlen uns gegenseitig in seine Hand für die Jahre, die noch vor uns lagen, dankten Gott füreinander und beteten um Kraft und Gnade für diejenigen, die geliebte Menschen verloren hatten.

Emotional erschöpft schliefen wir ein.

Nachdem wir in aller Eile unsere morgendlichen Aufgaben erledigt hatten, gingen wir zum alten Lager hinüber, um zu sehen, was passierte. Kurz darauf fuhr ein Wagen auf das Gelände. Wir wurden ganz aufgeregt, als wir einen europäisch aussehenden Mann unter den Japanern entdeckten. Niemand kannte ihn, darum dachten wir, er müsse der australischen Besatzungsarmee angehören. Wir kehrten ins Dschungellager zurück, um zu essen.

Am frühen Nachmittag bat man mich, zum Büro des Lagerkommandanten zu kommen. Vor Angst zitternd, lief ich hinüber. Warum ließen sie ausgerechnet mich rufen? Als ich eintrat, standen alle im Raum Anwesenden auf, auch die japanischen Offiziere. Mr. Yamaji stellte mich ihnen vor. Die Japaner verbeugten sich vor mir (welch eine Veränderung!); dann trat der europäisch aussehende Offizier vor und schüttelte mir die Hand. Er war ein australischer Major. Mr. Yamaji sagte, ihr japanischer Übersetzer habe arge Schwierigkeiten, ob ich bereit wäre, für sie zu übersetzen? (Das hatte er also gemeint, als er sagte: "Ich werde Sie später noch brauchen.") Es gab viele wichtige Einzelheiten zu regeln bezüglich der Übergabe des Lagers an die Australier und Holländer. Auch wurde über die Gefangennahme japanischer Militärangehöriger gesprochen. Das war sehr interessant; die Kempeitai waren Kriegsverbrecher, und als solche würden sie in dem Gefängnis, in dem sie so viele Grausamkeiten begangen hatten, unter strengste Bewachung gestellt. Wichtig war vor allem, eine angemessene Unterkunft für die Internierten von Kampili und Pare Pare zu finden. Alle Ärzte, Schwestern und Patienten sollten unverzüglich nach Makassar transferiert werden. Der Herr gab mir die Fähigkeit, richtig zu übersetzen.

Meine Unterhaltung mit dem australischen Major, dem höchstrangigen Offizier im Lager der britischen und amerikanischen Militärangehörigen, verlief sehr erfreulich. Er beantwortete meine Frage und erzählte mir kurz, was in den letzten vier Jahren passiert war. Der

Krieg in Europa war seit dem 7. Mai zu Ende. Nach MacArthurs Landung auf den Philippinen waren am 4. März etwa fünftausend amerikanische Gefangene in Manila freigelassen worden. Die Philippinen waren wieder frei! Die meisten der Internierten waren in die Staaten zurückgekehrt. Japan war sehr stark bombardiert worden, und die Amerikaner hatten viele Landungen auf der Hauptinsel Japans gemacht. Ich hörte aufmerksam zu, damit ich später den anderen Frauen alles erzählen konnte. Er schlug vor, ich könne einen Brief an meine Familie schreiben, wenn ich wolle, er werde dafür sorgen, daß er abgeschickt würde.

Von besonderem Interesse war für mich, daß er sich an Russells Dienst in seinem Lager erinnerte. Eine Zeitlang durfte Russell im Lager der britischen und amerikanischen Militärangehörigen predigen. Er hatte einigen Männern sehr helfen können, die zu jener Zeit in arger Bedrängnis waren. Diese Männer hatten die Schlacht um den Javasee überlebt und wurden regelmäßig mit Eisenrohren geschlagen, oft mit mehr als zweihundert Schlägen. Er drückte mir sein Mitgefühl aus, als er von Russells Tod erfuhr.

Auch erfuhr ich, daß es amerikanische Flugzeuge waren, die wir gehört hatten. Sie hatten die amerikanischen und australischen Militärangehörigen aus dem Lager evakuiert, die verständlicherweise dringend Hilfe benötigten. Ich erzählte ihm von den anderen Amerikanern in unserem Lager - Margaret Kemp, Philoma Seely und Mrs. Whetzel mit ihrer kleinen Tochter. Auch informierte ich ihn darüber, daß ich nicht heimfliegen wolle, bevor ich nicht Russells Grab besucht habe. Mr. Yamaji kam zu uns, um zu melden, daß der Wagen des Majors bereitstehe.

Als ich zu den Frauen zurückkam, erzählte ich ihnen alles, was ich gehört und gesehen hatte. Wir hatten so vieles aufzuholen. Nach unserer Abendandacht unterhielten wir uns noch bis lange in die Nacht hinein. Wir waren so aufgeregt und voller Vorfreude. Ich merkte mir alle Fragen, die ich dem Major stellen wollte, wenn ich ihn wiedersah.

Am folgenden Morgen wurde ich wieder zum Übersetzen ins Hauptquartier gebeten. Ich gab dem Major meinen Brief an meine Familie zu Hause. Ich war sehr vorsichtig gewesen mit dem, was ich geschrieben hatte, damit meine Eltern sich keine unnötigen Sorgen machten. Als die Morgensitzung vorüber war, stellte ich fest, daß die Evakuierung bereits begonnen hatte und daß Ruth zu der ersten Gruppe gehörte, die nach Makassar gebracht wurde.

Ein Armeelastwagen kam an, doch ich konnte nicht sehen, wer mitgekommen war. Jemand hatte gesagt, es sei ein holländischer Arzt aus Pare Pare. Auch ich war sehr begierig, Neuigkeiten aus Pare Pare zu erfahren. Eine Frau berührte mich am Arm und sagte, Margaret Jaffray würde mich gern sprechen. Schnell ging sie weiter, und ich hatte den Eindruck, daß sie noch mehr Nachrichten zu überbringen hatte. Ich begab mich auf die Suche nach Margaret und ihrer Mutter. Sie hielten sich in einem der Steinhäuser auf, und als ich durch die Tür trat, sah ich, daß sie beide geweint hatten. Meine Kehle war vor Angst wie zugeschnürt. "Margaret, was ist los? Es ist doch nicht dein Vater, oder?"

Sie ließ ihren Kopf an meine Schulter sinken. "Ja, wir haben gerade von einem holländischen Arzt erfahren, daß mein Daddy letzten Monat, am 29. Juli, gestorben ist."

"Oh Margaret, nein! Das kann nicht sein! Ich wollte doch so gern mit ihm über Russells Tod sprechen. Wie schrecklich für dich und deine Mutter. Mrs. Jaffray, es tut mir so leid!" Ich legte meine Arme um sie, und wir weinten zusammen, bis keine Tränen mehr übrig waren. Dr. Jaffray war wie ein Vater zu mir gewesen. Er war mein Mentor. Ich war in seinem Haus willkommen geheißen worden, und sie waren alle so freundlich zu mir gewesen. Ich konnte die Stunden nicht zählen, die ich mit ihm und Margaret zusammengesessen hatte, während er uns von seiner Kindheit, seinem Zuhause, seiner Bekehrung und seinem Ruf in die Mission erzählt hatte. Wie schrecklich für Mrs. Jaffray! Er war immer für sie da gewesen. Was würde Margaret nun tun? Ihr Vater war ihr Leben gewesen. Was würden beide nun tun?

Ich fragte, ob Lilian und Margaret Kemp es schon wüßten. Sie hatten es schon erfahren und waren ins Lager gegangen, um ihre Sachen zu packen, da sie noch an diesem Nachmittag mit Margaret und ihrer Mutter nach Makassar gebracht würden. Ich war froh, daß sie in eine andere Umgebung kamen und daß Lilian und Margaret Kemp da waren, um ihnen zu helfen. Wir hatten gehört, daß die meisten Häuser in der Stadt Katastrophengebiet waren - schmutzig, vernachlässigt und fast überall ohne Licht und mit zerbrochenen oder verschwundenen Badezimmerarmaturen. Viele der Häuser hatten keine Einrichtung mehr.

Jemand sagte mir, ich würde im Büro des Lagerkommandanten gebraucht. Ich verabschiedete mich von den Jaffrays und sagte, ich würde sie sehen, wenn ich nach Makassar käme.

Mein Herz war sehr schwer; ich mußte einen Augenblick allein sein. Ich ging zu einem Brunnen und spritzte mir Wasser ins Gesicht, um meine Tränen zu trocknen. "Herr, dies ist eine sehr traurige Nachricht für Mrs. Jaffray und für Margaret. Wenn doch nur Dr. Jaffray verschont geblieben wäre und sie noch ein wenig Zeit zusammen hätten verbringen können, oder wenn es ihnen schon vor einem Monat gesagt worden wäre, dann hätten sie wenigstens Zeit gehabt, sich an den Gedanken zu gewöhnen. Sie hatten erwartet, ihn an diesem Nachmittag wiederzusehen. Es ist so grausam von den Japanern, sie nicht sofort über seinen Tod zu informieren. Herr, tröste sie! Und mich! Herr, ich hätte so gern mit ihm über Russells Tod gesprochen. Er hätte alles darüber gewußt. Mußtest du ihn wirklich zu diesem Zeitpunkt von uns gehen lassen?"

Als ich in das Büro kam, hatte der Herr mich stille gemacht. Ein holländischer Herr war da. Er stand auf, als ich eintrat und schaute mich eindringlich an. Dann fragte er: "Sind Sie Mrs. Deibler?"

"Ja, das bin ich."

"Wie ist Ihr Name?"

"Ich bin Mrs. Deibler."

"Es tut mir leid, ich meine Ihren ... äh -" er machte eine Pause, und mir wurde klar, daß er nach dem richtigen Wort suchte.

"Ach, Sie meinen meinem Vornamen? Ich heiße Darlene."

"Darlene, Darlene, ja, Sie sind die Richtige. Ich bin Dr. Goedbloed. Ich habe Ihren Mann versorgt, als er krank war, und ich war bei ihm, als er starb. Bitte, setzen Sie sich doch."

Er erzählte mir, Russell habe die Ruhr gehabt, wie viele andere im Lager; doch als ihre Rationen gekürzt wurden, hätte Russell viel Gewicht verloren und sei immer schwächer geworden. "Unser Reis war schmutzig und voller Würmer. Wenn er gesund gewesen wäre, hätte er ihn vielleicht trotzdem essen können, wie wir anderen auch. Doch in seinem Zustand konnte er es einfach nicht. Er hat es versucht, doch das Essen kam ihm immer wieder hoch. Wir haben einen Reisbrei für ihn gekocht, doch auch den konnte er nicht lange bei sich behalten. Er trocknete innerlich aus. Wenn es nur die Ruhr gewesen wäre, hätte ich ihn wahrscheinlich retten können, doch er hatte auch Herzprobleme. Das war der Grund für seinen Tod. Er muß sein Herz zu stark belastet und dadurch geschädigt haben. Es hat einfach nicht mehr mitgemacht. Ich habe alles für ihn getan, was ich konnte, doch wir hatten einfach nicht die notwendigen Medikamente.

Ich bin hergekommen, weil ich Sie wissen lassen wollte, daß er Sie während der letzten vier Stunden vor seinem Tod immer wieder gerufen hat 'Darlene'. Ich und jeder Mann im Lager, der auch nur ein wenig Einfluß auf den Kommandanten hatte, baten darum, daß man Sie holen möge, doch die Japaner lehnten es ab. Russell starb am 28. August 1943 gegen Mitternacht. Ich wollte Sie wissen lassen, daß seine letzten Gedanken, bevor er in den Himmel ging, Ihnen galten, Darlene. Er war ein so guter Mann."

Mit Tränen in den Augen schaute ich auf und sah, wie sein Blick auf mir ruhte. "Sie sind sehr freundlich, Dr. Goedbloed. Ich weiß, daß Sie und die anderen alles getan haben, um Russell zu retten. Pater Bell hat mir das erzählt. Sie können nicht ahnen, wie viel mir das bedeutet. Ich bin Ihnen sehr dankbar. Auch möchte ich Ihnen sagen, wie sehr wir Ihre Frau hier geschätzt haben. Sie hat sehr viel für uns getan, trotz der beschränkten Mittel. Ihre Frau ist sehr freundlich und mitfühlend."

Er erhob sich, um zu gehen, und ich dankte ihm noch einmal. Als wir uns gerade die Hand gaben, kam Sweet Seventeen aus seinem Zimmer und verbeugte sich vor uns. Ich wußte, daß auch ihm Russells Tod sehr leid tat. Das hatte er mir an jenem Tag gesagt, als ich von Russells Tod unterrichtet worden war. Sweet Seventeen war zu jener Zeit im Lager gewesen, doch er hatte wahrscheinlich keine Autorität zu veranlassen, daß ich geholt wurde, da der Lagerkommandant dies abgelehnt hatte. Er durfte mir auch, als er nach Kampili kam, nichts von Russells Tod erzählen.[2]

Ich ging ins Badehaus, um zu baden, bevor ich ins Dschungellager zurückkehrte. Ich wusch mich zusammen mit meiner Arbeitskleidung, ohne Seife. Dann ging ich langsam durch die Sonne, um meine Kleider zu trocknen. Als ich bei der Hütte ankam, setzte ich mich still in die Sonne, um Zwiesprache mit meinem Herrn zu halten.

Ich hörte eine Stimme, und als ich aufschaute, sah ich einen Mann in einer weißen Uniform, der sich mit einigen Frauen unterhielt. Sie drehten sich alle um und schauten zu mir hin. Eine Frau deutete auf mich und winkte. Der Mann verließ sie und kam auf mich zu. Er trug eine fleckenlose weiße Uniform und blankpolierte schwarze Schuhe. Er machte einen so tadellosen Eindruck, sein Haar war so glatt gekämmt, daß ich mir vorkam wie eine verdreckte, zerlumpte Bettlerin aus den Slums. Eine so gepflegte Erscheinung hatte ich seit Jahren

---

2 Mr. Presswood erzählte mir später, was für ein grausamer, sadistischer Mensch ihr Kommandant gewesen sei. Er habe sie gezwungen, bis zur Erschöpfung Arbeiten zu erledigen, die keinen Sinn und keinen Zweck hatten. Er hielt Nahrung von ihnen zurück, so daß die Männer aßen, was eben eßbar war - sogar Blätter von den Bäumen im Dschungel. Als man ihnen wieder zu essen gab, waren die täglichen Rationen auf 280 Kalorien zurückgeschraubt worden. Nach der Bombardierung ihres Lagers wurden sie zu einem Todesmarsch ins Innere von Celebes gezwungen. Einige Zeit lang mußten sie in Schweineställen leben. Dann mußten sie durch vier bis sechs Zentimeter tiefen Schlamm waten, während sie die ganze Zeit die Schreckensherrschaft der Wärter zu ertragen hatten, die die Männer wegen des kleinsten Vergehens bewußtlos schlugen, sie dann mit Wasser wiederbelebten, um sie weiterschlagen zu können. Die meisten litten unter der Ruhr, und fünfundzwanzig Männer starben. Viele andere hatten Beriberi, Skorbut und Malaria. Dr. Jaffray schrieb auch weiterhin fleißig chinesische Aufsätze für das *Bible Magazine* in ein Notizbuch. Er blieb immer fröhlich und ermutigte die anderen. Als ihre Rationen so drastisch gekürzt wurden, wurde er sehr schnell schwächer, und am 29 Juli 1945 verstarb er. Er war ein treuer Streiter gewesen, hatte seine letzte Schlacht gewonnen und sein Schwert niedergelegt, um die Krone des ewigen Lebens in Empfang zu nehmen ... und das nur einen Monat zuvor.

nicht mehr gesehen. Schnell fuhr ich mir mit den Fingern durch die Haare und setzte mich aufrecht hin.

Seine erste Frage war: "Sind Sie Amerikanerin?" Er dachte bestimmt, noch nie ein amerikanisches Mädchen gesehen zu haben, das so aussah.

Ich stand auf und antwortete fast entschuldigend: "Ja, Sir, ich bin Amerikanerin!"

Sein Blick heftete sich auf meine bloßen Füße. "Haben Sie keine Schuhe?" Ich ließ mich zurücksinken und versteckte meine Füße so gut es ging unter der Hütte. Dann sah ich das Mitgefühl in seinen Augen.

"Nein, aber das ist schon in Ordnung; ich bin es gewöhnt, barfuß zu gehen. Kürzlich hat man uns Turnschuhe gegeben, doch ich habe kein passendes Paar gefunden."

"Nun, ich werde Ihnen ein Paar Schuhe besorgen. Welche Größe haben Sie?"

"Vermutlich 5 oder größer. Aber machen Sie sich keine Gedanken, mir macht es nichts aus, barfuß zu gehen." Mir wurde klar, daß er Wut empfand auf diejenigen, die für meinen Zustand verantwortlich waren und daß ich ihm leid tat.

"Ich werde Ihnen morgen Schuhe schicken. Was kann ich Ihnen noch besorgen?" Es war offensichtlich, daß ich neue Kleider brauchte.

"Ich würde gern auch einen Kamm haben, und vielleicht etwas Seife? Wir sind ausgebombt und haben alles verloren."

"Es tut mir leid, ich hätte mich vorstellen sollen", sagte er. "Ich bin Tom Sawyer aus Los Angeles. Ich bin bei der US-Marine."

Ich hatte auf der Zunge zu sagen: "Ja, und ich bin Becky Thatcher", doch ich wußte nicht, ob er Sinn für Humor hatte. Darum meinte ich nur: "Ich bin Darlene Deibler aus Boone, Iowa."

"Der Major hat mir bereits von Ihnen erzählt, und ich dachte, daß ich Ihnen morgen, wenn wir hereinfliegen, vielleicht einige Sachen abwerfen könnte. Gibt es hier eine Stelle, die recht eben ist, wo keine Bäume stehen? Wir werden sehr tief fliegen."

"Natürlich, das Reisfeld dahinten!" Wir gingen hin. "Bitte, mehr als alles andere brauchen wir Nahrung für die Kinder - Trockenmilch, jede Art von Milch, Haferflocken, Mehl, vielleicht ein wenig Fleisch, wenn Sie haben, und Kämme."

Das Reisfeld war bestens geeignet, und er schlug vor, daß wir es irgendwie markieren sollten, damit sie es leichter finden könnten. Ich sagte ihm, ich würde dafür sorgen. Mr. Yamaji würde mir sicher etwas geben.

"Ich muß nun gehen - ein Wagen wartet auf mich -, doch wir kommen morgen zurück."

Aus allen Richtungen kamen die Frauen mit Fragen auf mich zu.

"Wer war er?"

"Was wollte er?"

"Was hat er gesagt?"

"Warum habt ihr euch das Reisfeld angeschaut?"

Ich beantwortete ihre Fragen, und sie lachten mit mir über die Tom-Sawyer-Geschichte. Doch als ich ihnen von den Lebensmitteln erzählte, die sie für uns abwerfen wollten, umarmten und küßten sie mich, und wir tanzten umher und sagen: "Essen! Essen! Wie schön!" Es fiel uns nicht schwer, vom Essen zu träumen - nur ein wenig *Essen!* Noch bevor es dunkel wurde, war alles organisiert. Mr. Yamaji brachte uns weißes Material, das wir in Streifen rissen und damit das Reisfeld markierten. Sweet Seventeen bot uns seine Hilfe an.

Der Abwurf ging ohne Schwierigkeiten vonstatten. Nur Broertje Rout verstand nicht ganz, was vor sich ging. Obwohl die Flugzeuge sehr tief flogen, war der Aufprall so stark, daß die Deckel von den Behältern sprangen und ihr Inhalt sich auf die Erde ergoß. Nur ein Behälter blieb unversehrt. Da stand er, immer noch mit Deckel versehen. Als Broertje sah, wie seine Mutter darauf zulief, sprang er auf und begann in panischer Angst zu schreien: "Mutter, nicht anfassen! Nicht anfassen - es ist noch nicht explodiert!" Tränen rannen ihm die Wangen hinunter.

Ich lief zu ihm hin und dachte, er würde ohnmächtig, so groß war seine Angst. Ich nahm ihn in die Arme und sagte zu ihm: "Es ist alles in Ordnung, Broertje. Das ist keine Bombe!" Ich machte Mrs. Routs und den anderen Frauen ein Zeichen, sie sollten den Behälter in Ruhe lassen. Sein älterer Bruder brachte einen Behälter und einen Deckel, um ihm zu zeigen, was passierte, wenn ein Behälter auf dem Boden aufschlug. Erst als er ganz beruhigt war, holten wir den Behälter, öffneten ihn und sahen nach, was darin war. Wir lachten nicht darüber; ich fühlte mich ganz elend, wenn ich daran dachte, was der Krieg den kleinen Kindern angetan hatte.

Als wir die Lebensmittel einsammelten, die abgeworfen worden waren, fand ich auch eine Büchse Kondensmilch. Die Dose war aufgeplatzt, und ihr Inhalt tröpfelte auf den Boden. "Was für eine schreckliche Verschwendung!" Ich nahm die halbleere Dose und trank sie leer. Ich leckte meine Finger und Lippen ab. Wie köstlich! Meine Hände klebten, darum ging ich los, um sie zu waschen, und plötzlich -

ich rannte zum nächsten Baum! Als ich mir mit einem Blatt den Mund abwischte, konnte ich nur denken, daß es sich trotzdem gelohnt hatte!

Wir hatten einen Heißhunger auf Fleisch, und endlich bekamen wir welches. Die US-Marine schickte uns einige Dosen mit Fleisch, das Spam genannt wurde. Wir hielten Spam für das beste Fleisch, das wir je gegessen hatten! Die Großzügigkeit der Marine, uns so viel Spam zukommen zu lassen, war überwältigend. (Als ich später einigen der Männer gegenüber erwähnte, wie großzügig und freundlich sie gewesen seien, schauten sie sich verlegen an und fingen an zu lachen. "Meine Liebe, das haben wir wirklich gern getan! Möchten Sie noch mehr?")

Tom Sawyer hatte Wort gehalten und Kämme und Seife beigelegt. Jemand sagte, im Büro sei noch ein Päckchen mit meinem Namen abgegeben worden. Ich ging hinüber, um zu sehen, was es war.

Mr. Yamaji stand im Türrahmen. Nachdem er mich begrüßt hatte, ging er ins Büro und kam mit einem Päckchen heraus, auf dem stand: "Bestimmt für Darlene Deibler, die Amerikanerin." Er rief jemandem im Büro etwas auf japanisch zu, und Sekunden später erschien Sweet Seventeen mit einer Schere. Mr. Yamaji wollte, daß ich das Päckchen öffnete, also tat ich es. Es enthielt ein Paar glänzende, schwarze Männerschuhe. Sie waren klein, doch nicht klein genug.

Tjoba, Njonja. "Probieren Sie sie an, Mrs." Ich zog sie an, und Mr. Yamaji und sein Stellvertreter waren der Meinung, sie seien wunderhübsch. *Bagus, Njonja!* "Wunderschön, Mrs!" Ich lächelte, als ich aufstand, denn die Schuhe waren viel zu groß. Aber ich kannte eine Frau, die ganz dringend Schuhe benötigte. Ihr würden sie passen! Es war wirklich sehr nett von Mr. Tom Sawyer, daran zu denken, mir Schuhe zu schicken. Ich hoffte, ich würde ihn noch einmal wiedersehen, um ihm zu danken.

Mr. Yamaji fragte mich, ob ich mit den anderen Amerikanern fahren würde. "Nein", antwortete ich, "ich würde gern zuerst Mr. Deiblers Grab sehen, bevor ich fortgehe."

"Aha! *Tuan* Major sagte mir das, *Njonja,* darum habe ich für morgen einen Lastwagen bestellt, der Sie nach Pare Pare bringen wird. Auch habe ich die Männer dort benachrichtigt, daß Sie kommen werden. Der Lastwagen wird Sie dann nach Makassar bringen, damit Sie das letzte Flugzeug erreichen."

Ich war überrascht, daß er den Flugplan kannte. Ich dankte ihm, daß er alles für mich arrangiert hatte.

"Das ist doch gar nichts, *Njonja.*"

"*Tuan* Yamaji, ich wollte ihnen noch danken, daß Sie mich im Gefängnis in Makassar besucht haben. Ich war sehr krank, hatte Malaria, Ruhr und Beriberi. Tuberkulose, wie die Kempeitai Ihnen sagte, hatte ich nicht, doch ich war sehr schwach, und die Bananen, die Sie mir durch den Wärter geschickt haben, gaben mir Kraft, so daß ich nicht gestorben bin. Wußten Sie, daß die Kempeitai mir gesagt hatten, sie würden mich köpfen?"

Er nickte. "*Njonja*, ich habe ihnen gesagt, daß Sie keine Spionin sind. Ich wußte, daß Sie keine sind, weil Sie mir hier in meinem Büro von Gott erzählt haben. Ich sagte ihnen, was Sie mir gesagt hatten. Es tut mir leid, *Njonja*, daß Ihr Mann gestorben ist und daß Sie so viel durchmachen mußten. Aber nun gehen Sie ja zurück nach Amerika."

"Mr. Yamaji, ich habe dem Major von Ihrem Besuch und den Bananen erzählt, die mich vor dem Verhungern gerettet haben. Ich werde es auch *Njonja* Presswoods Mann erzählen." (Mr. Yamaji hatte für mich um Gnade gebeten; das war ich ihm schuldig.)

Auf einmal wurde mir vieles klar. Mr. Yamaji hatte ihnen gesagt, daß ich mit ihm über Gottes Liebe gesprochen hätte. Das erklärte, warum der Fragensteller bei dem letzten Verhör gesagt hatte: "Aber wenn wir den Krieg gewinnen, dann würden Sie nicht bleiben und meinem Volk von Gott erzählen, oder? Sie würden nach Amerika zurückgehen?"

"Nein, ich würde nicht zurückgehen, wenn Gott mich hier haben wollte. Wissen Sie nicht, daß Gott auch Ihr Volk liebt?" Doch der Kopf hatte ihn angeschnauzt, darum schwieg er.

Der Major von der australischen Besatzungsarmee erzählte mir, die beiden Offiziere der Kempeitai, der Kopf und der Fragensteller, hätten sich ihre Handgelenke am Stacheldraht aufgerissen, um Selbstmord zu begehen. Sie wollten einer Gerichtsverhandlung entgehen. Doch es war ihnen nicht gelungen, und beide wurden zum Tode verurteilt.

Ich verabschiedete mich von Mr. Yamaji und Sweet Seventeen und dankte ihnen noch einmal dafür, daß sie alles für mich arrangiert hatten. Es war noch hell, und die meisten Frauen hielten sich auf dem Gelände des alten Lagers auf. Ein Fahrzeug hatte vor dem Tor angehalten, und die Insassen kamen herein. Unter ihnen entdeckte ich Ruth und Ernie. Schnell lief ich auf sie zu, um sie zu begrüßen. Ruth strahlte; eine erstaunliche Veränderung war mit ihr vorgegangen. Ich war glücklich, sie und Ernie wieder zusammen zu sehen. Wir sprachen kurz miteinander, da der Wagen nicht lange bleiben konnte. Sie wußten von meinen Plänen, am nächsten Tag nach Pare Pare zu fahren, und sie wollten mir noch einmal ausdrücklich sagen, daß ich bei ihnen bleiben sollte, wenn ich nach Makassar kam. "Wiesje weiß, wo wir wohnen."

Ernie gab mir vier Briefe und eine Zeichnung. "Hier ist ein Brief, den ich dir geschrieben habe, nachdem Russ gestorben war, doch ich wollte dir alles lieber persönlich erzählen." Sein Gesicht war ausgezehrt, und er sagte leise: "Sei froh, daß die Japaner dich nicht geholt haben. Du hättest Russ nicht erkannt. Nun kannst du ihn so in Erinnerung behalten, wie er war, als du ihn das letzte Mal gesehen hast. Ich weiß nicht, warum Gott ihn von uns genommen hat. Sein Leben und seine Botschaft haben viel bewirkt bei den Männern in allen Lagern. Ich vermisse Russ; er war mein bester Freund, und ich denke, Dr. Jaffray würde dasselbe gesagt haben." Er schaute mich traurig an und fügte hinzu: "Möge Gott dich trösten. Wir müssen daran glauben, daß unser Vater es am besten weiß."

Der Fahrer hupte; sie mußten gehen. Sie versicherten mir noch einmal, daß sie mich am nächsten Tag erwarten würden. Ich winkte, doch ich konnte nicht sprechen. Meine Hand hielt die Briefe umklammert, die Ernie gebracht hatte.

Ich suchte mir einen Platz in der Nähe unserer Hütte im Dschungellager, wo ich in aller Ruhe meine Briefe lesen konnte. Die anderen verstanden es; sie hatten gesehen, wie Ernie sie mir gegeben hatte. Lange schaute ich mir die Zeichnung von Bruder Geroldus an. Es war eine wunderschöne Bleistiftskizze von Russells Grab. Darunter hatte er geschrieben: *God kiest de besten,* "Gott sucht sich immer die besten aus." Auf der Rückseite stand: "Gezeichnet von Bruder Geroldus, der bei ihm war, als er in den Himmel einging, und der ihm am 28. August 1943 eigenhändig die Augen geschlossen hat." Ich betete darum, daß Gott Bruder Geroldus für seine Freundlichkeit und Liebe segnen möge, die er Russell und nun auch mir erwiesen hatte. Vorsichtig legte ich die Zeichnung neben mich ins Gras.

Dann nahm ich mit zitternden Fingern einen Brief auf, der sorgfältig zusammengefaltet war. Ich kannte die Handschrift. Er war adressiert an Mrs. C. Russell Deibler, Kampili. Der Brief war kurz vor Russells Tod geschrieben worden. "Mein liebster Schatz", begann er. Russell schrieb, so viel er zu schreiben wagte, auch einiges über die Zustände im Lager. Zum Schluß beteuerte er wieder, wie sehr er mich liebe. Einen Satz, werde ich nie vergessen: "Mein Liebling, wie sehr wünschte ich, ich hätte dich von hier fortgebracht. Ich mache mir Sorgen um deine Sicherheit." Er befahl mich dem Schutz Gottes an und schloß: "Ich sende dir meine ganze Liebe, Russell."

Ich brauchte sehr lange, um diesen Brief zu Ende zu lesen. Ich wollte die Schrift nicht durch meine Tränen verwischen. Mich machte so traurig, daß er sich Vorwürfe darüber machte, mich nicht von hier fortgebracht zu haben. Wir beide waren unabhängig voneinander zu dem Entschluß gekommen, hierzubleiben. "Herr, ich vertraue darauf, daß du ihn daran erinnert hast, daß es dein Wille gewesen war, hierzubleiben. Ich bin hier im Schutz deiner Liebe sicherer gewesen, als wenn ich ohne deinen Willen sonstwo gewesen wäre."

In dem ersten Brief von Dr. Jaffray stand: "Ich schulde Darlene Deibler 25 Dollar für ihr Geburtstagsgeschenk, zahlbar nach dem Krieg. Herzlichen Glückwunsch zum Geburtstag, Lassie! Dr. Robert A. Jaffray." Wie schön, daß er an meinen Geburtstag gedacht und zweifellos auch für mich gebetet hatte.

Sein anderer Brief und der von Ernie waren beide nach Russells Tod geschrieben worden. Was passiert war, hatte mir im großen und ganzen schon Dr. Goedbloed mitgeteilt. Allerdings war mir neu, daß Russell darum gebeten hatte, mit Öl gesalbt zu werden. Auch sollten Ernie und Dr. Jaffray für ihn beten. "Das war gegen 23 Uhr. Danach schien Russell etwas friedlicher zu sein. Ich kann mich nicht erinnern, so für jemanden gebetet zu haben wie für ihn, doch anscheinend war es nicht Gottes Wille, ihn zu heilen. Ich bete für dich, Lassie, daß du getröstet werdest und Russells Tod als Gottes Willen akzeptieren kannst."

Ernie fügte noch hinzu: "Dr. Jaffray und ich waren hinausgegangen. Wir hörten, wie Russell nach Dir rief und konnten es nicht ertragen. Wir gingen vor seinem Zimmer auf und ab und beteten, Gott möge ihn verschonen, nicht nur um Deinetwillen, sondern auch um seines Dienstes willen. Er war mein liebster Freund, und Gott hat Russ auf wunderbare Weise gebraucht, nicht nur in unserem Lager, sondern auch in dem Lager der britischen und amerikanischen Militärangehörigen; die Männer dort waren in großer Not. Seine Predigten haben einen solchen Eindruck bei ihnen hinterlassen, daß sie noch Monate später die Hauptpunkte wiedergeben konnten. Russ konnte sehr gut mit Menschen aller Klassen umgehen. Sein Tod war ein großer Verlust für das ganze Lager. Was Bruder Geroldus unter die Skizze von Russells Grab geschrieben hat, drückt aus, was wir alle empfinden. Gott hatte tatsächlich einen der besten Männer im Lager zu sich geholt. Seine Beerdigung war sehr eindrucksvoll, und wir alle waren tief bewegt. Viele von uns weinten offen und ohne Scham. Einige Monate später erzählte mir ein Holländer, er habe bei Russells Beerdigung sein Herz Christus übergeben. Ich vermisse Russell sehr, und es gibt sehr viele, die mit Dir trauern."

Als ich in die Hütte ging, warteten die Frauen auf mich. Ich erzählte ihnen von Russells Brief und den Briefen der anderen und zeigte ihnen die Skizze von Bruder Geroldus. Wir waren so eng miteinander verbunden, daß sie sich für alles interessierten, was mich betraf und umgekehrt. Wir waren eine Familie geworden. Nachdem ich die Briefe zu Ende vorgelesen hatte, faßten wir uns alle an den Händen und beteten. Tränen flossen, da wir wußten, daß sich am folgenden Tag unsere Wege trennen und wir uns wahrscheinlich nie wiedersehen würden.

Nachdem alle zur Ruhe gekommen waren, bekannte ich Gott, wie falsch es gewesen war, darüber zu trauern, daß Dr. Jaffray tot war und mir nun nicht mehr die Einzelheiten von Russells Tod erzählen konnte. "Vergib mir, Herr, denn kaum zehn Minuten später saß ich im Büro des Kommandanten mit Dr. Goedbloed zusammen, der mir alles über Russells Krankheit und Tod erzählen konnte. Wußte sonst noch jemand von Russells Herzleiden und daß er, wenn er weitergelebt hätte, ein Invalide geworden wäre? Russell, ein Invalide? Welch ein schrecklicher Schlag wäre das für einen Mann gewesen, der immer so aktiv war und als Pionier noch unentdeckte Stämme aufgesucht hat. Oh Gott, du machst wirklich alles gut!"

Der Arzt fragte mich, ob ich wüßte, wann Russells Herz einen Schaden erlitten haben könnte. Ich erinnerte mich an den Tag in Makassar, als Russell von seiner ersten Reise nach Neuguinea zurückkam. Er hatte die Reise allein gemacht, nicht genügend Schlaf bekommen, da er Angst haben mußte, die Träger würden sich zusammenschließen und ihn verlassen. Aufgrund von unzureichenden Vorräten hatte er zu schnell zu viel Gewicht verloren. Er hatte die Anstrengungen eines Marsches an einem Wasserlauf entlang auf sich genommen, um ein Steinzeitvolk zu finden, "das noch nie etwas von Gott gehört hatte", und an jenem Neujahrstag 1939 ein Land und sein Volk für Gott in Besitz zu nehmen, um Samen auszustreuen und mit seinem Lebensblut zu bewässern, damit die Menschen von Neuguinea mit uns zusammen in den Lobgesang einstimmen könnten: "Würdig ist das Lamm, das geschlachtet worden ist."

Dann kam der Brief aus der Vergangenheit, Russells Brief, den Ernie aufbewahrt hatte, weil er wußte, wieviel dieser Brief mir bedeuten würde. Er hatte ihn seit 1943 nicht aus der Hand gegeben, und darin wurde bestätigt, mit wieviel Liebe der Arzt ihn versorgt hatte. Wahre Liebe hinterläßt immer ungetrübte Erinnerungen.

Es war falsch von mir zu denken, ich würde eines Vorrechts beraubt. Dr. Jaffray erzählte mir in seinem Brief alles über Russells Tod, so als würde er es mir mündlich berichten. Außerdem erfuhr ich noch von der Salbung. Gott hatte ihn wirklich geheilt, danach hatte er ihn heimgeholt - in seine himmlische Heimat, wo es keine Krankheit, kein Herzleiden und keine Schmerzen mehr gab. Es war gut zu wissen, daß, obwohl viele Kilometer und ein Krieg uns trennten, Dr. Jaffray an meinen Geburtstag gedacht und für mich gebetet hatte.

Als der Krieg endlich zu Ende war, hätte Ernie seinen Brief zerreißen können, doch er tat es nicht. Der Schmerz über den Verlust seines Freundes Russ war ihm deutlich abzuspüren. Wie ermutigend zu wissen, daß Gott Russells Dienst dazu gebraucht hatte, andere zu trösten, herauszufordern, ja, und auch zu überzeugen. "Der, obwohl er tot ist, doch zu uns spricht", und bei Russells Beerdigung hatte ein Mann sein Herz Christus übergeben. Auch Ernie hatte mir alles von Russells Tod und seiner Beerdigung erzählt.

Ich erinnerte mich an die Zeichnung von Bruder Geroldus mit den Worten: *God kiest de besten.* Es tröstete mich, daß Russells Leben dem Evangelium Jesu Christi Ehre gemacht hatte und daß er von allen, die ihn gekannt hatten, geliebt worden war. Bruder Geroldus konnte nicht ahnen, wieviel diese Zeichnung mir bedeutete.

Ich betete zu Gott, daß er mir vergeben möge; ich hatte darum gebeten, von einem Menschen etwas über Russells Tod zu erfahren, und nun hörte ich es gleich von fünf Seiten. Wieder einmal hatte mein Herr gegeben "über Bitten und Verstehen". Ich hatte um einen Bericht gebeten und bekam fünf. Das erinnerte mich daran, daß ich um eine Banane gebeten hatte und zweiundneunzig geschenkt bekam. Wie gut ist doch mein Herr!

Früh am nächsten Morgen erhob ich mich, um zu baden, mich mit Seife zu waschen und mein Haar zu kämmen. Dann packte ich Mrs. Lies Bibel, meine Briefe, die Zeichnung, meinen Kamm, meine Seife und meine Löffel, die ich aus der Asche gerettet hatte, zusammen. Ich legte alles auf ein Tuch und verknotete es. Nach einigen Schritten schaute ich zurück. Hinter den Wänden dieser Hütte hatten wir die Höhen und Tiefen der Gefühle durchlebt. Unsere Nerven waren zum Zerreißen angespannt gewesen. Wir hatten das Drehbuch nicht geschrieben und waren nur unfreiwillige Schauspieler gewesen. "Doch an das Drama jener vergangenen zwei Monate werden wir uns noch lange erinnern, noch lange, nachdem du, alte Hütte, schon längst zusammengefallen, verrottet und wieder zu Dschungelerde geworden bist!"

Ich schloß mich den anderen an, die dem Verwaltungsgebäude zustrebten. Als der Lastwagen kam, sprang zu meiner großen Freude Wiesje Kandou heraus. "O Wiesje", freute ich mich, "ich hatte keine Ahnung, daß du kommen würdest." Sie gab mir einen Beutel und sagte, Mr. Yamaji habe sie beauftragt, mir ein Kleid und Schuhe zu bringen. Er hatte also an die anderen Schuhe gedacht, denn obwohl die einen so schön glänzten, paßten sie doch nicht so gut zu einem Kleid. Wie umsichtig.

Ich rannte zum Badehaus und zog mich so schnell wie möglich um. "Gesegnet seist du, Wiesje!" Sie hatte sogar etwas Unterwäsche beigelegt. Den Kleiderstoff erkannte ich sofort wieder. Ich kannte seine Geschichte. Helen Sande und ihr Mann Andrew hatten mit mir zusammen in St. Paul studiert. Ihr Baby David Jerome war in Makassar geboren worden, bevor sie nach Borneo gereist waren. Helen hatte mich gebeten, Stoff zu kaufen und Tante Mien zu bitten, zwei Kleider für sie zu nähen nach dem gleichen Schnitt wie eines, das sie schon immer bei mir bewundert hatte. Wiesjes Tante hatte sie ihr wegen des Krieges offensichtlich nicht schicken können. Ich war sicher, Helen würde nichts dagegen haben, wenn ich mir dieses ausborgte. Es bestand aus einem blauen Baumwollstoff mit schwarz-weißen Tupfen und hatte einen schwarz-weißen Gürtel. Ich zog mir das Kleid über den Kopf und schaute an mir herunter. Es ging mir fast bis zu den Knöcheln. "Macht nichts", dachte ich, "ich werde den Gürtel etwas enger schnallen und den Rock etwas höher ziehen." Es sah gar nicht so übel aus. Die Schuhe waren weiße Sandalen mit Knöchelschnallen und hohen Absätzen. Sie paßten recht gut, doch ich mußte mich erst wieder an hohe Absätze gewöhnen, darum ging ich einige Male im Badehaus umher. Es wäre sehr peinlich gewesen, wenn ich vor den anderen gestolpert wäre. Ich holte meinen Kamm heraus, fuhr damit mehrmals durch meine Haare und steckte ihn dann in mein "Bündel" zurück. Sah ich gut aus? Ich wußte es nicht.

Ich trat aus dem Badehaus, zögerte kurz, dann ging ich mit kleinen Schritten auf die anderen zu. Mein Bündel hielt ich in der Hand, als wäre es eine hochmoderne Tasche. Beifall ertönte und manche riefen: "*Mevrouw* Deibler, Sie sehen wunderschön aus!"

Ich machte einen Witz darüber, um mit meinen Gefühlen fertigzuwerden, die mich zu überwältigen drohten. Dies waren Freunde, von denen ich mich verabschieden mußte. Die meisten würden heute nach Makassar gebracht, darum gingen wir auseinander mit dem Gruß: "Wir sehen uns in Makassar!" Doch eigentlich wußten wir, daß wir uns vielleicht nie wiedersehen würden.

Ich ging zu Mr. Yamaji und Sweet Seventeen hinüber. Sie unterhielten sich mit dem japanischen Offizier, der auf dem Wagen mitgekommen war. Mr. Yamaji stellte mich vor und sagte, er sei wie ich. Ich verstand nicht, was er meinte und antwortete nicht darauf, sondern lächelte nur und nickte. Er streckte seine Hand aus, und wir verabschiedeten uns. Ich schaute zu Mr. Yamaji und Sweet Seventeen. "Ich gehe nun, *Tuan Tuan* 'meine Herren.' Ich möchte Ihnen noch einmal danken, daß Sie den Lastwagen für mich besorgt haben. Möge Gott Sie beide segnen."

"Vielen Dank, *Njonja*. Eine sichere Reise." Wir verbeugten uns voreinander, dann ging Mr. Yamaji in sein Büro und schloß die Tür hinter sich. Danach habe ich ihn nie wiedergesehen.

Sweet Seventeen blieb noch stehen und beobachtete, wie Wiesje und ich im Führerhaus des Lastwagens Platz nahmen. Wir winkten und riefen allen 'Auf Wiedersehen' zu. Sweet Seventeen hob grüßend seine Hand, vermutlich galt sein Gruß dem Mann auf der Ladefläche.

Wiesje und ich redeten ununterbrochen. Es gab so vieles zu berichten von ihrer Familie und den Freunden aus der Gemeinde. Ich wunderte mich darüber, wieso Wiesje Mr. Yamji kannte, da sie erzählt hatte, er hätte sie gebeten, ein Kleid und Schuhe für mich zu besorgen. "Ich kenne ihn nicht, doch er hat dem Kaplan gesagt, er solle die Sachen besorgen, und der Kapln kam zu mir. Als er mir sagte, sie seien für dich, wollte ich sie dir selbst bringen, da ich ja deine Freundin bin."

"Wiesje, wer ist der Japaner hinten auf dem Wagen? Mr. Yamaji stellte uns vor und sagte, er sei wie ich."

"Das ist der japanische Kaplan. Ich dachte, du wüßtest das. Er ist tiefgläubig."

Der Lastwagen drosselte seine Geschwindigkeit und bog zu dem Gelände ab, auf dem sich das Internierungslager Pare Pare befunden hatte. Ein Herr trat vor, um uns vom Wagen zu helfen; andere kamen herüber, um sich vorzustellen und uns zu begrüßen. Einige kannte ich noch von Makassar her. Der erste Herr sagte, sie hätten Kaffee gemacht, ob ich gern welchen trinken würde?

Ich dankte ihm. Der Hochlandkaffee von Celebes ist berühmt für sein Aroma, und sie hatten richtigen anzubieten. Das war doch etwas ganz anderes als die Brühe, die wir immer getrunken hatten. Ich bat um eine zweite Tasse, und sie freuten sich darüber. Wir unterhielten uns in holländischer und englischer Sprache. Einige der Männer beschäftigten sich in der Küche.

Der Friedhof lag nicht sehr weit vom Lager entfernt. Die Männer hatten die Gräber gesäubert und Blumen darauf gelegt. Jemand deutete auf ein Grab und sagte: "Das ist Mr. Deiblers Grab." Ich schaute auf das Holzkreuz. Es stand kein Name darauf, und anscheinend war Bruder Geroldus' Zeichnung keine exakte Reproduktion. Ich kniete nieder und dachte: "Ein namenloses Grab." Ich hörte, wie die Männer hinter mir miteinander sprachen, dann legte sich eine Hand auf meine Schulter. "Es tut uns sehr leid, doch der Mann hat einen Fehler gemacht. Dies ist nicht Mr. Deiblers Grab. Es ist hier drüben."

"Das braucht Ihnen nicht peinlich zu sein", sagte ich. "Es ist schon in Ordnung." Wer immer Russells Kreuz gefertigt hatte, mußte ein Meister gewesen sein. Es sah genauso aus wie auf der Zeichnung. Die Blumen waren mit sehr viel Liebe darauf arrangiert worden. Das Ganze war ein Ausdruck der Liebe für den Mann, den sie zwei Jahre zuvor hier beerdigt hatten. Ich weinte leise, als ich mir meiner Einsamkeit bewußt wurde. "Wenn ich von hier fortgehe, wird Russells Grab sehr weit entfernt sein." Da erinnerte mich der Herr sehr sanft daran: "Du trauerst nicht wie jene, die keine Hoffnung haben (1.Thes. 4,13). Hier liegen nur die Überreste seines menschlichen Körpers. Er ist zu Hause bei mir. Mein Kind, hier gehörst du nicht hin; da draußen ist eine Welt von einsamen, traurigen Menschen. Einige stehen direkt hinter dir!" An meinem Bündel trocknete ich mir die Tränen und drehte mich zu den wartenden Männern um. Sie standen mit gebeugten Köpfen und erinnerten sich an den Mann; und einer dachte zweifellos daran, daß er an Russells Grab Christus in sein Leben aufgenommen hatte.

In den Baracken waren vier lange Tische in einem Rechteck aufgestellt worden. Die Stühle standen an der Außenseite, damit jeder jeden sehen konnte. Für Wiesje und mich hatten sie einen Platz in der Mitte eines Tisches vorbereitet. Vor uns stand eine riesige Schüssel mit herrlichem weißen Reis und andere Schüsseln hoch gefüllt mit Speisen, die ich seit Jahren nicht mehr gesehen hatte. Die Männer hatten indonesisch gekocht, meine Lieblingsküche. Als mir klar wurde, welches Opfer diese Männer auf sich genommen hatten, verging mir fast der Appetit - aber nicht für lange! Ich konnte es nicht ändern - ich aß wie ein halbverhungerter Militärangehöriger! Nach dem Essen wurden die Bänke ein wenig von den Tischen abgerückt. Was nun kam, mag geplant gewesen sein, doch es wirkte sehr spontan.

Ein Herr an einem der Tische stand auf, stellte sich vor und erzählte, was Russell ihm bedeutet hatte. Dann stand ein anderer an einem anderen Tisch auf und noch einer und noch einer. Immer stellten sie sich vor und erzählten etwas, manchmal eine nette Anekdote, über die wir lachten. Oft waren die Geschichten sehr persönlicher Natur, doch keiner von ihnen war verlegen.

Bestimmte Sätze und Worte beindruckten mich sehr. Wenn die Männer Russells Wesen beschrieben, sprachen sie von ihm als freundlich, geduldig, hilfsbereit, fröhlich. Ein Mann sagte: "Wir lagen ihm als Individuen am Herzen, und er stand uns immer zur Verfügung, egal wann oder wo. Er war ein guter Zuhörer und schien zu wissen, wenn wir einfach nur jemanden brauchten, der zuhören konnte."

Zwei Männer, die ich auch schon vor dem Krieg gekannt hatte, erzählten, daß sie, wenn Russell betete, immer die Augen geöffnet, ihn angeschaut und fast erwartet hatten, den Herrn zu sehen. "Es war, als spräche er zu jemandem, der direkt neben ihm stand." Sie sprachen auch von den praktischen und zeitgemäßen Predigten Russells. "Seine Umstände waren unsere Umstände. Er aß, was wir aßen, erduldete, was wir durchlebten, darum konnte er uns auch erklären, woher ihm seine Hilfe kam."

Die meisten erwähnten auch den Weihnachtsgottesdienst von 1942. Das ganze Lager hatte sich versammelt, und Russell hatte die Geschichte "Der andere Weise" erzählt, so einfach und deutlich, daß sogar die Holländer, die nicht fließend Englisch sprachen, es verstehen konnten. Diese Geschichte hatte einen bleibenden Eindruck bei ihnen hinterlassen. Pater Bell hatte mir ja schon von diesem Gottesdienst erzählt, doch trotzdem war ich zu Tränen gerührt.

Wiesje kam mir zu Hilfe, indem sie mir ein großes weißes Taschentuch in die Hand drückte. Ich hatte meine Tränen mit den Händen abgewischt.

Als ich aufstand, um etwas zu erwidern, flehte ich Gott um Hilfe an, daß er mir die rechten Worte geben und mir helfen möge zu sprechen, ohne in Tränen auszubrechen. Vieles war mir im Kopf herumgegangen. Nie hätte ich gedacht, daß ich einmal die Gelegenheit haben würde, ihnen persönlich zu sagen, wie viel mir ihre Freundlichkeit Russell gegenüber bedeutete. Dieser Tag, den sie mir geschenkt hatten, war mir ein kostbarer Schatz. Auf dem Friedhof hatte ich gesehen, wieviel körperliche Kraft sie investiert hatten, um die Gräber zu säubern und Blumen zu pflücken, wo sie sich doch hätten ausruhen müssen, um neue Kräfte zu sammeln nach dem schrecklichen Todesmarsch.

"Viele von Ihnen haben mich noch nie gesehen, und ich weiß auch, daß es Ihnen hierbei nicht in erster Linie um mich ging. Dieses Essen sollte einen Mann ehren, den Sie geliebt haben, einen Mann, den Gott gebrauchte, um Ihnen in Ihrer Not zu helfen. Dies war eine wunderschöne Art, Ihrem Freund Lebewohl zu sagen und ihm noch einmal zu danken, bevor Sie diesen Ort verlassen. Danke, daß ich dabei sein konnte.

In letzter Zeit habe ich häufig nachgedacht über das Geben und Nehmen. Jesus sagt dazu: 'Gebt, und es wird euch gegeben werden: ein gutes, gedrücktes und gerütteltes und überlaufendes Maß wird man in euren Schoß geben' (Luk. 6,38). Dr. Jaffray, Mr. Presswood und Dr. Goedbloed erzählten, wie Sie alle Mr. Deibler geholfen haben; wir stehen also in Ihrer Schuld. Ich habe dies Freunden in Kampili gegenüber erwähnt, vor allem denen aus Baracke 8 - den Frauen von vielen von Ihnen hier. Ich habe ihnen gegeben, doch wie überreich bin ich von ihnen immer wieder beschenkt worden. Ich bete darum, daß Gott Ihnen in überfließendem Maß die vielen Freundlichkeiten vergelte, die Sie mir heute erwiesen haben."

Ich setzte mich, und lange Zeit wagte sich keiner zu rühren. Schließlich verließen mehrere Männer den Tisch und gingen hinaus. Andere kamen zu mir, um mit mir zu sprechen. Bruder Geroldus stellte sich vor, und ich sagte ihm, wie sehr mir die Zeichnung gefiel. "Ich habe sie hier bei mir, sorgfältig um meine Bibel gewickelt, damit sie nicht verknickt wird. Sie ist sehr schön, vor allem das, was Sie darunter geschrieben haben." Er freute sich, daß sie mir so viel bedeutete.

Nachdem die anderen hinausgegangen waren, kam Mr. van der Haarst zu mir und gab mir ein Notizbuch. Ich erkannte es sofort als das, das ich Russell mit in den Kopfkissenbezug gesteckt hatte, als die Japaner ihn in Benteng Tinggi abgeholt hatten. Er sagte, er hätte Russell Holländisch beigebracht. Wir sprachen über seine nette Familie, die in unsere Baracke hatte verlegt werden wollen. Er wußte vom Tod seiner Tochter, da den Frauen gestattet worden war, kurz nach Leintjes Tod einen Brief an ihre Männer zu schreiben. Er sagte, in dem Notizbuch stehe ein Gedicht für mich. "Ich möchte Sie auch wissen lassen, daß ich bei der Beerdigung Ihres Mannes mein Herz Christus übergeben habe. Ich weiß nun, daß ich meinen lieben Freund Deibler wiedersehen werde. Ich habe darum gebetet, daß Gott Sie trösten möge." Ich freute mich, wenn ich daran dachte, welch fröhliche Wiedervereinigung in Makassar stattfinden würde.

Die Männer, die zuerst hinausgegangen waren, kamen zurück, um mir zu sagen, daß der Lastwagen abfahrbereit sei. Doch sie wollten mich noch nach Mr. Yamaji fragen. Ob ich wüßte, daß er, kurz bevor er nach Kampili versetzt worden sei, einen Mann zu Tode geprügelt habe? Sie seien alle sehr besorgt gewesen, daß ein solcher Mann für ihre Frauen und Kinder verantwortlich sei. "Doch wir haben gehört, daß er sich geändert hat. Stimmt das?" Ich erzählte ihnen von meinem Gespräch mit ihm, kurz nachdem ich von Russells Tod erfahren hatte und wie er mich im Gefängnis besucht hatte.

"Hmm, es gibt ein Sprichwort, das lautet: 'Erst Frauen können den Tiger zähmen.' Mrs. Deibler, wir möchten Ihnen gern ein wenig Obst und Gemüse schenken. Hier sind einige Eier - vielleicht nehmen Sie sie besser in die Hand." Ich wußte nicht, was ich sagen sollte, denn auf der Ladefläche des Lastwagens standen drei Taschen voll mit guten Dingen.

Sie winkten uns nach, bis wir außer Sichtweite waren. Es war ein denkwürdiger Tag.

Als wir nach Makassar kamen, war es noch hell. Wiesje fragte mich, ob ich Lust hätte, die Fahrt am Strand zu unterbrechen, der Kaplan würde sich gern mit mir unterhalten. Mir gefiel der Vorschlag, und Wiesje sagte dem Fahrer, er solle am Straßenrand anhalten.

Der Kaplan und ich unterhielten uns über den Krieg und die Auswirkungen des Friedens auf unsere beiden Länder. Dann sagte er: "*Njonja*, einige würden nicht verstehen, wenn ich dies zu ihnen sagte, doch ich glaube, Sie werden es verstehen. Ich danke Gott, daß wir den Krieg verloren haben." Ich schaute ihn schnell an, um zu sehen, ob ihm klar war, was er da eben gesagt hatte. "Ich meine das ernst! Wir sind ein stolzes Volk, und wenn wir den Krieg gewonnen hätten, wären die Türen Japans für Missionare niemals wieder geöffnet worden. Viele Menschen würden sagen, ich sei ein Verräter an meinem Land, doch ich liebe mein Land und mein Volk so sehr, daß ich mit ihnen zusammen die Demütigung der Niederlage erdulde, damit sie die Gelegenheit haben zu erfahren, daß Christus der Sohn Gottes ist und für alle Menschen gestorben ist. Unter den Soldaten meines Landes gibt es nun schon viele, die Fragen stellen. Sie sind empfänglich für die Botschaft, da die Anbetung unserer Ahnen uns nicht zum Sieg verhelfen konnte. Sie suchen, und ich bitte Sie, für sie zu beten. Ich bete für Sie, und es tut mir leid um Ihren Mann. Werden Sie jetzt nach Amerika zurückkehren?"

"Ja, mein Heimaturlaub ist schon drei Jahre überfällig. Ich möchte meine Familie wiedersehen, und ich muß mich ausruhen."

"Werden Sie nach Makassar zurückkommen?"

"Das kann ich nicht sagen, doch ich weiß ganz bestimmt, daß ich immer eine Missionarin sein werde. Manchmal frage ich mich, ob Gott mich vielleicht im Dienst an Ihrem Volk haben möchte. Aber das wird er mir zeigen. Mein Herr wird mich führen."

Wir sprachen vorwiegend über geistliche Dinge, und seinen Bemerkungen spürte ich ab, daß er den Herrn von Herzen liebte. Er sagte, er sei Militärpastor geworden, weil dies der Wille Gottes für sein Leben sei. Das erklärte auch, warum Mr. Yamaji gesagt hatte: "Er ist wie Sie." Ich erfuhr auch, daß er und Mr. Yamaji Freunde waren und über den Herrn gesprochen hatten. Mein Herz pries Gott wegen dieser frohmachenden Neuigkeit.

Wiesje meinte, wir würden nun besser weiterfahren, und der Kaplan winkte nach dem Fahrer, damit er uns zu den Presswoods brachte. Er und der Fahrer brachten die Beutel mit dem Obst und Gemüse hinein, dann fuhren sie weiter, um Wiesje nach Hause zu bringen.

Ich gab Ruth die Eier. Sie rief aus: "Du meine Güte, was haben wir denn hier? Eier? Ich habe schon fast vergessen, wie ein Ei aussieht!"

Ernie half uns, die Beutel auszupacken. Es waren so viele Bananen, daß sie, als wir sie nebeneinander hinlegten, sich von einem Ende des Wohnzimmers bis zum anderen erstreckten. Ich erzählte ihnen, was ich an diesem Tag erlebt hatte, und wir begannen, uns an den Bananen gütlich zu tun. Zusammen mit Margaret Kemp und den Whetzels sollte ich Makassar am folgenen Nachmittag verlassen.

Ich borgte mir eine Nadel und einen Faden von Ruth und kürzte mein Kleid ein wenig. In dem Schlafzimmer, das Ruth extra für mich saubergemacht hatte, stand ein einziges Bett mit einer Kapokmatratze auf einem Holzrahmen. Doch mir erschien es der reinste Luxus zu sein, eine wunderbare Verbesserung gegenüber dem blanken Fußboden in der alten Hütte im Dschungel. Ich legte mich hin, schloß die Augen, und als ich sie zwei Minuten später öffnete - wenigstens schien es so-, mußte ich erstaunt feststellen, daß es bereits Morgen war. Die Fahrt nach Pare Pare hatte mich körperlich und emotional vollkommen erschöpft.

Viele kamen, um mir eine gute Reise zurück nach Amerika zu wünschen. Frauen brachten ihre Männer mit, um sie mir vorzustellen. Ich war froh, die kennenzulernen, für die wir gebetet hatten und zu sehen, daß Gott Gebete erhört. Wie schön war es, ihre glücklichen Gesichter zu sehen und zu wissen, daß sie nun "den Geist der Schwermut" beiseite schieben konnten.

Kurz nach Mittag kam Wiesje mit dem Lastwagen, um mir zu sagen, daß wir sofort aufbrechen müßten, da der Wagen noch anderweitig gebraucht würde. Mr. Yamaji hatte mit dem australischen Major vereinbart, daß der Lastwagen bis zu meinem Abflug zu meiner Verfügung stand. Ich verabschiedete mich von Ruth und Ernie. Wie sollte ich wissen, daß Ernie den großen Befreiungstag nur um wenige Monate überleben sollte.[1]

Als wir im Hafen ankamen, warteten Lien (unsere Köchin), ihre Schwester Beth (die Köchin der Jaffrays) und Roda (der Gärtner der Jaffrays) auf uns. Es war eine traurige Begegnung und ein noch traurigeres Abschiednehmen. Lien hatte noch ein Taschentuch von Russell, das sie als Erinnerung gern behalten wollte. Beth war gekommen, um Lebewohl zu sagen und um ihrer Trauer über den Tod von Russell und Dr. Jaffray Ausdruck zu verleihen. Sie waren in Makassar geblieben, damit sie uns helfen konnten, wenn der Krieg vorüber war. Roda weinte mit uns, und als ich ihn nach seiner Frau Rassing fragte, erzählte er mir von ihrem Schicksal. Sie war in den Bergen geblieben, während er sich Arbeit in Makassar gesucht hatte. Es war sehr schwierig, da die Japaner nur halb so viel bezahlten, wie er bei den Jaffrays bekommen hatte. Rassing war sehr krank geworden, und man hatte nach Roda geschickt, doch sie war gestorben, bevor er zu ihr kommen konnte. "Sie hinterließ mir eine Nachricht, in der sie mir mitteilte, daß sie bei Jesus sein würde und daß auch ich an ihn glauben sollte, damit wir uns im Himmel wiedertreffen könnten. Sie wollte, daß Sie das erfahren. Ich habe auf Sie gewartet, damit ich Ihnen das von ihr erzählen und Ihnen sagen konnte, daß auch ich bereit bin!" Wie gut erinnerte ich mich an ihr kleines braunes Gesicht, das vor Freude leuchtete an jenem Morgen vier Jahre zuvor, als sie ihr Herz Jesus übergeben hatte! Welche Freude zu wissen, daß auch Roda, ihr Mann, an Jesus glaubte! Aus dem Tod ist Leben entstanden - ewiges Leben für einen lieben Boegi!

Die Whetzels kamen an, als die Catalina gerade zur Boje manövriert wurde; ein Dingi brachte sie zum Flugzeug hinaus. Dann kam Margaret Kemp. Während wir darauf warteten, daß das Dingi zurückkam, schloß ich gedanklich die Tür zu diesem Abschnitt meines Lebens. Mit ein wenig Furcht und Zittern drehte ich mein Gesicht in den Wind einer neuen Zukunft entgegen.

---

[1] Ruth lag im Krankenhaus, als sie vom Heimgang ihres Mannes erfuhr. Er war an den Folgen der Entbehrung und der Grausamkeiten seiner Internierung gestorben. Es war ein Vorrecht, ihn gekannt und mit Ruth und Ernie in Makassar zusammengearbeitet zu haben. Er war ein selbstloser, freundlicher, loyaler Freund, ein Diener Gottes. Alle haben Reverend Ernie Presswood sehr geliebt.

Ich erinnerte mich noch, wie ich hier angekommen war an meinem ersten Hochzeitstag, und nun, fast acht Jahre später, fuhr ich wieder nach Hause, allein, in geborgten Kleidern. Mit sechsundzwanzig Jahren schon Witwe und mit nichts, das ich mein eigen nennen konnte, außer meinen Briefen, einer Zeichnung, einem Notizbuch, zwei Löffeln, einigen Andenken und einer ausgebrannten Uhr. Vor meinem geistigen Auge sah ich zwei einsame Kreuze auf einem weit entfernten Berg. Unter dem einen lagen die sterblichen Überreste meines geliebten Russell; unter dem anderen die des lieben Dr. Robert A. Jaffray. Auf einmal wurde ich in ein Meer großer Bitterkeit hinabgezogen. "Herr, ich will nie wieder auf diese Inseln zurückkehren. Sie haben mir alles geraubt, was mir lieb und wertvoll war."

Ich küßte Wiesje und dankte ihr für alles, was sie mir während meiner Jahre in Makassar gewesen war. Die jungen Männer waren mit dem Dingi zurückgekehrt und zogen es an Land, damit unsere Schuhe nicht naß wurden. Dann schoben sie es wieder ins Wasser. "Ich werde nicht zurückschauen!" Doch ich hörte den Lärm rennender Füße und Stimmen, die riefen: *Nona* Kemp! *Njonja* Deibler! *Selamat djalam!* "Eine friedliche Reise!" Dann vereinigten sich die Stimmen zu einem Lied, das ich so oft am Ende des Gottesdienstes mit ihnen gesungen hatte: "Gott mit euch, bis wir uns wiedersehen."

Ich hatte gesagt, ich würde nicht zurückschauen, aber ich tat es doch, und Gott nahm die Bitterkeit fort. Dies waren meine Freunde von der Bibelschule, aus der Gemeinde - Dyaks aus Borneo, Menschen aus Sumatra, Bali, Lombok, Roti, Menado, Celebes, Aloer und Ambon, aus der ostindischen Inselwelt, alle vereint in Jesus Christus, die uns mit Tränen in den Augen ein Abschiedslied sangen. "Bitte, lieber Vater, vergib mir. Wegen ihnen bin ich doch hier! Nicht nur, weil ich Russells Frau war. Ich kam, weil du mich schon als kleines Mädchen in deinen Dienst gerufen hast, und ich habe versprochen, ich würde überall hingehen, was immer auch die Kosten sein würden! Vergib mir, Herr!"

Nona, Njonja, lekas kembali! "Miss, Mrs., kommt schnell zurück."

Wir winkten, und ich rief: "Eines Tages werde ich bestimmt zurückkommen."

Starke Arme halfen uns die Leiter hoch und auf die Sitze im Rumpf des Flugzeugs. Wir schnallten uns an. Die Maschinen wurden angelassen, sie waren bereit zum Start. Ich schaute zu meinen immer noch winkenden Freunden hin und flüsterte: "Ihr lieben Freunde, eines Tages werde ich zu euch nach Hause kommen!"

Kapitel 10

Von unserem Sitz im Rumpf des Flugzeugs aus hatten wir einen wundervollen Blick auf die schnell schwindende Küstenlinie von Celebes. Ein lächelnder Herr mit einem Erste-Hilfe-Koffer trat durch die Kabinentür. "Ich habe Ihre Verbände bemerkt, als Sie das Flugzeug bestiegen haben. Darf ich Ihnen neue Verbände anlegen?"

"Oh ja!" sagten wir beide.

Kurze Zeit später kam ein anderer lächelnder junger Mann, der ein Tablett mit herrlichen Sandwiches aus *Weißbrot mit Butter* brachte! Wir aßen gerade unser zweites Sandwich, als der junge Mann mit Eistee zurückkam. Er nahm den Teller mit dem letzten Sandwich darauf von Margarets Schoß, damit sie ihren Tee halten konnte. Sie sprach aus, was ich dachte: "Sie werden das doch nicht etwa wegwerfen, oder?" Ich hatte überlegt, wie wir es für später aufheben konnten. So lange hatten wir schon kein Brot und Butter mehr gesehen.

Die Frage schien ihn zu verwirren; dann beugte er sich zu uns herunter und sagte: "Nein, Madam, das tue ich ganz bestimmt nicht, und wo dieses herkommt, gibt es noch sehr viel mehr. Sagen Sie mir einfach, wenn Sie noch mehr haben möchten. Werden Sie das tun?" Wir versicherten, daß wir es sagen würden und dankten ihm für seine Freundlichkeit. Er zog sich schnell zurück. Es sah so aus, als hätte er Tränen in den Augen, doch wahrscheinlich litt er nur unter Heuschnupfen.

Ein Jeep wartete auf uns, als wir in Balikpapan, Borneo, auf dem australischen Luftwaffenstützpunkt landeten. Der Fahrer begrüßte uns mit: "*Guh die!*" Er sprach wie der australische Major, darum wußte ich, daß er "Guten Tag!" sagte. Er fuhr uns in das Quartier der Krankenschwestern. Man gab uns ein Handtuch und zeigte uns die Duschen.

"Margaret, sieh nur, es gibt heißes und kaltes Wasser! Welche Freude!"

"Ja, und hast du an der Seife gerochen?"

Ich weiß wirklich nicht, wie lange wir unter der Dusche standen - uns einseiften, abspülten und den Vorgang wiederholten. Kein Wasserholen, und wir brauchten auch nicht gleichzeitig unsere Kleider zu waschen. Welche herrliche Erfindung, diese Duschen! "Margaret", rief ich, "meine Haare quietschen; sie müssen richtig sauber sein!"

Schrecklich müde fielen wir in unsere Betten. Ich streckte mich auf der Kapokmatratze aus und dankte Gott, daß wir an einem so sauberen Ort mit Duschen und so liebevollen Menschen sein konnten.

Wie lange ich geschlafen hatte, wußte ich nicht, doch schweißgebadet wachte ich auf einmal auf; das Bett bebte, und ich krallte mich am Bettgestell fest, weil ich dachte, es sei ein Erdbeben und ich läge in meiner Koje in Baracke 8. Wenn ich herunterfiel, würde ich zwei Meter tief fallen und auf einem Lehmfußboden aufschlagen. Mein Herz klopfte zum Zerspringen. Dann erinnerte ich mich langsam, wo ich war. Die Matratze lag auf einem Metallgestell mit waagerechten Federn. Ich hatte mich im Schlaf umgedreht und so das Schwingen der Federn verursacht. Margaret hatte mit demselben Problem zu kämpfen. Sie kroch zu mir herüber und flüsterte: "Kannst du auch nicht schlafen? Ich denke immer, ich falle aus dem Bett. Meinst du, wir könnten auf dem Boden schlafen?"

"Das ist eine gute Idee. Wir können vor Tagesanbruch wieder ins Bett kriechen."

"Aber, Darlene, was ist, wenn wir nicht rechtzeitig aufwachen und sie uns auf dem Fußboden vorfinden?"

"Du hast recht. Das könnte sehr peinlich sein. Vielleicht halten wir einfach durch." Mehrmals in der Nacht fragte ich mich, warum Betten unbedingt Federn haben mußten!

Wir beide sahen etwas mitgenommen aus, als die Schwester am folgenden Morgen mit einer Tasse dampfendem Tee mit Milch und Zucker und einem kleinen Stück Weißbrot mit Butter kam. Ich brauchte den Tee dringend.

Schnell zogen wir uns an. Man hatte uns mitgeteilt, wir würden mit dem ersten Flug weiterfliegen. Kaum waren wir in der Luft, zeigte uns ein Offizier auch schon bald die große Insel, der wir uns näherten. Es war Palawan, wo sich ein großer Marinestützpunkt befand. Dort sollten wir die Nacht verbringen. Unsere Reise sollte in drei Etappen vonstatten gehen, damit sie nicht zu anstrengend für uns wurde. Die Marine erwartete uns und wußte auch, wer wir waren.

Als die Catalina am Kai zum Stillstand kam, wurden wir von Marineangehörigen in blütend weißen Uniformen in Empfang genommen. Der Jeep hielt auf der Straße an einem Gehsteig, der zu einem weißen Gebäude führte. Mir kam sofort der Gedanke, daß sie nicht besonders gut getarnt waren, doch dann fiel mir ein, daß der Krieg ja vorüber war und sie keine Angst mehr vor einem Bombenangriff zu haben brauchten. Auf jeder Seite des Gehsteigs hatten sich Männer aufgestellt. Es sah aus wie eine Ehrenwache, und ich befürchtete, sie wüßten nicht, daß wir nur ganz einfache Leute waren. Die Offiziere führten uns die Treppen hinauf. Als wir die große Offiziersmesse betraten, begann eine Musikgruppe die Nationalhymne zu spielen.

Das kam so unerwartet, daß ich meine Tränen nicht zurückhalten konnte. Ich fing an zu schluchzen. Seit Jahren sah ich zum ersten Mal wieder die amerikanische Flagge. Niemand, der nicht die vergangenen vier Jahre mit uns durchgemacht hatte, konnte verstehen, was es bedeutete, diese Flagge zu sehen und die Nationalhymne zu hören. Ich dachte, mein Herz würde vor Freude darüber zerspringen, daß ich wirklich frei war. Dies waren meine Landsleute. "Oh Gott, ich bin frei! Ich bin wirklich frei!"

Ein Arm legte sich um meine Schulter und eine Stimme sagte: "Beruhigen Sie sich doch, weinen Sie nicht. Es ist alles in Ordnung, und Sie sind hier in Sicherheit!"

Die Männer sahen alle so makellos gepflegt und würdig aus. Unwillkürlich verglich ich sie mit den Männern von Pare Pare, mit ihren zerbrochenen, gebeugten, ausgezehrten Körpern (obwohl manche gesagt hatten, sie hätten zwanzig Pfund zugenommen). Die Männer in Pare Pare hatten nur schlechtsitzende Kleidung, sie waren entweder barfuß oder in Socken. Ich kann mich nicht erinnern, dort Schuhe gesehen zu haben - und doch strahlten auch sie eine gewisse Würde und das Gefühl des Selbstbewußtseins aus; sie waren im Feuer des Leidens geläutert worden, und sie hatten gelernt zu erdulden.

Aber war es richtig, sie miteinander zu vergleichen? Vielleicht gehörten diese jungen Männer zu denen, die auf dieser Insel gelandet waren und durch die Hölle der Bombenangriffe, durch Kugelhagel und Zweikampf gegangen waren, bei denen ihre Kameraden, die nun unter den zahllosen weißen Kreuzen auf dem großen Friedhof lagen, den ich vom Flugzeug aus gesehen hatte, ihr Leben gelassen hatten. Dann hatten sich auch diese Männer ihre Tapferkeitsmedaille verdient, ihre Würde, dann hatten auch sie gelernt zu erdulden. Ich fühlte Stolz auf sie alle, auf meine holländischen Freunde und meine amerikanischen Landsleute.

Viele freundliche Männer winkten uns am nächsten Morgen nach, als wir nach Manila abflogen. Bei der Landung wartete bereits ein Bus auf uns. Wir hatten einen guten Fahrer, der sich bestimmt für das Rennen Indianapolis 500 qualifiziert hätte! Der erste, der hupte, hatte Vorfahrt. Doch wir kamen sicher an unserem Bestimmungsort an und wurden in ein Gebäude geführt, in dem auf beiden Seiten Betten standen. Man zeigte uns die Duschen und den Speisesaal und sagte, das Mittagessen werde in einer halben Stunde serviert.

Während des Essens kam ein Arzt zu uns und fragte uns nach unseren Namen und wo wir herkämen. An diesem Nachmittag sollten wir sorgfältig untersucht werden. In der Zwischenzeit sollten wir enorme

Mengen von Vitaminen und Mineralien zu uns nehmen, und da ich Malaria gehabt hatte, sollte ich auch noch sofort Atabrin nehmen. "Sie werden davon ziemlich gelb werden, doch es ist eine deutliche Verbesserung gegenüber dem Chinin."

Ich sagte ihm, anscheinend wolle er, daß wir nicht so viel essen; wenn wir vor jeder Mahlzeit alle diese Vitamine und Mineralien nähmen, wäre kein Platz mehr für das Essen. Er lachte. "Nein, ich möchte, daß Sie gut essen. Sie haben eine schlimme Zeit hinter sich, nicht wahr? Ich möchte auch, daß Sie während Ihres Aufenthaltes hier viel ruhen."

An diesem Abend trafen wir Mary und Herman Dixon, unsere Missionskollegen aus Borneo. Sie hatten das Lager in Kuching, Sarawak, überlebt.

Mehr als eine Woche lang fragte ich täglich auf dem Postamt nach, ob Post für Darlene Deibler oder Margaret Kemp angekommen sei. Eines Tages beugte sich der junge Postangestellte über den Schalter und sagte: "Junge! Ich weiß gar nicht, warum niemand Ihnen schreibt!" Ich war so verlegen, daß ich beschloß, nicht mehr nachzufragen, bis ich das Datum unserer Abreise erfuhr. Ich konnte ihm keine Erklärung dafür geben, warum niemand uns schrieb; ich wußte es selbst nicht.

Nach mehreren Wochen hieß es, ein von den Amerikanern für die Evakuierung von amerikanischen Militäranghörigen und Zivilisten angeheuertes holländisches Schiff, die *Klipfontein*, würde in wenigen Tagen in Manila einlaufen. Sie würde Vorräte und frisches Wasser an Bord nehmen und bald wieder auslaufen. Die Passagierlisten wurden ausgehängt. Wir würden mit den Dixons und vielen anderen zusammen auf diesem Schiff nach Amerika gebracht werden.

Ein Bus brachte uns zum Pier. Margaret und ich standen in der Masse, die darauf wartete, an Bord gehen zu können. Uns schien es unmöglich zu sein, daß so viele Menschen auf diesem Schiff Platz finden könnten, doch tatsächlich gingen alle an Bord.

Wir alleinstehenden Damen wurden unter einem Zeltdach in Hängematten an Deck untergebracht. Wir hatten viel frische Luft, doch wenig Privatsphäre und noch weniger Platz.

Die Lichtverhältnisse unter dem Zeltdach waren nicht besonders gut, darum nahmen wir gewöhnlich unsere Bibeln und setzten uns an Deck. Viele gesellten sich zu uns und erzählten uns von ihren Nöten. Ich war nicht zufällig auf diesem Schiff. Die Menschen hatten viele Probleme. Einige hatten Briefe von ihren Frauen bekommen, in denen sie um die Scheidung gebeten wurden. Andere waren krank. Die dreiundzwanzigtägige Reise von Manila nach San Francisco verging wie im Flug.

Je mehr wir uns San Francisco näherten, desto aufgeregter wurden die Passagiere. An dem Nachmittag, als wir die Golden Gate Brücke in der Ferne erblickten, die wie Gold in der Sonne funkelte, brach ohrenbetäubender Jubel los. Jemand fing an zu singen: "I left my heart in San Francisco"! Je mehr sie sangen und sich über die Schönheit dieser Stadt ausließen, desto einsamer und isolierter fühlte ich mich. Panik begann in mir hochzusteigen. Wenn wir von Bord gehen würden, müßte ich immer noch quer durch den halben Kontinent reisen, um nach Hause zu kommen. "Margaret, kennst du jemanden in San Francisco?" Sie kannte niemanden und sah genauso verloren aus wie ich. "Nun, dann bleiben wir eben auf unseren Rattankisten sitzen, bis das Rote Kreuz auftaucht!"

"Seid ihr nicht aufgeregt?" fragten einige. "San Francisco wird euch gefallen!"

"Aber ich kenne niemanden dort, und ich muß nach Iowa zu meiner Familie. Zwar habe ich einen Onkel und eine Tante in Ontario, Kalifornien, doch ich habe ihre Adresse verloren."

"Ontario? Das liegt in Südkalifornien. Ganz schön weit von hier. Aber keine Angst, das Rote Kreuz wird euch helfen."

In dem Augenblick kam eine Ankündigung über den Lautsprecher, der den Jubel in Stöhnen verwandelte. "Wir sind gerade von der Hafenbehörde darüber informiert worden, daß der Hafen voll ist. Es gibt auf Tage hinaus keinen freien Anlegeplatz. Wir wurden angewiesen, nach Seattle, Washington, weiterzufahren." Wir wendeten und fuhren in Richtung Norden weiter. Ich kannte jemanden, der sich über diese Änderung freute. Ich war sehr erleichtert, daß der Herr mir noch einige Tage Zeit gab, darüber nachzudenken, was ich tun und wohin ich fahren sollte, wenn ich von Bord ging. Noch nie war ich alleine gereist, schon gar nicht ohne Ausweispapiere, Adressbuch oder Geld.

Es war der Nachmittag, als wir anlegten. Angst überfiel mich. Wieder kam eine Ankündigung über den Lautsprecher: in Seattle war Marinetag, darum würden wir erst am kommenden Morgen von Bord gehen können. "Welche Freude", dachte ich. "So habe ich noch einige Stunden auf bekanntem Gebiet mit meinen Freunden zusammen." Die Dixons sagten, wir könnten mit ihnen gehen. Mary hatte einen Bruder in Seattle wohnen. Damit war ein Problem schon gelöst.

Am folgenden Morgen, als die Leute begannen, von Bord zu gehen, kam Margaret zu mir und sagte, die Meltzers, Missionare aus Borneo, wären da und hätten sie gebeten, sie zu begleiten. Ich winkte ihr nach und beobachtete, wie Margaret das Schiff verließ. Ich würde sie sehr vermissen. Die Dixons waren nirgends zu sehen; jemand sagte, sie seien einkaufen gegangen und würden bald zurückkommen.

Ich lehnte mich über die Reling und hielt Ausschau nach einem bekannten Gesicht. Auf einmal traf es mich wie ein Keulenschlag: Vater und Mutter waren bestimmt tot, darum hatte ich nichts von ihnen gehört! Ich rannte zu meiner Hängematte und weinte in großer Seelenqual: "Oh Gott, du hast mir Russell genommen; hast du nun auch Vater und Mutter zu dir geholt? Jetzt habe ich niemanden mehr!" Ich weinte und weinte und fühlte mich von allen verlassen. Dann tröstete mein Herr mich: "Mein Kind, du kannst mir immer noch vertrauen. Habe ich dir nicht gesagt, ich würde dich nie verlassen noch versäumen?"

Mich überkam eine große Ruhe. Ich trocknete meine Tränen. "In Ordnung, Herr, du und ich gegen die ganze fremde Welt da draußen." Ich kletterte aus meiner Hängematte, glättete meinen Mantel und begab mich auf die Suche nach einer Mitarbeiterin des Roten Kreuzes. Ich kam gerade um die Ecke des Decks, als ich schon vor ihr stand. Sofort ging ich auf sie zu. "Bitte, Sie müssen mir helfen. Ich bin Missionarin, und alle meine Papiere sind verbrannt, als wir ausgebombt wurden. Ich brauche Geld, um nach Boone, Iowa, zu meiner Familie zu kommen, falls noch jemand von ihnen am Leben ist."

"Wie ist Ihr Name?"

"Ich heiße Darlene Deibler."

"Mädchen, ich suche Sie schon den ganzen Morgen. Ich habe hier drei Telegramme für Sie, und sie sind alle von Ihren Eltern."

Meine Hände zitterten so heftig, daß ich die Telegramme kaum öffnen konnte, darum tat sie es für mich. Ich las: "Willkommen zu Hause. Wir haben in Kontakt gestanden mit dem Roten Kreuz und wußten, daß du mit der *Klipfontein* heimkommst. Wir waren auf dem Weg nach San Francisco, um dich abzuholen, doch dann haben sie das Schiff nach Seattle umdirigiert, und wir konnten nicht mehr rechtzeitig dorthin kommen, darum haben wir Geld für dich zur Western Union geschickt, damit du mit dem Zug nach Oakland kommen kannst. Wir sind nämlich 1942 nach Oakland umgezogen. Ruf uns sofort per R-Gespräch an, wenn du an Land gehst. Alles Liebe, Dad, Mutter."

Ich beobachtete die Leute auf der Pier und stellte fest, daß die Damen Mäntel mit sehr kurzem Fell trugen. Ich schaute an meinem langhaarigen Mantel herunter und fühlte mich wie ein großer, pelziger Bär. Sofort ging ich hinunter zum Kapitän und fragte ihn, ob er mir seinen Rasierapparat leihen könnte. Er schaute mich verwirrt an, stellte aber keine Fragen. "Natürlich!" sagte er und holte ihn aus seiner Kabine. Bewaffnet mit seinem Rasierapparat, begab ich mich in eine entlegene Ecke des Decks und rasierte meinen Mantel. Hinterher sah er wirklich recht nett aus. Ich brachte den Rasierapparat zurück, dankte ihm für die angenehme Reise und verabschiedete mich.

Als erstes begab ich mich zum Büro der Western Union, dann zum Schalter, um meine Fahrkarte zu kaufen. Ich mußte sicher sein, daß ich genug Geld hatte für die Karte und für Essen, bevor ich irgend etwas anderes kaufte. Als ich an den Schalter trat und um eine einfache Fahrkarte nach Oakland, Kalifornien, bat, schlug sich der Schalterbeamte mit der flachen Hand gegen die Stirn, als könnte er es nicht fassen. "Meine Liebe! Wissen Sie denn nicht, daß wir Krieg hatten und nur Militär- und Marineangehörige das Recht auf eine Reservierung haben?"

Ob man mir meine Verzweiflung ansah, weiß ich nicht, doch mir war ganz elend zumute. "Nein, Sir", erklärte ich, "das wußte ich nicht. Ich bin gerade mit dem Schiff angekommen. Fast vier Jahre lang war ich Kriegsgefangene. Gerade erst habe ich erfahren, daß meine Mutter und mein Vater in Oakland leben, und ich versuche, dorthin zu kommen." Ich war den Tränen nahe.

Er griff hinter sich, holte eine Fahrkarte und sagte: "Nun beruhigen Sie sich erst einmal! Weinen Sie doch nicht. Für Menschen wie Sie habe ich jede Menge Fahrkarten."

Ich war sehr erleichtert. "Oh, vielen Dank. Ich hätte nicht gewußt, was ich tun sollte."

"Jetzt machen Sie sich keine Gedanken. Seien sie um sieben Uhr hier. Der Schaffner wird Ihnen mit Ihrem Gepäck helfen und Ihnen zeigen, in welchem Waggon sich Ihr Platz befindet. Die Platznummer steht auf der Karte, und wenn Sie irgend etwas brauchen, fragen Sie den Schaffner. Morgen gegen elf werden Sie in Oakland ankommen. Gute Reise!"

Ich dankte dem Schalterbeamten noch einmal, dann setzte ich mich in den Warteraum. Dort packte ich meine Fahrkarte und mein Geld in mein Taschentuch und steckte es in die Tasche meines Kleides. Danach begab ich mich auf die Suche nach einem Telefon. Als ich in die Zelle trat und auf das Gerät vor mir schaute, konnte ich nicht glauben, was mit den Telefonen geschehen war. Vor mir stand ein viereckiges Metallding mit Zahlen und Buchstaben. Verzweifelt dachte ich: "Wie funktioniert so etwas?" Ich nahm mir gar nicht erst die Zeit, die Anleitung zu lesen, ich bekam einfach nur Panik. Ein

Herr, der vor einer der anderen Zellen wartete, fragte, ob etwas nicht in Ordnung wäre und ob er mir helfen könnte. Ich erklärte ihm, ich sei acht Jahre außer Landes gewesen, meine Eltern hätten mich gebeten anzurufen, und ich wüßte nicht mit dem Telefon umzugehen. Ich hätte noch nie einen solchen Apparat gesehen.

"Wissen Sie die Nummer?" Ich zeigte ihm die Nummer auf dem Telegramm, und er erbot sich, für mich zu wählen. Er brauchte auch meinen Namen für den Fall, daß die Vermittlung ihn wissen wolle. Ich nannte ihn, und kurz darauf reichte er mir den Hörer und sagte: "Es klingelt jetzt."

Ich zitterte wie Espenlaub; dies war ein großer Moment, und mein Herz klopfte zum Zerspringen. Ich hörte, wie am anderen Ende der Hörer abgenommen wurde und eine Stimme sagte: "Hallo, Darlene."

"Hallo, Mutter." Mehr brachte ich nicht mehr heraus, ich weinte hemmungslos.

Mutter war sehr ruhig. Sie erzählte mir, mein Bruder Raymond sei gerade aus Deutschland zurückgekommen, und unsere Schwester Helen sei mit ihrer Familie auch in Oakland, um mich zu sehen. Meinem älteren Bruder Donald und seiner Familie gehe es gut. Jedesmal wenn sie eine Pause einlegte, sagte ich nur: "Huh, huh." Mehr brachte ich einfach nicht heraus. Ich glaube, sie erzählte mir die ganze Familiengeschichte, bevor sie sagte: "In Ordnung, für jetzt sollten wir das Gespräch beenden. Kauf dir deine Fahrkarte, und wir werden dich in Oakland abholen. Auf Wiedersehen." Worauf ich die intelligente Bemerkung machte: "Huh, huh."

Ich blieb stehen, bis ich aufgehört hatte zu weinen, dann wischte ich mir die Tränen ab. Wie sehr ähnelte Mutter doch dem Herrn; sie verstand, daß ich nicht reden konnte, wußte aber auch, wie sehr mich danach verlangte, etwas über die Familie zu erfahren. Sie hatte mir erzählt, daß sie mir viele Briefe geschrieben hatte, die alle mit dem Vermerk: "Person vermißt - keine Spur von ihr" zurückgekommen waren. Mutter hatte sie für mich aufgehoben, um sie mir zu zeigen, wenn ich zurückkam. Wie oft war ich in jenen vergangenen Jahren zum Herrn gekommen mit meiner Seelenqual und Einsamkeit, und ich hatte immer nur sagen können: "Jesus." Wie liebevoll hatte er mich getröstet, mich durch sein Wort an seine Versprechen erinnert, mir Ratschläge erteilt, mich manchmal auch getadelt, wenn ich nur sagen konnte: "Huh, huh, lieber Herr Jesus."

Viele haben mich gefragt, woher ich wüßte, daß der Herr zu mir sprach. Was gerade passiert war, war der beste Beweis dafür. Acht Jahre lang hatte ich Mutters Stimme nicht gehört, doch als der Hörer in Oakland abgenommen wurde und ich jemanden sagen hörte: "Hallo, Darlene", wußte ich, daß es Mutter war. Niemand sprach meinen Namen aus wie sie. So ist das auch, wenn ich tief in meinem Innern jemanden sagen höre: "Mein Kind", dann weiß ich, daß es mein Herr ist. Niemand ruft mich, wie er es tut. In Johannes 10 steht sein Versprechen an alle seine Kinder: Die Schafe hören seine Stimme, und er ruft seine Schafe bei ihrem Namen und führt sie heraus. Die Schafe folgen ihm: weil sie seine Stimme kennen! "Ich bin der gute Hirte; und ich kenne die Meinen und bin gekannt von den Meinen."

Am Bahnhof traf ich die Dixons. Die Zugreise war wundervoll. Als erstes fiel mir auf, wie modern die Waggons waren. Es gab keine Ledersitze mehr; sie waren nun mit einem samtartigen Stoff bezogen. Die Tische im Speisewagen waren mit frisch gestärkten, weißen Tischdecken und Servietten gedeckt. Auf jedem Tisch standen Blumen in einer Silbervase. Alles war so sauber - kein offenes Fenster, durch das Staub hätte hereinkommen können.

Wieder in meinem Abteil, legte ich mich auf mein Kissen (es war mit einem blendend weißen, gebügelten Kissenbezug bezogen). Ich war vollkommen erschöpft. Was für ein Tag! Ich dachte an die Menschen, die anscheinend überall bereitstanden, um mir zu helfen, wenn ich es brauchte, und an das Telefongespräch mit Mutter - aber wie konnte ich das vergessen haben? Ich hatte Mutter nicht gesagt, wann der Zug in Oakland ankommen würde! (Eigentlich hatte ich überhaupt nichts gesagt außer: "Huh, huh!") Herman sagte, ich könnte ein Nachttelegramm von Portland aus schicken. Der Zug hatte dort eine halbe Stunde Aufenthalt. Meine Eltern würden die Nachricht in kürzester Zeit bekommen, weil sie telefonisch weitergegeben würde. Ich schrieb: "Komme um elf Uhr morgens an · Stop · Schlachtet das gemästete Kalb. Alles Liebe, Darlene."

Um zwei Uhr morgens liefen wir in den Bahnhof von Portland ein. Sofort begab ich mich zum Postschalter, um mein Telegramm aufzugeben. Danach gingen wir noch ein wenig in der frischen, kalten Nachtluft umher.

Wir frühstückten im Speisewagen, dann kehrten wir in unser Abteil zurück, um unser Gepäck zu überprüfen und die wundervolle Landschaft zu betrachten. Noch nie hatte ich eindrucksvollere Bäume gesehen als die Sequoia in Kalifornien. Als die Bahnstrecke ein Stück parallel zur Straße verlief, bemerkte ich die Autos. Ich war erstaunt, wie sehr sie sich verändert hatten. Sie waren nun lang und schlank. Acht Jahre machten schon einiges aus. Die erstaunlichen Fortschritte in der Technologie und die Veränderungen in jedem Lebensbereich waren zweifellos durch den Krieg beschleunigt worden. Ich hatte vom Fernsehen gehört, es aber noch nie gesehen.

Ich schaute auf die andere Seite des Waggons und lächelte einem GI und seiner Familie zu. Wie schön, fröhliches Geplauder und das Lachen von wohlgenährten, hübsch angezogenen Kindern zu hören. "Herr, werde ich jemals wieder jung und sorglos sein können? Wie alt bin ich jetzt - sechzig und gehe auf die Hundert zu?" Da kam mir der Vers wieder in den Sinn, den der Herr mir zu Beginn des Krieges geschenkt hatte: "Der Liebling des Herrn! In Sicherheit wohnt er bei ihm. Er beschirmt ihn den ganzen Tag, und zwischen seinen Berghängen wohnt er" (5.Mose 33,12). Welch ein wundervoller Vers bei meinem Aufbruch ins Unbekannte mit nur meiner Familie als Bezugspunkt.

Der Schaffner ging durch die Waggons und sammelte die Kissen ein. "Oakland! Nächste Haltestelle Oakland!" Während der Zug abbremste, starrte ich auf den Bahnsteig auf der Suche nach den Gesichtern meiner Lieben. Würde ich sie wiedererkennen? Würden sie mich wiedererkennen? Mit meinem Koffer stieg ich aus dem Zug und schaute in das Meer der Gesichter, suchte nach ... da sah ich eine Hand und hörte: "Darlene! Darlene!" Die Stimme meines Vaters! Nach hinten schauend rief er: "Mutter, sie ist hier!" Dann kamen sie auf mich zugerannt, mein lieber Vater, der besser aussah als je zuvor, und meine liebe Mutter. Ich rannte ihnen entgegen, umarmte und küßte sie und wollte sie gar nicht mehr loslassen. Wir weinten, und ich flüsterte: "Oh Mutter, Daddy, ich habe so oft gedacht, ich würde euch nie wiedersehen!"

Sie sprachen leise auf mich ein: "Es ist ja alles gut, Liebling, du bist zu Hause. Du bist in Sicherheit." Dann kamen meine Schwester Helen, ihr Mann Clarence und ihre Tochter Coralyn. Welch eine freudige Heimkehr! Wie sehr liebte ich sie, sie waren meine Familie und gleichzeitig auch meine Freunde. Die langen Jahre der Trennung hatten sie nicht fremd werden lassen; sie waren noch genau so, wie in meiner Erinnerung, unverändert in einer Welt, die sich so sehr verändert hatte. Coralyn war bei unserer letzten Begegnung zwei Jahre alt gewesen, nun war sie zehn, doch ich erkannte noch ihre hübschen Grübchen, wenn sie lächelte. Es waren auch viele Leute aus der Gemeinde, die meine Eltern besuchten, gekommen, um mich willkommen zu heißen.

Mein Vater erzählte mir von dem Drama des nächtlichen Telegramms. Das ganze Haus wurde vom Läuten des Telefons geweckt. Mutter rannte an den Apparat. Dad hörte nur: "Was?" Wieder eine lange Pause, dann sagte Mutter: "Wie war das? Könnten Sie das bitte noch einmal wiederholen?" Dann wieder ein sehr langes Schweigen.

Offensichtlich kannte die Angestellte der Western Union, die das Telegramm übermittelte, die Geschichte des verlorenen Sohnes, denn sie sagte: "Klingt, als ob ein Wanderer nach Hause kommt."

Dann hörte mein Vater meine Mutter sagen: "Oh ja, natürlich. Vielen Dank!" Weinend rannte sie ins Schlafzimmer, umklammerte meinen Vater, schüttelte ihn und rief: "Sie ist in Ordnung, Orvis. Sie ist in Ordnung; sie hat ihren Sinn für Humor noch nicht verloren!" Dann erzählte sie ihm den Inhalt des Telegramms. Ich glaube, mein Heulen am Telefon war nicht gerade sehr ermutigend für sie gewesen. Mittlerweile waren auch die anderen aufgewacht. Dies verlangte nach einer Tasse Kaffee und einer Unterhaltung. Danach legten sie sich alle noch einmal kurz schlafen.

Wir hatten viel Besuch an diesem Tag und uns so viel zu erzählen, daß es sehr spät war, als wir zu Bett gingen. Noch lange, nachdem die anderen schon eingeschlafen waren, lag ich wach und dachte über meine Ankunft in Oakland und die unaussprechliche Freude nach, die ich in den Augen meiner Lieben gesehen hatte. Als ich über ihre Köpfe hinweg in den Himmel schaute und die weißen Wolken sah, dachte ich: "Wenn es so schön ist, meine Lieben wiederzusehen, die mich im Gebet den langen Weg nach Neuguinea und durch die Straßen von Makassar begleitet haben; die Lieben, die während des Krieges mit mir gelitten und für mich gebetet hatten, als die Zeitungen von den Greueltaten der Schocktruppen und der Kempeitai berichteten; wenn das Wiedersehen mit ihnen so überwältigend war, wie würde es dann erst sein, den Herrn Jesus zu sehen, der mit mir gegangen war und mich während jener langen Jahre des Leidens und Schmerzes niemals verlassen hatte? Wie würde das sein?"

Als ich jene acht Jahre an mir vorüberziehen ließ, staunte ich über die Weisheit und Liebe unseres Gottes, der den Vorhang zu der Bühne unseres Lebens in Händen hielt und ihn jeweils nur so weit zur Seite zog, daß wir immer nur eine Szene sehen konnten.

Wenn ich an jenem nebligen Januarmorgen im Jahre 1938 gewußt hätte, was die vor mir liegenden acht Jahre bringen würden, ob ich dann wohl den Mut gehabt hätte, an Bord des Schiffes zu gehen?

Während jener Jahre hatte ich gegen heftige Stürme und tosende Unwetter ankämpfen müssen. Meterhohe Wellen drohten mich in den Abgrund zu ziehen oder an einem Felsen zu zerschmettern. Doch da ich nun wußte, was ich in jenen Jahren noch nicht gewußt hatte, konnte ich mit C. H. Spurgeon meinem Gott für jeden Sturm danken, der mich gegen den Felsen Jesus Christus geschleudert hatte!

Epilog

Darlene Deibler kam am 30. November 1945 ausgezehrt und emotional vollkommen erschöpft in Oakland an. Nur langsam nahm sie die dreiundzwanzig Pfund wieder zu, die sie während ihrer Internierung verloren hatte. Auch erholte sie sich allmählich von den körperlichen und emotionalen Strapazen, die sie durchgemacht hatte. Während der folgenden zwei Jahre gab Darlene vor vielen Menschen Zeugnis von der Macht und Gegenwart Gottes während der Zeit ihrer Inhaftierung, und die Menschen staunten über die Tatsache, daß sie überhaupt überlebt hatte.

Die Zeit minderte den Schmerz über Russells Tod, doch ihre Erinnerung an ihre gemeinsame Zeit in Neuguinea bestätigte sie in ihrem Ruf dorthin und machte ihr die Notwendigkeit klar, nach Neuguinea zurückzukehren. Lange bevor sie Russell kennenlernte, hatte sie den Ruf erhalten, Missionarin zu werden. Sie widersetzte sich den vielen Ratschlägen, alleinstehende Frauen könnten keine Missionarinnen sein. Viele ermutigten sie, doch zu Hause zu bleiben und sich einige Jahre Ruhe zu gönnen, um sich von den Strapazen ihrer Zeit im Südpazifik zu erholen.

1946 bekam ein junger Mann, Gerald W. Rose Filmmaterial über den Marsch von Rev. C. Russell Deibler zu den Wisselseen im Innern von Neuguinea. Rev. Gerald Rose sollte dorthin ausreisen. Gemeinsame Freunde arrangierten ein Treffen zwischen Darlene und Jerry. Nach Gottes Plan heirateten Jerry und Darlene am 4. April 1948, und Anfang 1949 begannen sie ihren gemeinsamen Dienst in Neuguinea.

Zusammen kehrten Darlene und Jerry zu den Wisselseen zurück, später begannen sie eine Arbeit unter dem Dani-Stamm im Baliem Tal und dem unteren Wahgi Tal von Papua Neuguinea. Ihre beiden Söhne Bruce Gareth und Brian Jaffray wuchsen unter Eingeborenen auf.

Darlene und Jerry blieben in Neuguinea, bis im Jahre 1978 ihre Station Nondugl von dem kurz zuvor unabhängig gewordenen Staat Papua Neuguinea enteignet wurde. Danach arbeiteten sie im Innern Australiens. Im Augenblick leben Darlene und Jerry auf einer Station, fünf Autostunden von Darwin entfernt, im nördlichen Territorium in der Nähe des Dorfes Larrimah.

Darlene verließ Celebes 1945 in dem Wissen, daß Mr. Yamaji wegen des Mordes an dem Mann in Pare Pare zum Tode verurteilt worden war; doch aufgrund seiner Freundlichkeit Darlene gegenüber, als sie sich in den Händen der Kempeitai befand, wurde das Urteil in lebenslange Haft mit harter Arbeit umgewandelt. Später war er dann begnadigt worden.

1986 besuchten Darlene und Jerry Elsie David, mit der zusammen Darlene in Kampili interniert war und die jetzt auch in Australien lebte. Sie erzählte die folgende Geschichte: Als ein Freund in Java Urlaub machte, traf er zufälligerweise einen Priester, der gerade von einer Fahrradtour durch Japan zurückgekehrt war. In einem kleinen Küstendorf hatte der Priester bei einem Fahrradgeschäft angehalten, weil er ein Ersatzteil brauchte. Er hatte sich mit dem Besitzer des Geschäfts auf indonesisch unterhalten und erfahren, daß dieser Mann während des Zweiten Weltkriegs Kommandant des Frauenlagers außerhalb von Makassar gewesen war. Der Ladenbesitzer bat den Priester, falls er jemals eine der Frauen, die in Kampili gewesen seien, treffen sollte, ihnen zu sagen, daß es ihm leid tat, damals so grausam gewesen zu sein. Er sagte, er sei nun ein anderer Mann. Darlene nahm diese Bemerkung als Beweis dafür, daß Yamaji tatsächlich eine bleibende Veränderung des Herzens erlebt hatte.

Darlene und Russell in Brüssel, Belgien.
Während einer Wochenendpause in ihrem Sprachstudium in Holland hielten sie einige Gemeindeveranstaltungen ab.

Darlene als junge Braut und frischgebackene Missionarin.

Das Bild der Deiblers auf ihrer offiziellen Arbeitserlaubnis 1938.

Darlene McIntosh und Russell Deibler am 18. August 1937, ihrem Hochzeitstag, in Boone, Iowa.

Dr. Robert Alexander Jaffray kommt in Makassar an. An diesem Tag im Jahre 1938 lernt Darlene ihn kennen.

Darlene betritt eine der gefährlichen Lianenbrücken, die von den Dyaks gebaut worden waren.

Darlene verläßt die Küste in einem Kanu, um zum Basislager zu gelangen.

Russell mit vier jungen Freunden auf den Treppen des Hauses, das er und die Dyaks für Darlene gebaut hatten.

Der Häuptling der Zunggunaus von Zanepa bringt seine Gabe, ein Schwein, um die weißen Frauen aus der "Geisterwelt" willkommen zu heißen.

Erste Begegnung mit den Kapaukus in der Nähe von Enarotali.

Darlene umgeben von den Kapauku-Frauen. Sie ist die erste weiße Frau, die sie zu Gesicht bekommen

Darlene in ihrem ersten gemeinsamen Heim mit Russell. Die Wände aus Bambusmatten waren von den Kapaukus hergestellt worden. Die wenigen Dekorationsgegenstände hat Darlene von Makassar auf dem gefährlichen Weg zu den Kapaukus mitgebracht.

Eine der Lagerstätten auf dem steilen Weg von Oeta nach Enarotali.

Darlene läßt sich fotografieren. Sie hat frisches Grünzeug in der Hand, ein Geschenk von Idantori und seiner jüngsten Frau.

Die Missionare in Makassar, zwei Monate nach ihrer Befreiung. Trotz der herzhaften Nachkriegsmahlzeiten blieben Lilian Marsh, Margaret Jaffray, Ernie Presswood, Ruth Presswood und Philoma Seeley weit unter ihrem Vorkriegsgewicht.

Kampili nach der Bombardierung der Alliierten am 17. Juli 1945.
(Diese Fotos wurden von Elsie David zur Verfügung gestellt.)

Kampili nach der Bombardierung der Alliierten am 17. Juli 1945.

Darlene Deibler, zwei Monate nach ihrer Rückkehr in die Staaten. Auch in den folgenden Jahren blieb ihr Gesundheitszustand labil.